ROISIN MAGUIRE

Mitternachtsschwimmer

Roman

Aus dem Englischen
von Andrea O'Brien

DUMONT

MIX
Papier | Fördert gute Waldnutzung
FSC® C083411

Das bei der Produktion dieses Buches entstandene CO_2 wurde durch die Finanzierung von Klimaschutzprojekten kompensiert:
climate-id.com/17531-2110-1001/de

Juli 2025
DuMont Buchverlag, Köln

Die englische Originalausgabe erschien 2024 unter dem Titel ›Night Swimmers‹ bei Serpent's Tail, an imprint of Profile Books Ltd, London.

Übersetzung: Andrea O'Brien
Lektorat: Nina Hübner
Umschlaggestaltung: Lübbeke Naumann Thoben, Köln
Umschlagabbildung: © Cornelia Fröhlich
Satz: Fagott, Ffm
Gesetzt aus der Baltica
Druck und Verarbeitung: CPI books GmbH, Leck
Gedruckt auf säurefreiem und chlorfrei gebleichtem Papier
Printed in Germany
ISBN 978-3-7558-0547-2

www.dumont-buchverlag.de

TEIL EINS

1

Sie hörte sie, bevor sie sie sah, eine Schar grellbunter Vögel, die sich aufgeregt fuchtelnd und gackernd am Strand tummelten.

»Dumme Gänse«, sagte sie.

Sie trat Wasser, blinzelte sich das Salz aus den Augen und beobachtete, wie sie Handtücher auseinanderfalteten, Handys in Yogataschen verstauten, Sandalen auszogen. Zehen ins Wasser tauchten und wegen der Temperatur jammerten. Jetzt wagten sie sich rein. Kichern und überraschtes Kieksen, als das Wasser ihre weichen weißen Füße berührte. Neckische Hauben auf dem Kopf, die Schultern gebeugt und blass und schmal.

Mit einer flinken Vorwärtsrolle tauchte sie ab, tief, tiefer unter die Oberfläche, fand Ruhe im Glitzern der aufsteigenden Bläschen, spürte das eisige Kribbeln auf der Haut, dem Bauch, den Oberschenkeln. Eine frostkalte Hand. Ihr Puls wurde langsamer, schwerfälliger, je tiefer sie in die Finsternis sank, doch sie wollte noch weiter runter, zwirbelte sich hinab, bis ihr das Herz in Kehle und Schläfen pochte und sie zur Umkehr zwang, zurück an die Oberfläche, frische Luft einsaugen, blinzeln, triefen, atmen, aufs Meer hinausschauen und so tun, als wäre sie allein.

»Was haben die hier zu suchen, verdammt?«, brummte sie, während sie sich verärgert auf den Rücken drehte und strampelte, bis das Wasser in Fontänen hochspritzte und auf sie herabregnete, herrlich. Ewig hätte sie noch hier verweilen können – es war schließlich März, verdammt –, aber das Kreischen und Planschen schallte über das stille, glatte Wasser der Bucht – ihrer Bucht – und wühlte sie auf, verdarb alles. Niemand machte sich je die Mühe, an diesen abgelegenen, wenig reizvollen Kiesstrand zu kommen. Die Leute bevorzugten den Hauptstrand mit seinem goldenen, einladenden kühlen Sand, dort stellten sie ihre Windschutzmuscheln, Liegestühle und all den anderen Mist auf, aber diesen Ort hier überließen sie ihr.

Mistdreck, dachte sie.

Entnervt drehte sie sich um, den Blick in die Ferne gerichtet, wo das graue Meer mit dem grauen Himmel verschmolz, sie spürte den Abgrund unter ihren flatternden Zehen, dunkel und schwer und wunderschön. Hier war es vielleicht fünfzehn, zwanzig Meter tief, gerade noch vertretbar, knapp vor der Strömung, dieser Muskelstrang mit seiner pfeilschnell mitreißenden Kraft, der von Ost nach West verlief, eine unaufhaltsame Gewalt, ein gefährliches Untier. Sie sah, wie vor den dummen Gänsen das Wasser aufwallte, als würden direkt unter der Oberfläche Güterzüge fahren und das Meer wegschleppen.

Sie schwamm näher ans Ufer, nur zur Sicherheit.

Die Gänse hatten sich wieder zu einem Grüppchen zusammengerottet, aber jetzt waren sie immerhin ganz im Wasser. Ihre roten, grünen, blauen und weißen Köpfe wippten beim gemeinsamen Brustschwimmen im Wasser auf und ab, sie zogen enge Bahnen, hin und her, hin und her, wie bei dieser großartigen Jahrmarktsattraktion die Ratten, die man mit einem Hammer platt machen musste. Sie wünschte, sie hätte einen Hammer, o ja, das wärs.

Die werden eine Ewigkeit am Strand rumhängen, grummelte sie, auch nach dem Schwimmen – dann hüllen sie sich in ihre extraflauschigen Frotteebademäntel und machen Fotos davon, wie sie heiße Getränke aus glänzenden Metallbechern trinken. Mutige Abenteurerinnen! Kühne Forscherinnen, die sich in die Tiefen der sozialen Medien wagen.

Aber irgendwann musste sie trotzdem rauskommen, die Sache hinter sich bringen.

Mist.

Langsam schwamm sie zurück, unwillig wie ein Kind nach dem morgendlichen Schrillen der Schulglocke.

Der Hund sah sie schon von Weitem, sprang auf, kam aus dem Schutz der dunklen Felsen und begann wie immer wild zu bellen.

»Braver Junge«, sagte sie grinsend. Schon ging es ihr ein bisschen besser.

Der Hund kam ans Ufer, bellte, bellte, bellte.

Umgehend erstarb das Plappern und Wippen der Schwimmerinnen, in ihren Hirnen knirschten die Zahnräder.

»Ach du lieber Himmel, schaut euch dieses Vieh an – wem das wohl gehört?«

»Ob der ins Wasser geht? Meinst du, er kommt rein?«

»O Gott, Ellie, ich hasse Hunde, du weißt genau, wie sehr ich Hunde hasse. Hoffentlich bleibt der schön, wo er ist.«

»Das ist kein Hund, das ist ein Ungeheuer.«

Nervöses Kichern, verdrehte bunte Köpfe.

»Mir wird ein bisschen kalt. Ich muss echt bald raus.«

»Wie sollen wir rauskommen, wenn dieses Monstrum da steht? Wie?«

Die Stimmen wurden lauter, der Schall trug übers Wasser besser als über Land. Sie verstand jedes Wort, ihre klare Aussprache und der herrische Ton sorgten dafür, dass sie alles gut hörte.

»Ach du liebe Zeit, schaut! Da schwimmt jemand, ganz weit draußen – ich wette, der Hund gehört dazu.«

»Wo?«

»Wo? Ich seh nichts.«

»Hat keine Badekappe auf, nichts. Schaut – ganz dahinten, der schwarze Punkt, dort, seht ihr?«

Pause. Alle glotzten.

Kurz kam ihr der Gedanke zu winken, doch sie ließ es.

Hund bellt, bellt, bellt.

Bellt und bellt und bellt.

Pfoten jetzt im Wasser, bellt und bellt.

Sie stellte sich sein Maul vor, mittlerweile stand es sicher offen, und der Schaum flog ihm um die Lefzen, er hatte garantiert die Zähne gebleckt, scharf und spitz in seinem klobigen, hässlichen Schädel.

Die Köpfe drehten sich zu ihr, zum Hund, dann wieder zu ihr.

Mittlerweile hatten sie wieder Boden unter den Füßen und bestimmt Gänsehaut, da standen sie frierend im Wasser, die albernen orangefarbenen Schleppschwimmer hinter sich, den Blick in die vom Zeigefinger vorgegebene Richtung gerichtet, dorthin, wo sie schwamm.

»Oder ist das ein Seehund?«

»O Gott, Ellie, hoffentlich nicht. Ich hasse Seehunde.«

Sie tat ihnen den Gefallen, warf die Füße in die Luft und ließ sie mit einem Klatscher ins Wasser fallen, tauchte mit rundem Rücken ab und hörte noch den Schrei, bevor sich die Blasen über ihr schlossen. Schade, dachte sie im trüben Schaum, während sie möglichst lange unten verharrte, indem sie langsam ausatmete. Es war verdammt schade, dass sie kein Seehund war. Seehunde konnten nämlich über sechs Minuten unter Wasser bleiben. Ganz fantastische Tiere. Dann hätte sie direkt an ihnen vorbeigleiten können, ans Ufer schwimmen, unsichtbar, sich rausschummeln, den Strand hoch und weg, bevor sie es bemerkt hätten.

Doch wie die Dinge standen, dachte sie, als sie mit den Luftblasen nach oben stieg, würde sie direkt an ihnen vorbeigehen müssen.

Sie kraulte ans Ufer.

Lange, starke, gleichmäßige Züge, tick-tack, und bald hatte sie die anderen vergessen und genoss ihre Bewegungen, das Strecken und Zusammenziehen, das nasse Schlipp-Schlapp, wenn sie das Gesicht für einen raschen Atemzug zur Seite drehte und wieder zurück.

»Hallo! Hey, hallo?«

Sie schwamm, tick-tack-tick-tack.

»Hal-lo?« Zwei Silben, freundlich. »Verzeihung, ist das Ihr Hund?«

Hund bellt, bellt und bellt.

Bestimmt wedelte er schon wieder wie angestochen mit dem Stummelschwanz, jetzt, wo er sie näher kommen sah. Sicher sprang er schon mit allen vier Pfoten auf dem Sand herum, als wäre sie zwei Wochen fort gewesen – dummes Viech.

Tick-tack-tick-tack.

Wuff, wuff, wuff, wuff.

»Hallo? Verzeihung?«

»Der reagiert nicht. Warum gibt der Typ keine Antwort, Kate?«

»Ungehobelt. Garstig wie sein Hund.«

»Also echt!«

Jetzt war sie fast bei ihnen.

Sie konnte schon den Meeresboden sehen, wellig und hell, ihn mit der Zehenspitze ertasten.

Tick-tack-tick-tack.

»Hey! Könnten Sie bitte Ihren Hund rufen?«

Die Stimme klang wie ein Heulen.

»Sie sollten ihn nicht einfach frei rumlaufen lassen, wissen Sie? Der macht den Leuten Angst. Hallo? Hallo?«

Sie verharrte im Wasser, blinzelte, fand Halt auf dem Sand. Er knirschte angenehm zwischen ihren Zehen, wie ein Willkommensgruß. Sie sah die Frau an. Die Frau verstummte. Straffte die knochigen Schultern.

»Also ...«, ging es weiter, diesmal mit heruntergedimmter Stimme. »Ihr Hund belästigt uns. Schauen Sie! Er lässt uns nicht aus dem Wasser!«

Hinter ihr versammelten sich die anderen, ein Panoptikum gerunzelter Stirnen und nervöser Blicke.

Kläff, kläff, kläff, kläff.

Die Badehaube der Rädelsführerin war lila, *maulbeerfarben*, würde sie zweifellos behaupten, mit dämlichen kleinen Gummiblüten am Rand. Würde sie sie ihr vom Kopf reißen, wäre ihr Haar darunter lang, glänzend, duftig und weich, da war Grace sicher. Doch das tat sie selbstverständlich nicht. Stattdessen warf sie sich die wirre Seetangmähne in den Nacken und präsentierte den Frauen gleich mehrere Überraschungen. Ganz langsam entfaltete sie ihre Glieder. Spürte, wie die Schwerkraft ihre Wirkung tat und alles schlackern ließ, was vorher so schön geschwebt hatte. Sah die Gesichtszüge der Frau entgleisen. Griente.

»Du liebe Güte, das ist ja eine Die! Und sie hat nichts an!«

»Mist! Wieso hab ich mein Handy nicht dabei?«

Gekicher hinter der lila Haubenqualle, die gar nicht wusste, wohin mit ihrem Blick.

Bell, bell, bell, bell.

»Ähm«, die Haubenqualle schüttelte den gesenkten Kopf, als wollte sie das Gesehene vertreiben, »Ihr Hund ...«

»Nicht meiner«, erwiderte Grace kühl, watete mit langen Schritten aus dem Wasser und ließ das Kichern und Schnauben hinter sich. »Den hab ich hier noch nie gesehen.«

2

»Was ist das denn für ein Name? Ist der englisch?«

Der Mann hatte den stattlichen Ellbogen auf der Mauer abgestützt, sein Bauch wölbte sich unter dem Polohemd vor, als hätte ihn jemand aufgepumpt. Evan rang sich ein Lächeln ab.

»Walisisch, glaube ich.«

»Ah, bist du aus Wales?« Die Stimme klang ein bisschen freundlicher. »Ihr Jungs könnt Rugby spielen, das muss man euch lassen.«

»Nein ...«, antwortete Evan rasch und lachte kurz auf. »Ich komme aus Belfast.«

»Ach so. Und für wen spielst du dann? Cooke?«

»Äh, nö. Ich spiele eigentlich gar kein Rugby.«

»Aha.« Der große Mann nickte enttäuscht, wandte den Blick aber nicht von Evan ab, der auf der Stufe vor dem kleinen Haus stand, einen schweren Karton in den Armen. Der hatte Schlagseite, war an der Ecke feucht, was Evan vermuten ließ, dass die Milch ausgelaufen war. Er schob ihn ein wenig zurecht, damit die feuchte Stelle auf seinen Unterarmen lag und der Boden nicht riss. Die Morgensonne schien ihm heiß ins Gesicht, vom Wasser grell reflektiert, unter seinen Achseln juckte der Schweiß, als hätte man ihn bei etwas Verbotenem erwischt.

»Früher, als Single, war ich oft beim Klettern und Mountainbiken«, hörte er sich sagen, da war eine gewisse Lebendigkeit in seinem Ton, ein schwaches Aufglimmen seines alten Feuers. Der Mann beäugte ihn abschätzig, seine Miene erwartungsvoll wie die eines großen Hundes. Plötzlich wehte der Geruch von Weichspüler über die kleine Gartenmauer, und vor Evans geistigem Auge entstand das Bild des überdimensionierten Polohemds, das irgendwo dahinten auf der Wäscheleine in der Meeresbrise geflattert hatte, während der Besitzer mit nacktem Oberkörper daneben gewartet hatte, bis es trocken war, das breite Gesicht mit der undurchdringlichen Miene auf die Straße gerichtet, um neugierige Passanten anzustarren.

»Die Gattin nicht dabei?«

Evan blinzelte. »Ähm, nein. Nein. Diesmal nicht.«

»Na dann. Bisschen Abstand muss sein, sonst geht man sich an die Gurgel.«

Evan glotzte ihn an, der Mann glotzte zurück.

»Du klingst gar nicht wie die anderen aus Belfast, die wir sonst so reinkriegen.«

Evan lächelte entschuldigend. Etwas Nasses lief an seinem Ellbogen vorbei. »Tja«, sagte er, »ich geh wohl besser ...«

»Is 'n großer Karton, den du da hast.«

Der Mann stützte auch den anderen Ellbogen ab.

Evan nickte. »Ja, stimmt. Und schwer ist er auch.«

»Bleibst wohl länger, hm?«

»Nur eine Woche. Airbnb, wissen Sie?«

Der Mann hob das massive Kinn, wohl um seine Überraschung auszudrücken. Evan fiel nichts Besseres ein, als zu lächeln und achselzuckend den Rückzug anzutreten, schon jetzt kam ihm das düstere, deprimierende Cottage wie ein Refugium vor.

»Tja. Nett, Sie kennenzulernen ...« Fragend hob er die Stimme.

»Frank«, sagte der Mann und nickte über seine Schulter hinweg zum kleinen Pfad, der sich vom Strand weg zum kleinen Dorf hinaufwand.

»Dahinten um die Ecke, da wohn ich. Das sind die alten Coastguard Cottages.«

Ja, die waren ihm schon bei der Ankunft aufgefallen, gestern Abend, kleine weiße Häuser, die in einer adretten Reihe den Hügel hinaufkrochen, sich wegduckten vor den Meeresstürmen, die hier in den Wintermonaten sicher ihr Unwesen trieben.

Evan nickte. Der Mann fühlte ihm auf den Zahn. Vergewisserte sich, dass der neue Mieter keinen Ärger machen würde. Partys um Mitternacht, Nacktbaden, solche Sachen. Was die anderen aus Belfast so veranstalteten, möglicherweise.

»Ich nehm mir hier nur 'ne klitzekleine Auszeit, nur 'ne Woche, Frank. Ruhig und friedlich. Bisschen fotografieren, so Sachen. Ich mach dir keinen Ärger, versprochen.«

Darauf sagte Frank nichts, sondern nickte bedächtig, die Stille sirrte zwischen ihnen, im Gleichklang mit dem sanften Schwellen der Wellen nur ein paar Schritte unterhalb des Pfads. Es herrschte offenbar Flut, das Meer hatte die ganze Bucht eingenommen und sich wie zum Lauschen ans Ufer geschlichen.

Und die Milch tropfte.

»Nun denn, Frank«, sagte Evan schließlich. »War nett, dich kennenzulernen.« Mit einem letzten freundlichen Nicken drückte er den Ellbogen gegen die Tür, sodass sie aufschwang, das kleine Haus hinter ihm kühl und dunkel und intim.

»Herrje«, sagte Evan zum stabilen, dunklen Holz.

Welch Erleichterung, den durchgeweichten Karton auf

dem kleinen Tisch abstellen und sich die Milch von den Fingern schütteln zu können. Die Milchpackung war umgekippt, der Deckel nicht ganz geschlossen. An dem massiven weißen Spülstein unter dem Fenster stieß er auf einen Lappen, mit dem er sich das Zeug vom Arm wischte. Die Milch war ihm seitlich am T-Shirt heruntergelaufen und hatte dort einen irlandförmigen Fleck hinterlassen, aber das war ihm egal, er würde sich nicht umziehen.

Auf der anderen Seite des Fensters dräute eine dunkle, hohe Hecke voller Kahlstellen und Lücken, wo der salzige Wind das Laub verdorrt hatte, eine erschlaffte Plastiktüte klammerte sich an den obersten Ast.

Sieben Tage hier. Er sah sich langsam um. Sieben Tage. Weil ihm der Magen knurrte, nahm er das Brot aus dem Karton, riss die dünne Verpackung auf, zog den Kanten heraus und biss hinein. Hauptsache, essen. Er kaute im dunklen kühlen Zimmer vor sich hin, das Brot war trocken und weich und dick und gut.

»Wie viel Zeit brauchst du?«, hatte er sie gestern leise gefragt. Sie hatte ganz vorn auf dem Rand des großen Sessels gesessen, im Wintergarten, wo Jessie gestorben war, und in höchster Konzentration auf den Laptop gestarrt, das strohige, an den Wurzeln seltsam verfärbte Haar oben auf dem Kopf zu einem wirren Knoten verzwirbelt.

Seine Frage bewegte sie nicht zum Aufschauen, stattdessen flogen ihre Finger nur so über die Tastatur, offenbar führte sie eine hitzige Unterhaltung mit einem anderen, nur nicht mit ihm. Er schaute über ihren gesenkten Kopf hinweg aus dem Erkerfenster ins grelle Grün des mit frühlingsfrohem Vogelgesang erfüllten Gartens, wo die am dicken Stamm der Platane knorrig verdrillten Äste schwer am frischen Laub trugen.

»Lorna?«

»Meine Güte, Evan. Keine Ahnung.« Sie hob den Kopf und drehte das Gesicht ungefähr in seine Richtung, sah ihn aber nicht an, nicht richtig. Tat sie nie. Sie hatte die Schultern wie zum Schutz vor ihm hochgezogen, dunkle Mundwinkelfalten umrahmten ihre Lippen, wo sie sich fest unter Verschluss hielt.

»Eine Woche? Würde eine Woche helfen?«, schlug er vor. »Sag mir einfach, was du brauchst, mehr will ich gar nicht.«

Sie senkte den Blick auf die Tastatur und gab einen langen Seufzer von sich, der ihm mitteilte, dass er sich mal wieder dämlich anstellte – dumm wie Brot, unerträglich.

Von dort, wo er stand, wirkten ihre Schultern mager. Er erkannte die scharfen Konturen ihrer Knochen unter der Bluse, es kam ihm der Gedanke, dass sie frieren müsse, aber er wusste, dass er besser nicht fragte. Mit dem schlanken, eleganten Finger tippte sie auf eine Taste, konnte es wohl kaum erwarten weiterzuziehen, Wörter erschaffen für die Augen eines anderen.

»Ist mir egal«, sagte sie schließlich, als hätte sie erst jetzt bemerkt, dass er noch immer da stand. »Ja. Eine Woche. Meinetwegen. Grundgütiger.«

Ihre Schultern waren angespannt, mit letzter Kraft zusammengehalten, damit ihr nicht der Faden riss.

»Na gut«, sagte er dann rasch. »Na gut, ich gehe. Alles klar. Ich besorg mir eine Unterkunft, heute, noch diesen Nachmittag, ich lass dich in Ruhe ...«

»Evan. Könntest du. Einfach mal. Die verdammte. Klappe. Halten?«

Er konnte es förmlich hören, wie sie die Zähne zusammenbiss. Sie schüttelte leicht den Kopf, als wollte sie ein sirrendes Insekt vertreiben, ein lästiges Ding, dann tanzten ihre

Finger weiter, sprachen mit dem anderen – egal, mit wem, Hauptsache, nicht mit ihm.

Sie tippte immer noch, als er ging, zum Wagen, um sein iPad zu holen, die Suche nach einer Unterkunft zu starten, nicht zu weit weg, aber auch nicht zu nah, eine Person, eine Woche. Sie hatte nicht aufgeschaut, um sich von ihm zu verabschieden, nicht einmal, als er mit der Reisetasche über der Schulter im Türrahmen gestanden hatte – hatte ihm nicht nachgesehen, als er die Straße entlanggefahren war, aus der Stadt, weg von ihr, von Luca, ihrem Heim, von allem.

Das Brot blieb ihm in der Kehle stecken, er schluckte schwer, damit es weiterrutschte.

Erst da bemerkte er, dass er unversehens mehrere Scheiben verdrückt hatte, doch irgendwie ging es ihm jetzt ein bisschen besser. Im Karton war auch Butter, fiel ihm jetzt ein, und Marmelade, und er kramte danach herum, zwischen Nudeln, Speck, Dosensuppe und dem seltsamen Fläschchen, das ihm die komische Frau im Laden aufgedrängt hatte.

Handreiniger oder so was.

»Darüber werden Sie noch froh sein, sag ich Ihnen«, ganz entschlossen war sie gewesen, hatte eifrig genickt, als er das Fläschchen seitlich in den Einkaufskarton geschoben hatte. »Kam in den Nachrichten, wissen Sie, da ist angeblich eine Pandemie im Anmarsch. In ein, zwei Tagen kriegen Sie das Zeug nicht mehr, heißt es. Ich schwörs Ihnen. Haben Sie auch wirklich genug Nudeln mitgenommen? Mit einer Packung kommen Sie nicht weit, ganz sicher nicht.«

»Ähm, ja«, hatte er erwidert. »Danke, das reicht völlig. Ich bin ja nur ein paar Tage hier. Es ist nur für mich.«

Als sie aufschaute, ihm das Wechselgeld gab und ihn dabei musterte, war da auf ihrem Brillenglas ein deutlicher Daumenabdruck. Wie gern hätte er ihr in diesem Moment die

Brille abgenommen und sie einmal gründlich geputzt, wie er es mit seiner eigenen tat, aber es natürlich unterlassen.

Sieben Tage. Eine Woche.

Er wollte einen Drink. Er atmete tief ein und hielt die Luft an.

Er würde Wasser trinken.

Im Schrank über der Spüle stand eine bunte Ansammlung von Gläsern, die zu seiner Überraschung blitzsauber funkelten. Er nahm sich eines und drehte den knarrenden Hahn auf, das Wasser ließ er eine Weile laufen, bevor er ein Glas voll riskierte. Plötzlich überkam ihn ein entsetzlicher Durst, das kühle Nass rann ihm die Kehle hinab in den Magen. Es war eiskalt und genau das, was er jetzt brauchte. Während er das Glas erneut füllte und leerte, erstrahlten die Zweige der struppigen Hecke vor seinem Fenster im Licht der mittlerweile übers Dach gekletterten Sonne, alles wirkte heller und weniger staubig.

Die Unterkunft aber sah dadurch noch düsterer aus. Raufasertapeten an den Wänden, altersergraut und wellig, das alte Mauerwerk dahinter war mit den Jahren abgesackt. An einer Wand stand eine strenge dunkle Anrichte mit allerlei Krimskrams, sämtliche Nischen und Winkel waren mit Regalen vollgestellt, aus denen Taschenbücher und zerlesene Zeitschriften quollen.

Auf dem wuchtigen, durchgesessenen Sofa in einer undefinierbaren Farbe, das mitten im Zimmer thronte, hatte er die Nacht verbracht, ruhelos, in Wolldecken, Bettüberwürfen und Kissen verwickelt, denn das Schlafzimmer, wo es in der Nacht krabbelte und kiekste, hatte er sich nicht antun wollen.

Auf dem Regal über dem riesigen, uralten Fernsehapparat lag ein kleiner Vogelschädel, er teilte sich den Platz mit einigen eselsohrigen Romanen, einem mitgenommenen *Vier*

Gewinn-Karton und ein paar speckigen Kartenspielen, Relikte von Familien, die nach dem Urlaub unter Zetern und Hektik ihre Siebensachen gepackt und die Tür hinter sich zugeschlagen hatten, sie waren in ihren Alltag zurückgekehrt und hatte ihm nur das Dunkel und die Stille hinterlassen, ganz allein war er, mutterseelenallein.

»So!«, sagte er munter zum leeren Zimmer und sich selbst und knallte das Glas auf den Küchentresen. »Dann wollen wir's uns mal ein bisschen gemütlich machen.«

Er verstaute den Rest der Milch, die Butter und die Eier im rumpelnden alten Kühlschrank unter dem Tresen, der sich ebenfalls als blitzsauber entpuppte, auch wenn die Tür ein wenig vergilbt war. Die Schränke, zwar lädiert und die Fronten verblichen, waren aus Vollholz gezimmert – solide Handarbeit, wie es sie heute nicht mehr gab – und ebenfalls penibel sauber. Er stellte seine mageren Vorräte ordentlich auf ein Regal und faltete den durchweichten Karton zusammen, um ihn in den Mülleimer zu werfen.

Mülleimer.

Er sah sich um, öffnete ein paar Schränke, vermutete dann aber recht bald, dass sich der Mülleimer wohl draußen befand. Die Hintertür war zweigeteilt wie im Pferdestall, und es dauerte eine Weile, bis er kapierte, wie sie aufging, doch nach einigem Zerren und Riegelschieben trat er schließlich blinzelnd ins Sonnenlicht und entdeckte ein paar Schritte entfernt mehrere Tonnen, in Reih und Glied angeordnet, in unterschiedlichen Farben und so ganz anders als die effizienten kleinen Bordsteinkantenboxen bei ihm in der Stadt. Diese Abweichung genügte, um bei ihm eine ganze Gedankenlawine in Bewegung zu setzen.

Plötzlich sah er sich selbst als Strichmännchen in einer Kinderzeichnung, an der Erde festgeklebt, während sich alles andere – Luft, Himmel, Weltall, Universum, Galaxie – drehte und drehte, alles wurde weggeschleudert, und er ein winziger Fleck, undeutlich und unwichtig.

Er heulte schon wieder. Dabei war er fest überzeugt gewesen, er wäre fertig mit dem Quatsch. Als er die Hand zum Gesicht hob, war es ganz nass, er konnte nichts dagegen tun. Seine Schultern bebten, die Tränen rannen, und er ließ es einfach geschehen.

Muss die Kamera auspacken, dachte er nach einer Weile. Das hilft bestimmt.

Nachdem er die Schultern ein paarmal hatte kreisen lassen, spürte er, wie sie sich lockerten.

Er sagte: »Aaah«, dann bewegte er die Hüfte, große, weite Kreise wie in der Yogastunde, die er einst besucht hatte, wo er sich furchtbar verlegen ganz hinten in der schmuddeligen Halle hinter Lorna versteckt und sie dabei beobachtet hatte, wie sie ihren herrlichen Hintern in die Höhe gestreckt, ihren schönen Körper verdrillt hatte, die Miene unergründlich wie die einer Geisha – schon damals hatte sie durch ihn hindurchgesehen.

»Aaaaah!«

Diesmal kam ein langer, lauter Ton, er entließ ihn so langsam wie möglich, die Hüfte immer noch kreisend, die rosige Haut seiner Lider immer noch von der Sonne erleuchtet. Aber da raschelte es plötzlich neben ihm, und er riss die Augen sofort wieder auf.

Jemand schaute durch die spargelige Lücke in der Hecke, überschattet von einem überdimensionierten Hut, wie ihn australische Farmer trugen, allerdings ohne die Korken. Zwei blaue Augen glotzten ihn an, aus einem Gesicht, das entweder unerhört schmutzig war oder extrem gebräunt. Unmöglich, das genauer zu erkennen.

Evan erstarrte, spürte, wie ihm die Kinnlade herunterklappte, er suchte nach Worten, aber nichts kam. Feurige Hitze stieg ihm ins Gesicht. Keiner sagte etwas. Der stumme Beobachter sah ihn ausdruckslos an. Wie wenn man von einer Katze beäugt wird, ein undurchdringlicher Blick, über den Dingen schwebend; und dann war er weg. Machte einen plötzlichen Rückzieher und war verschwunden.

Evan hielt den Atem an, seine Haut kribbelte, die Ohren zischten.

Es knirschte auf dem Schotterweg hinter der Hecke, dann marschierte der Beobachter zielstrebig davon, hie und da flackerte seine Gestalt zwischen den Zweigen auf, bis seine Schritte schließlich in der Ferne verklangen und es wieder still war.

Evan sackte in sich zusammen. »Scheiße!«, sagte er zum Garten, zur Hecke, den Mülltonnen und dem Himmel, und es klang wütend. »Was ist denn mit diesen Leuten los, verdammt!«

Kurz darauf bückte er sich wie ein alter Mann, hob den platten Karton auf und stopfte ihn mit unnötiger Heftigkeit tief in die Tonne.

Es würde eine sehr lange Woche werden.

3

Grace erklomm die steile Böschung hinter den Coastguard Cottages, der Hund scharwenzelte mit hängender Zunge neben ihr her. Die letzten Schritte gingen ihr so richtig in die Oberschenkel, sie atmete tief in den Bauch, und ihre Beine zitterten ein bisschen. So war das wohl, wenn man älter wurde, aber scheiße wars trotzdem, so richtig. Einst war sie mühelos hier hochgesprintet und dann nach rechts über den schmalen Pfad zum Dorfladen gerannt, ohne Pause – zehn Pence in der Hand für eine bunte Tüte und fünf Streifen Kaubonbon.

Jetzt hielt sie inne, um zu Atem zu kommen, während der Hund bellend im Kreis herumflitzte, frisch wie der junge Frühling, hässlich wie die Nacht, irgendeinem wilden Wesen auf der Spur, das in sein Territorium eingedrungen war. Sollte er sich austoben. Sie blieb lieber hier stehen und schaute aufs Meer, die Hände in die Hüfte gestemmt.

Es änderte sich von Tag zu Tag. Von Stunde zu Stunde. Nie wurde sie müde, es zu betrachten. Aufs Wasser blicken vertreibt den Kummer und heilt allen Herzschmerz, heißt es. Heute war es betörend, das Meer, so richtig schlitzohrig. Fedrige kleine Wellen tänzelten an den Strand, lockten die Törichten zum Schwimmen oder Planschen, und die, die sich trauten, wurden umgehend mit unzähligen kleinen Messerstichen in die Haut bestraft. Beim Gedanken an die dummen Haubenquallen und ihre empörten Mienen musste sie kichern.

Nur die Harten konnten das ganze Jahr über in diesen Wassern schwimmen. Nur die Irren und die Harten. Nur die verdammten Sturköpfe und die Irren und die Harten.

Nur sie.

Der Hund kehrte zu ihr zurück, hechelnd, die krumme Schnauze schlammverkrustet.

»Was 'n los mit dir? Biste aus der Form, du hässliche Töle?«, fragte sie liebevoll. »Schau mich an, ich könnte den ganzen Tag rennen.«

Der Hund schüttelte sich heftig, unbeeindruckt, und ein langer Sabberfaden schlackerte ihm um die Ohren.

Grace verweilte noch ein bisschen da oben, blickte hinab auf die Welt.

Von hier aus sah sie ihr Haus, ganz rechts, hinter dem Vorsprung verborgen, der letzte Außenposten vor der Steilküste und dem wilden Küstenpfad. Da unten waren natürlich auch das vermietete Cottage, das bis auf den Sommer fast immer leer stand, und der gewundene schmale Weg, der an den Coastguard Cottages vorbei zum Hauptstrand führte, danach kam der Hügel, verstellte ihr den Blick, nur ein paar zerrupfte Bäume und grasbewachsene Erhebungen konnte sie da links noch ausmachen.

Das vermietete Cottage – ihr altes Elternhaus – kauerte geduckt am Rand der schmalen Bucht, der kleine Garten eine grüne Rundumbegrenzung, die niedrige Mauer davor auf Tuchfühlung mit dem schmalen Weg. In ihrer Kindheit war dort, wo jetzt der kleine Kiesstrand lag, eine ausgedehnte Weide gewesen, mit Sauerklee und Gestrüpp, dort hatten sie jahrelang einen Ziegenbock gehalten, ein ausgemergeltes Vieh. Weg war er jetzt, der alte Bock – und die Weide auch, klar, vom Meer und von der Zeit verschluckt. Sie schüttelte so heftig den Kopf, dass sich ihr Hut löste.

Der Mann war wieder reingegangen. Zurück ins Haus, die Tür hatte er hinter sich zugemacht. Keine absonderlichen Hüftschwünge mehr an der Hintertür. Kein Geflenne mehr im Garten.

Er war ihr von Anfang nicht geheuer gewesen. Überhaupt nicht. Kein bisschen, nee.

Der Hund spürte die plötzliche Spannung und winselte, daher riss sie sich aus ihren Gedanken und machte sich auf in Richtung Dorf. Im Laden würde sie kurz abchecken, ob der Typ beim Ankommen Schwierigkeiten gemacht hatte. Die waren alle ein bisschen bräsig, diese Städter, denn obwohl auf der Website alles haarklein erklärt war (»Den Schlüssel können Sie im Dorfladen abholen, den Wagen oberhalb des Dorfs parken, den Hügel hinauf, dort, wo die Straße endet und ein schmaler Weg beginnt«), kriegten sie fast immer Palpitationen, wenn sie das Kästchen mit Codeschloss nicht fanden (was es natürlich nicht gab) oder versuchten, mit ihren überdimensionierten SUVs den schmalen Weg entlangzufahren, vierzig Surfbretter auf dem Dach oder zigtausend Fahrräder hintendrauf oder irgendwelche anderen Gerätschaften, die kein Mensch brauchte.

Für gewöhnlich schickte sie Frank runter, der sollte erst mal schauen, wie die Leute so drauf waren, sich ein, zwei Stündchen seiner langen leeren Tage vertreiben, jetzt, da er nicht mehr auf der Baustelle arbeitete. Er erwischte sie jedes Mal. Wenn sie rumschnüffelten, sich vor lauter Gafferei fast den Hals verrenkten, rieb er sich die Hände und stellte ihnen nach, obwohl er Maggie Neugiernase versichert hatte, ja, diesmal werde er sich benehmen, er werde freundlich bleiben.

Am Arsch.

Der Hund steckte jetzt mit dem Kopf in der Kaninchengrube, schnaubte laut, zuckte mit seinem traurigen Stummelschwanz und stemmte die kräftigen Hinterbeine in die Erde, um noch tiefer hineinzukommen.

»Hör auf, bevor du mit deinem Riesenschädel stecken bleibst! Komm schon, Hund!«, sagte sie zu ihm und wartete, bis er aus dem Loch ploppte, sich den Dreck abschüttelte und sie mit heraushängender Zunge hechelnd ansah. Als sie sich vorstellte, wie ihr die süße kleine Karnickelfamilie tief in der Grube von Herzen dankte und sich enger zusammenkuschelte, musste sie grinsen.

»Nächstes Mal erwischst du sie, Junge«, sagte sie. »Ich bring den Stock mit, versprochen, dann machen wir uns Karnickeleintopf.«

Das Dorf lag wie immer ausgestorben da, als sie das letzte schlammige Stück Pfad hinter sich ließ und auf den aufgeplatzten Asphalt der Straße trat. Alle wohnten jetzt irgendwo anders, in schnieken neuen Farmhäusern und hässlichen weißen Bungalows, und der Laden und der Pub und die leer stehende alte Kirche waren die einzigen Ankerpunkte, die es davor schützten, endgültig verlassen zu werden, die Leute bisweilen zurückbrachten, sie wieder zusammenkommen ließen, den Mauern und Steinen vorübergehend Leben einhauchten. Vor dem Pub parkten ein paar Autos, aber niemand stand rauchend davor, und die Tür war trotz des warmen Frühlingstags geschlossen.

Sie zog das ausgefranste Seil aus der Tasche, schlang es dem Hund um den Hals und hängte das andere Ende an den alten, kaputten Zaunpfahl neben dem Laden, damit sie pro forma die Vorschriften erfüllt hatte. Der Hund machte Sitz und schaute sie mit Hundeblick an, als könnte er kein Wässerchen trüben.

Hinter ihr lachte jemand. »Bis du hier drin bist, ist der Köter weg!«

Der alte Thompson. Harmlos, aber mit einer ungesunden Vorliebe für Pferde- und Hundewetten. Hatte den Volltrottel schon die Farm gekostet.

»Wenn ich Glück hab, wird er überfahren«, sagte sie liebenswürdig. »Dann kann ich mir einen Hübscheren zulegen, der passt besser zu mir.«

Sie mochte Thompson. Er hatte sie damals von den Felsen getragen – als sie jünger war natürlich und erheblich leichter – und war sogar ins Stadtkrankenhaus gekommen, um nach ihr zu sehen. Hatte nach Kuhmist und Gülle stinkend vor dem Bett gestanden, sie hatte nicht gewusst, was sie sagen sollte, deswegen hatte sie geschwiegen, und nach einer Weile war er gegangen, während sie trockenen Auges an die Decke gestarrt hatte, unter dem steifen neuen Gips hatten ihr die Beine gejuckt, und die lang gezogene Stille der Einsamkeit und des Lebendigseins hatte ihr in den Ohren geschrillt.

Als sie sich unter Klirren durch die Ladentür schob, stapelte Becky gerade alte Zeitungen.

»Hab mir einen richtig schrägen Vogel eingefangen, hm?«, fragte Grace ohne Umschweife.

Das Mädchen wirkte überrascht. »Wie kommst du darauf? Ich fand ihn süß.«

Sie verschnürte den Packen und wuchtete ihn mit einem Seufzer vom Tresen.

»Ja, klar, du stehst ja auch auf Schnarchnasen wie Paddy Murphy, kein Wunder.« Grace wartete nicht auf eine Reaktion, sondern suchte mit Blicken die Regale nach einem leckeren Nachtisch ab.

Becky sagte nichts, aber sie lächelte. Grace spürte das, ohne sie anzusehen.

»Mit seinem Master ist Paddy wohl kaum 'ne Schnarchnase, Grace.«

»Bist du doof? So 'n bekloppter Mastertitel heißt noch lange nicht, dass er was in der Birne hat. Jeder dahergelaufene Hirni kann sich so einen kaufen.« Sie trug eine Packung Apfeltaschen zum Tresen und kramte ganz unten in ihren Taschen nach Kleingeld. »Welches Fach hat er noch mal studiert? Pferdewetten? Alkoholsorten?«

»Schäm dich, Grace Kielty! Du weißt ganz genau, dass er einen echten Master in Politikwissenschaft hat. Der will nicht sein Leben lang im Pub arbeiten, hat er gesagt, so ist das, und ich finds super. Du willst mich doch nur provozieren.«

Sie hielt Grace die offene Hand hin, um das Geld entgegenzunehmen.

»Außerdem führen wir in den nächsten Wochen kontaktloses Bezahlen ein, Grace. Wegen dieser Pandemie nämlich. Nur dass du Bescheid weißt. Und dich darauf einstellst. Willst du Handdesinfektionsmittel? Hab nur noch ein paar Flaschen übrig.«

Grace schnaubte, während sie die Münzen in ihrer Hand zählte. »Kontaktlos? Ist doch hier nichts Neues. Obwohl man munkelt, Miss Breen, dass Sie selbst seit Kurzem eine neue Vorliebe für engen Kontakt haben. Du wurdest neulich an einer Ecke am Strand gesehen, so ist das. Nur damit du Bescheid weißt.«

Grace nickte bedächtig und fixierte das Mädchen mit ernstem Blick, die Hand mit dem Kleingeld ausgestreckt.

Becky stemmte die Hände in die Hüfte und musterte sie lachend. »Na, ich hätte dich nie für eine Klatschbase gehalten, Grace, nie im Leben. So kann man sich irren.«

Die antwortete nicht, lächelte aber wissend zurück.

Becky nahm das Geld mit pikiert zusammengekniffenen Mund entgegen und warf es, ohne nachzuzählen, in die Kasse. »Willst du 'ne Tüte?«

Grace schüttelte den Kopf, und die Schachtel mit den Apfeltaschen verschwand in den Falten ihres Ponchos. »Die schmecken sicher nicht so gut wie die von unserer Abbie, aber man muss nehmen, was man kriegen kann.«

»Ach ja, Abbie. Wie geht es ihr an der Uni? Hat sie sich schon gemeldet?«, fragte Becky munter. Sie und Abbie verstanden sich nicht besonders, daher sprachen sie mit- und übereinander wie die Frauen in der Waschmittelreklame.

Grace schüttelte den Kopf und wandte sich zum Gehen. Kein Wort hatte sie von ihr gehört. Egal. Das Mädchen konnte tun, was es wollte.

»Aber sag mal, wieso hast du vorhin gemeint, er wär 'n schräger Vogel?«, rief Becky ihr hinterher. »Dein Neuer? Was hat er dir getan? Ist doch erst seit gestern da.«

»Sieht nur schräg aus, mehr nicht«, antwortete Grace über ihre Schulter hinweg. »Ich steh nicht so auf schlaksige, bebrillte trübe Tassen.«

»Auf was für Typen stehst du überhaupt?«

Grace fuhr herum, aber das Mädchen hatte den Kopf schief gelegt und machte es ihr schwer, verärgert zu sein.

»Weißt du Grace, es gibt heutzutage alle möglichen Typen, mehr wollte ich nicht sagen. Ein Deckel für jeden Topf, stimmts? Es ist nicht zu spät, weißt du, sich mit einem netten kleinen Farmer zusammenzutun. Du könntest uns allen einen Riesenschrecken einjagen und dich ein Mal normal benehmen.«

Grace lachte scharf auf. »Haha! Normal!«, sagte sie und schlenkerte aus dem Laden auf die sonnenbeschienene Straße, wo das alte Seil wie nach einem Zaubertrick leer vom Pfosten baumelte.

4

Der Reiher streckte den Kopf vor, millimeterweise.

Er hatte was im Blick, gleich würde er zustoßen, es sich schnappen, es würde in seinem furchterregenden Schnabel zappeln und zucken, und dann würde der Vogel das zerrupfte Haupt schütteln, um es runterzuwürgen, die Tropfen würden glitzern, ein fantastischer Anblick, wunderschön – still halten, gleich, *jetzt gleich*, sagte er sich, durchhalten, sein Auge schmerzte vom langen Spähen in den Sucher.

Doch während des Wartens war die Sonne weitergewandert, jetzt stand sie schlecht, wurde grell vom Wasser im Vordergrund reflektiert. Das würde den Fokus im entscheidenden Moment vom majestätischen Vogel ablenken – die Aufnahme verderben, wie er jetzt einsah.

In der Fotografie ging nichts auf die Schnelle. Stilles Verharren. Durchhaltevermögen, Konzentration, Geduld – all das musste er noch lernen. Die Steinchen bohrten sich schmerzhaft, unerbittlich in seinen Bauch, seine volle Blase peinigte ihn. Sollte er sich bewegen? Nein, er blieb, wo er war, ganz erpicht auf die perfekte Aufnahme schloss er die Blende wieder und wieder, um sich die Ergebnisse anzusehen, sich das Bild vorzustellen.

Mit unendlicher Sorgfalt hob der Vogel ein schlankes Bein und trat einen langsamen Schritt vorwärts, tauchte den Fuß wieder ins Wasser, ohne ein Kräuseln, auf der Jagd nach etwas, das nur er mit seinem scharfen Blick erkennen konnte.

»Schlauer Bursche!« Evan atmete flach, jede Muskelfaser angespannt.

Er sollte wirklich die Perspektive wechseln, raus aus dem grellen Gegenlicht, aber das würde den Vogel garantiert aufscheuchen und Evan nehmen, worauf er so lange gewartet hatte. Sein Ellbogen und das rechte Knie waren nass, die Flut kam, hatte schon die Gezeitentümpel zwischen den Felsen gefüllt, und überall piksten ihn die Napfschnecken, zwischen denen er bäuchlings wie ein Heckenschütze Position bezogen hatte.

»Mach schon, Vogel!«, murmelte er, plötzlich ungeduldig und müde und nervös, alles gleichzeitig, die Last des leeren Tages lag schwer auf ihm, er war bis auf die Knochen durchgefroren.

Whiskey würde jetzt runtergehen wie Öl, dachte er.

Ein heißer Grog.

Rasch blinzelte er den Gedanken fort und konzentrierte sich wieder auf den Reiher, der erneut die glatte Wasseroberfläche fixierte und wartete. Ein Bein hatte er angehoben, Stückchen um Stückchen, und hielt es still in der Luft. Wie ein einbeiniger Yogi stand er starr, Kopf und Hals ausgefahren, punktgenau aufs Wasser gerichtet, der ganze Körper auf die Schnabelspitze konzentriert und auf das, was da im Trüben wimmelte. Evan klickte, klickte.

Dann jaulte irgendwo ein Hund auf und peste kurz darauf sabbernd vorbei an ihm, der er bäuchlings auf den Felsen lag, und weiter aufs Wasser zu, tollte am Strand herum, bellend und haarig und laut und groß. Mit einem entsetzten Schrei breitete der Reiher die gewaltigen Flügel aus, schwang sich mit leichter Schlagseite in die Lüfte, weg vom Hund, von der Sonne und der Kamera, und flog auf die kleine, der Bucht vorgelagerte Insel zu.

»Verdammte Scheiße!«

Evan rappelte sich auf, mit klatschnassem und kaltem Bauch und einem Gefühl, als hätte ihn jemand aus dem Tiefschlaf gerissen, was ihn so richtig stinkig machte.

Er sah sich um. Eine Meute ergoss sich lautstark über den kleinen Felsrutsch auf den Sand, alle krakeelten ihre Freude darüber in die Welt, dass sie diesen schnuckligen Strand gefunden hatten, dieses abgeschiedene Refugium, weit ab von den Menschenmassen am Hauptstrand.

»Hier, schnappt euch die dicken Steine da, Kinder!«, brüllte der Vater. »Wir machen uns eine kleine Feuerstelle, eine Grillschale obendrauf, und ratzfatz haben wir ein echtes Lagerfeuer.«

Die Kinder sausten am Strand lang, kletterten, buddelten, planschten, ignorierten ihn, riefen den Hund, der sie seinerseits ignorierte, und auf einmal war der stille Ort mit Leben erfüllt, Lärm, Hektik, Zeter und Mordio, wo sich zuvor nichts bewegt hatte außer dem filigranen Spülsaum.

Eins der jüngeren Kinder entdeckte ihn, dort, wo er in seinem Tarnanzug auf den Felsen ausharrte. Statt ihren großen Schwestern nachzurennen, watschelte die Kleine über den Sand und betrachtete ihn mit ihren blauen Kulleraugen und einer Ruhe, die nur Kleinkinder an den Tag legten. Als er die Augen von der Kamera hob, stand sie einfach da und beobachtete ihn, und er stellte fest, dass er sich unter ihrem stillen Blick nicht rühren konnte. Sie war zwei, vielleicht drei Jahre alt. Diese Grübchen in ihrer Faust, sie hypnotisierten ihn förmlich, und plötzlich wusste er, wie das kleine Mädchen duften würde, wenn er sich zu ihm vorstrecken und es hochheben würde, seine flaumige Wange an seiner spüren. Sie beäugten einander eine Weile stumm. Er war von ihr gebannt, konnte nicht atmen, sich keinen Millimeter bewegen, aus Furcht, sie aufzuschrecken und den Bann zu brechen. Eine heiße Welle des Kummers überrollte ihn, brannte in seinen Augen, und er schämte sich.

Der Vater wurde von der Reglosigkeit angezogen, der starren Haltung seines Kindes. Er stieß die Mutter an, die wie ein Packesel mit Klappstühlen und Windschutzplanen und Kühlboxen den glitschigen Felsrutsch heruntergeschaukelt war und jetzt mit einem Klappstuhl kämpfte, im Trägertop, die sonnengescheckten Winkearme flatterten. Da war etwas Wildes in ihrem Blick, als sie plötzlich aufsah und ihn ins Visier nahm, im Tarnanzug auf den Felsen, und sie rief: *»Chelsea!«*, mit kehliger Stimme, in einer Tonlage, die alle anderen um sie herum jäh verstummen ließ, jedes Kind am Strand hielt inne und starrte sie an.

»Komm her, aber *zackich*!«

Das Kind blieb, wo es war, sah ihn unverwandt an, doch ihm blieb nichts anderes übrig, als unter den eiskalten Blicken der Erwachsenen und dem unbeirrbaren Starren des Kindes bis an den Felsenrand vorzurobben, sich aufzurichten und so gut es ging abzuklopfen. Er hob die Kamera und wedelte damit verlegen in Richtung des Vaters, der prompt ein paar Schritte auf ihn zutrat.

»Alles klar dahinten?«, rief er, die Hände in die Hüfte gestemmt.

»Ähm, ja«, antwortete Evan.

Es entstand eine Pause, Standoff.

»Fotograf«, sagte Evan, eine überflüssige Information. Er wandte sich um, zeigte wie zum Beweis mit der Kamera in die Richtung, in die der Vogel entfleucht war, aber da war natürlich nichts mehr zu sehen. Der Riemen klatschte nass gegen seine Hand. Er sollte besser auf seine Ausrüstung achtgeben.

»Ich wollte ...«

Aber der Vater hatte kein Interesse mehr.

»Geh und spiel mit deiner Schwester«, sagte er zu der Kleinen, die endlich den Daumen aus dem Mund nahm und Evan mit beseeltem Sabbergrinsen anlächelte.

»Mach schon, Chelsea!«, sagte der Vater lauter. »Lass den Mann in Ruhe.«

Als würde er was Widerwärtiges machen, zwischen den kalten, nassen Felsen.

»*Angeline*, ruf die Chelsea!«, kreischte die Mutter, fuchtelte mit Handtüchern herum und ließ den Blick zu den anderen Kindern wandern.

Wie eine Vogelschar versammelten sich die Kinder am Wasser und zwitscherten drauflos: *Chelsea, Chelsea, Chelsea, komm schon, komm, komm*, bis die Kleine den Mann zwischen den Felsen vergaß, sich abwandte und mit ihren berüschten Wonneproppenbeinchen auf ihre Schwestern zuwatschelte, wobei sie hier und da über eine Wurmspur stolperte oder einen Kieselstein.

Er zwang sich, den Blick von ihr abzuwenden und den Vater anzusehen, der ihn immer noch schmaläugig fixierte.

Plötzliche Wut ließ ihn fragen: »Bleiben Sie den ganzen Nachmittag hier?«

»Was?«

Evan machte eine raumgreifende Geste, die den Strand, das Wasser, die kreischenden, mittlerweile wadentief in der hellen Brandung stehenden Mädchen einschloss.

»Bleiben Sie den ganzen Tag hier?«

Der Vater behielt die Hände an der Hüfte, breitbeinig stand er da. Nickte der Frau und der im Aufbau begriffenen Strandmuschel hinter sich zu.

»O ja«, erwiderte er unverfroren. »Sie auch?«

Evan ärgerte sich, doch er lächelte. »Nee, bin klatschnass. Geh mich besser abtrocknen.«

Der Mann lächelte nicht zurück, nicht mal jetzt, stattdessen ließ er Evan unmissverständlich spüren, dass er endlich die Biege machen solle, weil er diesen schnuckeligen kleinen Strand ganz für sich und seine Frauen und seinen grässlichen Hund wolle. Evan wandte sich schweigend zum Felsen, nahm seinen Rucksack, die Kameratasche – und da entdeckte er etwas zwischen den Wellen, in Ufernähe, nur ein paar Meter entfernt. Etwas, das schon die ganze Zeit da gewesen sein musste.

Es war der Mann mit Hut.

Er verharrte in einer Senke, dort, wo das Meer die Felsen umspülte, reglos wie der Reiher, nur der Kopf mit dem Hut war zu sehen. Der Mann starrte aufs Meer hinaus, aber Evan war sicher, dass auch er das laute Treiben am Strand verfolgt hatte. Seine stumme Pose wirkte beabsichtigt, wie der Reiher wollte auch der Mann nicht gesehen, nicht hier entdeckt werden, zwischen dem glänzenden Braun, Schwarz und Grün der kleinen Halbinsel, in deren Arme er sich schmiegte, fast unsichtbar.

Evan dachte zurück an die frühen Morgenstunden, als er mit seiner Kameratasche an den Strand gekommen war, vom Tanz der Sonnenstrahlen auf dem Wasser weggelockt aus dem düsteren kleinen Haus und seinen Albträumen. Er musste schon vorher da gewesen sein, der Mann mit Hut, in der Lücke zwischen den Felsen da drüben gesessen haben, so still und stumm, dass niemand ihn bemerkt hatte. Evan blickte auf seine Uhr. Vor drei Stunden. Länger. Wow.

In der Zwischenzeit hatte ihn die Rabaukenfamilie vergessen und sich dem kleinen Blechgrill zugewandt, dem sie ein paar Flammen zu entlocken versuchten. Evan schlenderte gemütlich über den weichkieseligen Strand zum schmalen Weg, ohne einen weiteren Blick zu den Felsen zu riskieren.

Evan saß in dem zerschlissenen alten Sessel am Fenster, das Handy grell in seinen Fingern, und still.

»Geh heim, Kumpel. Nimm dir so lange eine Auszeit, wie du brauchst«, hatte John, sein Geschäftspartner, an jenem Tag vor drei Wochen gesagt, als er Evan unkontrolliert weinend auf der Herrentoilette entdeckt hatte. Sie waren beide unsicher gewesen, hatten einander verstört im Spiegel betrachtet und nicht gewusst, was sie tun sollten. John legte ihm peinlich berührt die Hand auf die Schulter, zog sie aber gleich wieder weg und trat einen Schritt zurück, als diese Geste nichts bewirkte. Evan weinte immer weiter, er konnte nicht anders.

John hatte wenigstens gewartet, das musste er ihm lassen, doch den Blick hatte er die meiste Zeit auf den Boden gerichtet. Er machte keinen Rückzieher, ging nicht hinaus, schloss nicht die Tür hinter sich, tat nicht so, als hätte er nichts gesehen. Er hatte gewartet.

»Du hättest nach der Beerdigung Urlaub nehmen sollen, Kumpel. Keine Ahnung, warum du gleich zurückgekommen bist ... so, wie du beieinander bist«, hatte er gesagt. »Herrje. Geh. Nee, geh heim, ehrlich. Hol deine Sachen. Ich sag Bescheid, damit dich keiner stört.« Und offenbar hatte er es ernst gemeint.

Das war vor drei Wochen gewesen, und jetzt?

Nichts.

Evan klickte sich mit wachsender Verstörung durch seine Apps. Kein Mucks, von niemandem, weder auf Teams noch auf Twitter. Nichts.

Dafür sollte er dankbar sein. Die Arbeitslast war immens gewesen, nicht zu schaffen. Er hasste seinen Job.

Er öffnete sein Mailprogramm, tippte auf *Aktualisieren* und beobachtete den kleinen Kreis, der sich auffällig lange drehte, als bräuchte er Bedenkzeit.

Funkstille auch von Lorna.

Er gab *LOR* ein, und Autofill lieferte ihre Adresse.

Hi, tippte er umständlich, die Ellbogen im großen, weichen Sessel wie in einer Zwangsjacke verschnürt.

Wollte nur Bescheid geben, dass ich gut angekommen bin. Ein seltsamer kleiner Ort namens Ballybrady, direkt am Meer. Also echt DIREKT am Meer. Manchmal kommt es praktisch zur Tür herein. Ich vermisse dich. Das Haus ist okay, aber klein und düster und fremd, und ich stelle fest, dass ich es nicht gewohnt bin, allein zu sein. Vermutlich wirst du mir nicht antworten. Ich glaube, ich sollte mich eigentlich nicht bei dir melden. Ich kenne die Regeln nicht. Ich vermisse dich. Und Luca natürlich auch. Hoffentlich benimmt er sich. Ich habe das Haus hier für eine Woche gebucht, wie angekündigt, obwohl ich nur ein paar Tage hier bin, fühlt es sich schon an wie Wochen. Ich zähle die Tage, Lorna. Gib mir Bescheid ...

An dieser Stelle hielt er inne und verfiel lange ins Grübeln.

... gib mir Bescheid, was ich danach tun soll. Deine Entscheidung.

Es tut mir alles so leid, Lorna.
Evan xoxox

Senden.

Wiederum ließ sich der kleine Kreis viel Zeit, bis er schließlich die Umdrehung vollführt hatte und die Nachricht weg war.

Er saß im schwindenden Licht und wartete, ob sie antworten würde.

Um fünf legte er das Ding zur Seite, rappelte sich waidwund auf und dehnte sich langsam, bevor er das Handy ins Schlafzimmer zurückbrachte und die Tür schloss.

Später, beim Eierkochen auf dem uralten Herd, war da das Gezeter und Gewese der Rabaukenfamilie auf dem Heimweg, das Klappern der Plastikeimer, das Gejaule der zuckerverklebten, hundemüden Kinder, gefolgt von der größeren, schwereren Stille danach, als sie vorbeigegangen waren und er sich in der Trübnis der Küche laut ein Toast schmierte, während am Himmel das letzte Licht erlosch.

5

Am Montag stand er kurz vorm Überschnappen.

»Ich schnappe über«, sagte er zum kleinen Vogelschädel auf dem Regal, und als die verstaubten Augenhöhlen sich zustimmend zu kräuseln schienen, wusste er, dass er dringend an die frische Luft musste.

Draußen rammte er die Hände tief in die Hosentaschen und sah sich um.

Zu seiner Linken führte der Weg am Rand seiner eigenen abgeschlossenen Bucht entlang und dann den steilen Hügel hinauf zur Felsnase.

Evan atmete eine Ladung Salz ein. Na dann. Er würde hinaufgehen zum kleinen Dorfladen und schauen, ob sie da diese Dinger namens Zeitungen verkauften, die lappigen aus Papier, die einem beim Lesen die Finger schwärzten.

Er rutschte und knirschte auf dem Schotter herum und war schon nach einem kurzen Marsch hügelan völlig aus der Puste. In jungen Jahren war er jeden Morgen joggen gegangen. Die Wochenenden verbrachte er auf dem Mountainbike in den Bergen hinter der Stadt oder hing mit John und der Gang mit Seilen gesichert an anspruchsvollen Felswänden. Natürlich war Lorna auch mal Teil der Gruppe gewesen, so hatten sie sich schließlich kennengelernt.

Doch als die Kinder gekommen waren oder, genauer, als Luca auf die Welt kam, war Schluss gewesen damit. Ein-, zweimal hatte er sich nach der Geburt seines Sohnes noch eine

Tour gegönnt, sich nach einer anstrengenden Woche eine Auszeit erbeten, um in den Bergen den Kopf wieder freizu bekommen, doch nach seiner Rückkehr hatte er dafür mit Lornas kalter Schulter bezahlt, daher hatte er die Gang nach und nach aufgegeben.

»Du hast wohl vergessen«, hatte sie nach seiner Rückkehr gesagt und ihm das Baby wie eine Opfergabe hingestreckt, »dass ich solche Sachen früher auch gemacht habe. Auch ich war gern in den Bergen unterwegs.«

»Nächste Woche kümmere ich mich um ihn, und du hast frei. Wir können uns abwechseln«, hatte er naiv vorgeschlagen, aber sie hatte nur grimmig den Mund verzogen und ihm das Kind erneut hingehalten.

»So läuft das nicht. Zeit, erwachsen zu werden, Peter Pan.«

An der Ecke, wo der Hauptstrand vom schmalen Pfad weg Richtung Meer weiterging, legte er eine Verschnaufpause ein und blickte sich um. Der Sand war heute klar zu sehen, es war Ebbe und der Strand so gut wie leer. Was ihn überraschte. Wie konnte es sein, dass an einem so herrlichen Tag niemand unterwegs war? Nur hier und da waren ein paar bunte Flecken erkennbar, ein paar wenige Kinder beim Strandburgenbauen. Und vereinzelte Hunde, weit draußen in den Wellen, aber ihre Besitzer waren nicht zum Verweilen aufgelegt, sie marschierten rasch weiter, wollten die Sache offensichtlich so schnell wie möglich hinter sich bringen.

»Montag«, sagte er. »Das wirds sein.«

Alle anderen mussten zur Arbeit. Alle außer ihm.

Der Gedanke hellte seine Stimmung etwas auf, er lächelte vor sich hin und setzte sich erneut in Bewegung, weiter den Hügel hinauf.

Als er den Laden betrat, klimperte im Hintergrund eine unpassende Klaviersonate, doch der Tresen war verwaist, auch zwischen den Regalen war niemand zu sehen. Beim Klirren der Türglocke hatte auch keiner aus dem Hinterzimmer geschaut. Achselzuckend nahm er sich einen Korb und füllte ihn mit dem Nötigsten: Eier, Kekse. Lammkoteletts, auf die er spontan Appetit bekommen hatte, als er sie im Kühlregal liegen sah, rot und blutig in ihrer Verpackung. Eine Tafel dunkle Schokolade. Das Lokalblatt, andere Zeitungen wurden hier nicht verkauft. Äpfel. Nachdem er den Korb auf dem Tresen abgestellt hatte, sah er sich erneut um, verrenkte sich den Hals, um in die kleine Kammer im rückwärtigen Teil des Ladens zu spähen.

»Hallo?«

Nach einer Weile ließ er den Korb stehen und ging nach draußen. Überall herrschte gähnende Leere. Er lief seitlich ums Gebäude, wo eine lange, hohe Mauer einen Garten umgab. Dort oben saß die Verkäuferin, ihre Knie waren ungefähr auf Augenhöhe, sie trank etwas aus einem Becher mit einem Huhn darauf.

»Mittagspause«, sagte sie freundlich und winkte vorsichtig mit dem Becher. »Bin in zehn Minuten wieder zurück.«

»Kein Problem«, sagte er. »Ich habs nicht eilig.«

Eine aufrichtige Antwort. Hatte er tatsächlich nicht.

Sie lächelte, trank und richtete den Blick über seinen Kopf hinweg in die Ferne. Er nahm an, sie konnte von da oben das Meer sehen. Er wandte sich um, um zum Ladeneingang zurückzukehren. An der Bushaltestelle davor hatte er eine Bank gesehen. Dort würde er warten.

»Wollen Sie auch eine Tasse? Ist nur grüner Tee, aber wenn Sie möchten?«

Sie blickte wie eine freundliche Katze von der Mauer zu ihm runter und schlug dabei die Hacken dagegen.

»Gern«, erwiderte er, plötzlich durstig. »Wie nett.«

»Na, dann gehen Sie mal. Ich kann keinen Becher für Sie holen, wegen dem Virus, aber hinten auf der Spüle stehen ein paar saubere, und die Teekanne ist auf dem Herd.«

»Wie ...?«, fragte er, als sein Blick auf eine kleine angelehnte Tür in der Mauer fiel. Er sah fragend zu ihr hoch, und als sie wiederum lächelnd nickte, drückte er gegen die Tür. Wie alles andere hier hatte sie sich in der salzhaltigen Luft verzogen und war ein bisschen störrisch, aber mit etwas Kraft bekam er sie aufgestemmt. Er schlüpfte ins Innere und sah sich neugierig um.

Alte Betonplatten führten zu einer offenen Haustür. Zu beiden Seiten erstreckte sich ein völlig überwucherter Garten, das hohe Gras reichte ihm teilweise bis zur Hüfte, wie ein buschiges Tier strich es ihm um die Beine, zischte und schnalzte. Im Dickicht ruhten Skelette aus Metallschrott, die verfilzten Gräser ihr Fell. Er meinte, im Gestrüpp ein altes Auto zu erkennen, dahinter einen verfallenen Schuppen.

»Ich weiß!«, rief sie ihm nach. »Manchmal muss ich mir einen Weg freischlagen. Die Machete steht neben der Küchentür, passen Sie bloß auf, dass Sie nicht darüber fallen.«

Er lachte kopfschüttelnd. Sein Garten zu Hause war wunderbar gepflegt, in akkuraten Streifen gemäht, aber auf einmal gefiel ihm das hier viel besser – wirr und wild, egal, wie sich die benachbarten Gärten dagegen ausnahmen.

»Da könnte sich ein Löwe drin verstecken«, rief er dem Mädchen auf der Mauer zu.

»Na, jetzt wissen Sie ja, wo die Machete ist, falls Sie sie brauchen.«

Ihr Gelächter war noch im Laden zu hören.

Die kleine Küche war minimalistisch eingerichtet und ordentlich, mit weißen Wänden und einem vergitterten kleinen Fenster als Lichtquelle.

»Tee«, sagte er.

Er fand ihn in einer bauchigen braunen Kanne auf dem Herd, immer noch heiß, daneben ein sauberer Becher, als hätte ihn das Mädchen schon erwartet. Grünen Tee hatte er noch nie getrunken, daher beschnupperte er ihn auf dem Weg zurück zur Gartenmauer vorsichtig. Grün war er schon mal nicht, sondern eher blässlich goldgelb. Und wie Tee roch er auch nicht. Gras. Er roch nach Gras, befand er achselzuckend. Konnte man vermutlich trinken.

An einer Stelle hatte sich das Mädchen durch den Dschungel einen Trampelpfad zur Mauer freigeschlagen und davor einen wackeligen Turm aus alten Kisten und größeren Steinen aufgeschichtet, eine Art Treppe. Als sie ihn kommen sah, rutschte sie ein bisschen zur Seite, um ihm auf der Mauer Platz zu machen. Er stellte den Becher auf der flachsten Stelle ab, erklomm vorsichtig die losen Stufen, schwang erst das eine Bein über die schmale Brüstung, dann das andere. Dabei kam er sich schrecklich unbeholfen vor, besonders als er bemerkte, dass sie ihn amüsiert beobachtete. Alles, was er tat, schien sie zum Grinsen zu bringen. Er grinste zurück. Es war okay.

»Puh!«, sagte er, schuckelte sich in einen bequemen Sitz und nahm seinen Becher in die Hand. »So was hab ich schon lange nicht mehr gemacht.«

Sie sah ihn mit tanzenden Brauen an, dann schob sie ihre verrutschte Brille wieder hoch. Er bemerkte, dass der große Daumenabdruck auf dem Glas verschwunden war, der ihn bei ihrer letzten Begegnung noch so gestört hatte. Aber ihre Haut wirkte wächsern, und ihre Nase war voller Mitesser. Beschämt, dass er auf solche Kleinigkeiten achtete, wandte er sich rasch seinem Tee zu. Der schmeckte ehrlich gesagt wie Wasser mit einem Hauch Gras. Ein grüner Geschmack. Nicht köstlich, aber auch nicht ungenießbar. Er trank noch einen Schluck.

Von hier oben aus konnte man übers Dornengestrüpp hinweg einen schmalen blauen Meeresstreifen ausmachen. Die Hauptstraße löste sich wie ein einzelnes Band von der sich weiter links erstreckenden grünen Landschaft und verschwand in einer Schleife in der Ferne, weg von Ballybrady.

»Von dort kommt der Feind«, sagte er mit einer Kopfbewegung in Richtung Straße.

»Der wahre Feind lauert im Inneren«, erwiderte sie, als sie die letzte Teepfütze in die Wildnis schüttete.

Er sah sie erstaunt an, doch sie nickte nur, ohne seinen Blick zu erwidern.

»Das glaube ich zumindest. Es gibt keine irdische Gefahr außer der, die von innen kommt.«

»Aha. Verstehe. Ist das Buddhismus oder so was?«

»Ja.«

Mehr sagte sie nicht. Es kam ihm vor, als wartete sie nur darauf, dass er sie damit aufziehen würde, doch er trank schweigend seinen Tee und genoss die kühle Brise, die ihm durchs Nackenhaar zauste. Sie schlug noch ein paarmal die Hacken gegen die Mauer, dann hielt sie die Beine still.

»Ich glaube«, sagte sie nach einer Weile, »es bedeutet, dass man, wenn man die eigene Wahrnehmung der Welt als Projektion des eigenen Verstands akzeptiert, selbst dafür sorgen kann, sich keine Feinde zusammenzudenken oder Schwierigkeiten oder Gründe für Leid. Man sollte die Dinge nicht schlechtmachen, wenn sie es in Wahrheit gar nicht sind.«

»Was, wir denken uns die Welt also nur aus? So ist das gemeint?«

Sie nickte. Jetzt sah sie ihn direkt an, ihre Augen riesig hinter den Brillengläsern. »Ja. Das glaube ich zumindest.«

Er schwieg nachdenklich. Sie glaubte also, er hätte sein Leid einfach erfunden. Er sah Lornas Miene vor sich, kühl und starr. Er sah das leblose Gesicht des Babys in jener grauenvollen Nacht, auf seltsame Weise frei von jeglicher Persönlichkeit, tot. Er sah Lucas wirren Blick, zornig und verstört und voller Abscheu vor ihm. Er sah sich selbst, ein unbeholfener Taugenichts, ausgehöhlt und unglücklich.

»Nein, das glaube ich nicht«, sagte er ein bisschen zu laut. »Wieso sollten wir beschließen, unglücklich zu sein?«

Sie lachte kurz auf, als hätte er genau die richtige Frage gestellt. »Tun wir nicht. Wir beschließen nur, nicht glücklich zu sein.«

»Wie soll man glücklich sein, wenn um einen herum alles scheiße ist?«

»Verstehen Sie nicht? Es ist nicht scheiße. Wir nehmen es nur als scheiße wahr.«

Er schüttelte den Kopf. »Aha. Also ... könnten wir genauso gut beschließen, dass ... keine Ahnung, unser eingestürztes Haus gar keine Katastrophe ist? Wir könnten beschließen, uns einfach darüber zu freuen?«

»Genau«, sagte sie mit warmherziger Stimme. »Sie haben es kapiert. Vielleicht wäre es nämlich gut, das Haus zu verlieren, wissen Sie? Vielleicht wären wir dann frei, um die Welt zu bereisen oder umzuziehen oder irgendwas anderes zu tun. Zumindest könnten wir uns denken: Es ist, wie es ist, hurra, eine Verantwortung weniger, und könnten es loslassen.«

Er lachte. Eigentlich hatte er nur die Zeitung und ein paar Äpfel holen wollen.

»Also, verstehen Sie es jetzt? Darum sind die Menschen unglücklich. Darum leiden sie. Sie klammern sich an Dinge wie, keine Ahnung, Häuser und Beziehungen und Jobs und so, als würde ihnen das Sicherheit verschaffen. Aber diese Dinge schützen auch nicht davor, dass auf der Welt Scheiße passiert, oder?«

Er schüttelte erneut den Kopf.

»Also. Warum klammert man sich dann daran fest? Wieso macht man sich wegen unwichtigem Mist Sorgen? Das würde mich interessieren.« Sie lächelte ihm zu, ihre Wangen waren jetzt rosig.

»Wie heißt du?«, fragte er.

»Becky. Und du?«

»Evan. Ich bin Evan.«

Er streckte ihr die Hand entgegen, verdrehte sich ungelenk auf der schmalen Mauerbrüstung, aber sie wehrte ab.

»Geht nicht. Händeschütteln und so Sachen sind jetzt erst mal tabu. Aber ich freue mich trotzdem, dich kennenzulernen, Evan.« Sie nickte zur wackeligen Treppe hinter sich. »Ich lasse dir den Vortritt. Alter vor Schönheit und so. Außerdem siehst du aus, als würdest du ein bisschen brauchen.«

»Haha!« Er rutschte zur Seite und stellte den Becher ab, um die Hände frei zu haben. »Diese Gedanken übers Glücklichsein und so, die kommen dir einfach so?«

Becky nickte ernsthaft, nahm seinen Becher und rutschte auf ihrem gut gepolsterten Hintern Richtung Abstiegsstelle. Dabei nahm sie eine Menge Staub und Flechten mit, doch das schien ihr nichts auszumachen.

»Mein Freund hat seine Masterarbeit über dieses Thema geschrieben. Bei uns geht es so ziemlich jeden Abend darum, hin und her, her und hin«, sagte sie. »Besser als Sex.«

Er war gerade beim Abstieg, als sein Fuß wegrutschte und er unsanft und leise fluchend auf dem Hosenboden landete.

Becky hingegen kam leichtfüßig neben ihm zum Stehen und sah grinsend zu, wie er sich abklopfte und seine Brille richtete.

»Du bist eine echte Überraschung, Becky«, sagte er streng.

»Solche wie uns gibts hier viele«, entgegnete sie knapp,

klackte die Becher zusammen und ging zur Teeküche. »Sei auf der Hut, Evan aus der großen Stadt. Jetzt sehen wir zu, dass du genügend Lebensmittel hast, und dann gehst du besser heim und machst die Schotten dicht. Da kommt was auf uns zu, mit dem wir alle nicht gerechnet haben.«

6

»Du liebe Scheiße«, sagte Evan mit entsetztem Blick auf seinen Laptop. »Du hast völlig recht gehabt, Becky.«

Diese SARS-Geschichte, die sich im Hintergrund zusammengebraut hatte, während er mit seiner persönlichen Krise beschäftigt gewesen war, schaltete jetzt offenbar den Turbo ein. Kaum hatte er mal kurz weggesehen, war das Ding ins Rollen gekommen – es gab bereits ernste Konsequenzen (Krankheit, Intensivstation, Tote) – und nun mit einem Paukenschlag mitten in seinem Leben gelandet.

Sie nannten es *Lockdown*. Ausgangssperre. Was war gesperrt? Wie konnte das passieren?

Alles. Absolut alles war dicht. Niemand konnte sich mehr frei bewegen, weder von hier nach dort noch von dort nach hier. Besuche verboten. Rausgehen verboten. Bis wann? Er las und las, aber nirgends stand ein Enddatum.

Unter der Zeitung und dem ganzen Gerümpel auf dem Tisch fand er irgendwann sein Handy, der Akku pfiff aus dem letzten Loch, und er scrollte zitternd durch seine Kontaktliste, bis er Lornas Nummer gefunden hatte. Da war sie, ihr wunderbares Gesicht, die leicht schiefen Zähne, das Lächeln, in das er sich zuerst verliebt hatte. Dieses Foto hatte er geschossen, im Park. Im Hintergrund des winzigen Profilfotos waren sogar noch die Bäume zu erkennen. Damals war ihr Lächeln noch echt gewesen.

Er hielt sich das Handy ans Ohr, sehnte sich schmerzlich

nach ihrer Stimme. Warum hatte sie ihn nicht angerufen, um ihn zu warnen, bevor alles den Bach runtergegangen war? Oder zumindest auf seine Mail geantwortet, verdammt? Wieso erfuhr er erst jetzt so richtig davon?

Es klingelte so lange ins Leere, dass er das Ding irgendwann vom Ohr nahm und genauer inspizierte, vielleicht war es kaputt? Das Profilfoto lächelte weiter, doch je mehr Zeit verstrich, desto höhnischer wirkte es. Irgendwann beendete er den Anruf, legte das Handy ganz sanft auf den Tisch und stöpselte mit spitzen Fingern das Ladekabel ein, als wäre es extrem empfindlich.

Er rieb sich übers Gesicht und ließ den Blick durch das kleine Zimmer wandern, zu den Türen, die jeweils ins Bad, ins Schlafzimmer und hinaus zum Strand führten. Es war dunkel und eng, mit lauter Zeug vollgestellt, ein staubiger, leerer Kamin klaffte wie eine Zahnlücke in der Wand, beige gestrichen, dazu dunkle Holzmöbel, überall lagen seine Sachen verteilt, er hatte sie einfach liegen lassen, denn hier würde ihn niemand ermahnen, außerdem war das alles ja nur für eine Woche gedacht gewesen. Aus lauter Langeweile stand er auf und schaltete den Wasserkocher ein, dann trat er ans gegenüberliegende Fenster und fühlte sich beim Blick auf den Ebbestrand und die ganz hinten in der Ferne wogenden Wellen schon jetzt eingesperrt.

Als er sich wieder setzte, zerriss ein lauter Signalton die Stille. Eine Mail. So rasch zog er den Laptop zu sich heran, dass er dabei diverse Zeitschriften und leere Lebensmittelverpackungen zu Boden beförderte. Er war so kurzsichtig, dass er Mails nur auf dem Laptop richtig lesen konnte. Und Mails gründlich zu lesen war jetzt wichtiger denn je.

Genau genommen war dies seit drei Wochen die erste echte Geschäftsmail. John wollte wissen, ob sie das Büro angesichts der neuen staatlichen Hygienevorschriften schließen sollten. Kurzarbeit anmelden oder so was. Er starrte die Nachricht lange an, tippte statt einer Antwort Lornas Adresse ein und schrieb dann:

Bitte ruf mich an. Lass mich wissen, ob es dir gut geht. Ich muss deine Stimme hören.

Nach einer Weile erhob er sich schwerfällig vom Tisch und schlich zum Sofa, schob Pullover und Bücher zur Seite. Plötzlich war ihm eiskalt. Er legte sich hin, rollte sich fest zusammen und zerrte sich die dicke Decke um die Schultern. Dann schloss er die Augen und schlief ein.

Als er erwachte, herrschte im Zimmer bereits Abendstimmung, und er fühlte sich kuschelig warm in seiner Haut, daher blieb er einfach im wabernden Halbschlaf liegen und gab sich seinen Gedanken hin. Irgendwann erhob er sich dann aber doch, allerdings nur, um nachzusehen, ob sein Handy vielleicht stummgeschaltet war.

Na gut. Dann eben nicht. Er stand auf.

Er würde einen Plan erstellen.

Zuerst: Proviant. Die Schränke waren schon wieder so gut wie leer, obwohl er eigentlich einen Spatzenappetit hatte. Wenn der kleine Laden nicht mehr geöffnet hatte, müsste er zu seinem Auto hochlaufen und sich in der ein paar Meilen entfernten Stadt Vorräte besorgen. Dann würde er beim Besitzer des Cottages fragen, ob er seinen Aufenthalt verlängern könnte. Dann ... tja. Über den Rest würde er sich später Gedanken machen.

Er hatte Jacke und Schlüssel schon in der Hand und das Handy in der Hosentasche, als ein lautes Pochen an der Tür ihn so erschreckte, dass er einen Satz machte. Er blinzelte, öffnete aber nicht gleich, sondern tat, als wäre er schwer beschäftigt, mitten bei einer mordsinteressanten oder hochwichtigen Sache. Erst nach einer Weile hob er den Riegel und schob die Tür auf, die laut über die schiefen Bodendielen schrappte.

»Alles okay, Junge?«

Es war Frank, überraschend handzahm mit einer in ein Geschirrtuch gewickelten Auflaufform bewaffnet. Der Wind zauste ihm durchs schüttere Haar, lüpfte es und ließ es wieder fallen, aber er trug immer noch das kurzärmelige weiße Polohemd und schien nicht in Eile zu sein.

»Die Gattin schickt mich. Schickt das hier. Haben gerade Nachricht bekommen.«

Er hielt Evan die Form hin und wartete.

Evan stand da wie ein Ölgötze, in der einen Hand hatte er Jacke und Schlüssel, mit der anderen hielt er die Tür fest.

»Sie meinte, es wäre nicht richtig, dich hier allein sitzen zu lassen, wo doch die Kacke so richtig am Dampfen ist. Weil, du bist das nicht gewohnt. Sie will nicht, dass du Hunger leidest, bei diesem Grippeding, sagt sie. Also, hier.«

Evan starrte ihn an.

»Hier!«, wiederholte Frank und rammte ihm die Auflaufform in den Bauch. »Hat sie extra für dich gemacht. Die Form kannste uns dann einfach wieder vor die Tür stellen, weißt ja, wo wir sind, Nummer sieben, mit dem Plastikbussard als Möwenscheuche im Garten.«

Evan riss sich aus der Apathie und nahm die Form entgegen, entsetzt, weil schon wieder die Tränen prickelten. Der Auflauf war noch warm und duftete, eine liebevolle Geste, so überraschend.

»Das ist ... ach. Das ist unglaublich lieb von ihr. Von euch beiden ...«, stammelte er, aber Frank hatte sich schon abgewandt.

»Oben im Laden haben sie schon kein Klopapier mehr«, rief er Evan über die Schulter hinweg zu, bereits auf dem Schotterweg. »Sieht aus, als müssest du dir den Hintern mit Seetang abwischen. Aber da kann ich dir auch nicht helfen!«

Als Evan die Form sachte neben die Spüle stellte, lief ihm beim Duft von Braten und Soße bereits das Wasser im Mund zusammen.

In seiner Tasche ertönte ein Piepsen. Das wacklige Handynetz hatte sich offenbar kurz berappelt und eine Mail in seinen Eingang gespült.

Wieder nur John. Er habe den Laden kurzerhand dichtgemacht, schrieb er, nachdem die Regierung weitere Regeln verkündet habe. Auf Evans Antwort habe er nicht warten können. Hoffentlich sei das okay so. Es sei alles so schnell gekommen. Alle seien informiert, der Anrufbeantworter und die Website entsprechend aktualisiert. Wollte dich nur kurz ins Bild setzen, mach dir keine Sorgen, ist alles unter Kontrolle, nimm dir deine Auszeit, komm wieder auf die Beine, wenn das alles vorbei ist, musst du voll auf Zack sein, Kumpel – wir alle müssen das. Ein richtiger Schlamassel wird das noch. Er wünschte Evan alles Gute und Gesundheit, als wäre er ein siecher Greis, und schloss mit einem knappen, schwer beschäftigten *J.*

»Dieser Typ«, sagte Evan zum kleinen Schädel mit den leeren Augenhöhlen.

Wieder versuchte er es bei Lorna. Keine Antwort. Er wollte einen verdammten Drink!

Der Duft von Franks milder Gabe lenkte ihn ab. Er hob das Geschirrtuch. Karotten und Zwiebeln und Fleisch und Kartoffeln in einer sämigen Soße. Er holte sich einen Löffel und probierte.

Oh! Wie köstlich!

Plötzlich war sein Mund voller Speichel, es war, als würde es nach langer Dürre endlich regnen.

Pieps!

Uns gehts gut.

Voller Krisenmodus.

Endlich Vollzeit.

Julie nimmt mir Luca ab.

Pass auf dich auf.

Wir reden später.

Keine Emojis. Nicht mal eins.

Vielleicht war sie zu beschäftigt. Er stellte sich Lorna vor in ihren sexy schwarzen Absatzschuhen, endlich mit Vollzeitstelle, endlich nicht mehr Aushilfe, sondern jemand Wichtiges. Sogar in seiner Vorstellung klackerte sie geschäftig über den Gang, warf sich das Haar über die Schulter und keinen Blick zurück.

Pieps!

»Meine Güte!«, sagte er.

Er schaute finster aufs Handy, bevor er zur neuen Mail scrollte.

Airbnb.

Die Nachricht kam von der Besitzerin, die sich »Grace« nannte. Er ließ sich schwer auf einen Stuhl fallen, tauchte den Löffel in den Auflauf und schob ihn sich in den Mund. Während er die Zeilen überflog, wiederholte er diese Bewegung systematisch, spürte, wie die Nahrung ihm den Bauch füllte, warm und tröstlich, Fleisch und Kartoffeln, Geborgenheit.

Wegen der unvorhersehbaren Lage, las er, könne er so lange wie nötig in der gebuchten Unterkunft bleiben. Ohne zusätzliche Kosten. Er solle sich so gut wie möglich häuslich einrichten. Dass im Schuppen hinter dem Haus ein paar Gartengeräte zur Verfügung stünden, habe er bereits gesehen? Vielleicht wäre er so nett, sich als Gegenleistung um den Rasen zu kümmern, die Hecke zurückzuschneiden etc. pp.? Bei Fragen solle er einfach anrufen. Dann kam die Nummer. Er stellte sich die Frau in grünen Gummistiefeln vor, herrisch in Tweed.

So sah es also aus.

Wieder steckte er den Löffel in die Auflaufform, doch der traf mit einem Klirren auf den Boden. Bei genauerem Hinsehen stellte er fest, dass er schon mindestens die Hälfte verputzt hatte.

Um ihn herum wuchsen die Schatten, Meeresrauschen drang leise durch die Fenster, nach Sonnenuntergang war auch der Wind abgeflaut, doch er nahm weder Notiz von der um sich greifenden Stille noch vom Schweigen, das sich schwer aufs Dach legte, oder von der Dunkelheit, die das kleine Zimmer verfinsterte. Stattdessen lag er auf dem Sofa, spürte das heiße Gewicht seiner toten Tochter auf der Brust, in der Dunkelheit, genau wie jetzt hier. Er fühlte ihren feuchten Schweiß, wo sie sich müde ankuschelte, und sah wieder den Schatten ihrer Wimpern auf der blassen Wange. Er atmete ihren Duft, fiebrig fast, wie sie zu einem Komma zusammengerollt unter seinem Kinn lag, erschöpft vom Schreien, und er berührte mit den Lippen sacht die dunklen Strähnen auf ihrem kleinen Kopf.

Sodbrennen hatte sie gequält, die arme kleine Maus. Nacht für Nacht Gebrüll, alle waren fertig gewesen, tiefe Augenschatten, Erschöpfung. Aber jetzt erinnerte er sich nur an ihre friedliche Stille, nachdem sie endlich eingeschlafen war, die Ruhe nach dem Sturm. Lorna war ins Büro gegangen, um Arbeit nachzuholen, irgendeine Krise, die nicht warten konnte; er war allein mit dem Baby im Arm, seine Tochter, ein Genuss.

Jetzt, hier, im Dämmerschlaf, war ihm, als säße er wieder zu Hause im großen weißen Sessel neben der Terrassentür, der saubere, sichere Duft von frisch gewaschener Wäsche um ihn herum, das Baby, endlich, wieder auf seiner Brust.

Jessie, Jessie, Jessie, mein Schatz, hatte er geflüstert, und dann waren sie beide eingeschlafen.

Abrupt stand er auf, zitternd, und erbrach sich in die Spüle.

Es war schon spät. Durchs große Fenster auf der gegenüberliegenden Seite des Zimmers sah er, dass mit der Flut auch der Mond aufgegangen war, ein wunderschöner kugelrunder Lichtkreis im Himmelsschwarz. Er atmete langsam, zittrig ein und trat näher, richtete den Blick hinaus auf den Strand, das Meer, den Nachthimmel, weg von den Bildern in seinem Kopf.

Im kaltweißen Licht war eine dunkle Gestalt zu erkennen, sie lief über den Sand, bewegte sich sicher, kannte sich offensichtlich aus. Am Ufer, wo das Mondlicht einen gelben Streifen beschrieb, blieb sie einen Moment stocksteif stehen, ihre Silhouette zeichnete sich gegen das glitzernde Wasser ab. Dann streifte sie die Schuhe ab. Und zog sich aus.

Er beobachtete, wie die Gestalt zuerst ihren großen, weiten Umhang abschüttelte, dann kamen kleinere Kleidungsstücke, nicht genauer auszumachen. Sie stand einbeinig wie der Reiher, ihre Bewegungen bedächtig und sicher. Die nackte Person wandte sich völlig schambefreit um, um ihre Kleidung auf dem trockenen Felsen abzulegen, und dabei erkannte er, dass es sich um eine Frau handelte. Sie war groß, rank und schlank. Der Mond beleuchtete ihre kalkweiße Haut und ließ ihren Schatten noch schwärzer wirken.

Er sollte nicht spannen, das wusste er. Nein, er sollte die alten Vorhänge zuziehen und den Fernseher einschalten, das weiße Rauschen anstarren oder sich ein Buch vornehmen.

Die Frau hob die Arme gen Himmel, streckte sich. Wie groß sie war. Der Mond schien ihr gleißend auf die Haut, als wollte er sie zu sich rufen. Sie tauchte einen Fuß in die kleinen Wellen. Er stellte sich vor, wie eiskalt das Wasser sein musste, ein Schock, aber sie zögerte nicht, sondern schritt langsam, ungerührt hinein in die Fluten, er sah das Wasser an ihren Fußgelenken nippen, Waden, Schenkel, Hüfte und die geheimen Stellen. Er hielt den Atem an, so gerührt war er, ein so intensives Gefühl überkam ihn, dass er sich an die Wand neben dem Fenster lehnen musste. Sie beugte sich tief vor und schob sich hinein ins ölige Gold des Mondpfads, und ihn überlief ein Fremdschaudern, aber sie war schon drin, Teil des Ganzen, schwamm mit langsamen, eleganten Bewegungen, sinnlich glitten ihre Arme durch den goldenen Mondschein.

Sie beherrschte ihre Sache perfekt.

Mit jedem Ausatmen tauchte sie den Kopf tief ins Wasser. Mit jedem Einatmen hob sie ihn, glattschlank wie ein Seehund, glänzend im Licht des Mondes. Er wusste nicht, wie lange sie geschwommen war oder er sie beobachtet hatte, auf-ab-auf-ab auf dem hellen Pfad im Wasser, aber er vergaß darüber den Schmerz in seiner Brust und sah ihr einfach weiter zu.

Nach einer Weile schwamm sie zurück zum Strand. Ihr Gesicht konnte er nicht erkennen, nur eine blanke, fast unheimliche Leerstelle, wo es sein sollte. Ihn überlief ein Schauer. Irgendwann richtete sie sich auf und watete ans Ufer. Lange silberne Rinnsale troffen ihr vom Körper, während sie über den Sand schritt.

Er sah, wie sie sich mit dem weiten, schlabbrigen Umhang Körper und Haare abrubbelte und ihn dann um sich schlang. Er reichte ihr bis zu den Knien. Die anderen Sachen sammelte sie flugs ein, schlüpfte am kleinen Felsen in Sandalen oder Schuhe und ging langsam über den Strand vor seinem Fenster, weg von der schmalen Dorfstraße, weg von Frank und seiner Auflaufgattin, auf die Dunkelheit zu, auf die sich wiegenden nächtlichen Dünengräser, bis sie schließlich verschwunden war, aus dem Mondlicht, aus dem Blick.

7

»Dafür brauchst du aber was Schärferes, Junge.«

Es war Frank, der wegen der Abstandsregel lauter rief als nötig. Die Sache mit dem Abstand hatte er bei seinem Eintreffen geräuschvoll angekündigt und in jeder Gesprächspause ein paarmal wiederholt, wie ein Mantra. Er halte Abstand.

Soll mir recht sein, dachte Evan.

Frank war hinter ihm, verdunkelte das ohnehin düstere Innere des windschiefen Schuppens, wo Evan herumkramte und sich wünschte, er hätte von zu Hause eine Taschenlampe mitgebracht. Ständig krabbelte ihm irgendetwas über die Finger.

Er suchte nach den von Grace als »Gartengeräte« bezeichneten Gegenständen, das Einzige, auf das er bisher gestoßen war und das den Namen annähernd verdiente, war dieses gebogene Holzding mit der langen c-förmigen Klinge, das er an der Tür neben einem Rechen und einem Eimer entdeckt hatte.

»Japp«, sagte Frank mit Genugtuung. »Da könntest du nicht mal Butter mit schneiden.«

»Ist das für den Garten?«, fragte Evan zögerlich.

»*Aye.* Nützt dir aber nix, wenn du sie nicht wetzt. Deine Zehennägel sind schärfer. Kann nicht reinkommen und genauer nachschauen, weißt schon, Maggie würde mich schneller ins Jenseits befördern als diese Seuche. Wie gesagt, ich muss Abstand halten.«

Evan betrachtete verwirrt das Holzding. Es war ein elegantes Gerät, keine Frage, eine Antiquität. Aber er hatte eher an einen Rasenmäher gedacht, einen elektrischen vielleicht, für das kleine Rasenstück hinten, und einen Kantenschneider, so ein Gerät, wie es eine betagte Vermieterin wie Grace benutzen würde.

»Irgendwo im Schuppen ist garantiert auch ein Wetzstein«, bemerkte Frank. »Grace ist da sehr organisiert.«

Evan wartete, ließ sein Schweigen für sich sprechen. Aber da Frank nicht reagierte, gab er auf. »Was ist das hier genau?«

Frank schnaubte vergnügt.

»Also, das hier ist eine Sen-se«, sagte er langsam, als wäre Evan begriffsstutzig. »Eignet sich bestens für das lange Gras hinter den Mülltonnen. Das musst du im Sommer regelmäßig platt machen, sonst platzen dir die Hämorrhoiden, wenn du die Tonnen mittwochs zum Leeren an die Straße wuchten musst.«

»Da ist kein Rasenmäher«, erwiderte Evan dümmlich.

»Aber sicher doch, du hast ihn in der Hand.«

Herrje, dachte Evan.

Es musste ihm rausgerutscht sein, denn Frank hielt sich vor Lachen den Bauch, der so heftig wippte, dass er im Schuppen tanzende Schatten warf. Er lachte immer noch, als er sich vom Türrahmen löste und Richtung Gasse davonschlappte.

Da fiel Evan etwas ins Auge.

Ganz hinten im Schuppen, in der äußersten Ecke, stand ein längliches Etwas. Plötzlich hielt er den Atem an. Obendrauf lagen Bretter und ein paar Besen, deshalb war es ihm zuerst nicht aufgefallen, aber jetzt schlug sein Herz vorsorglich schon mal ein bisschen höher. Er musste es raushieven, um es genauer in Augenschein zu nehmen. Rasch und achtlos räumte er das Gerümpel aus dem Weg, warf das Zeug mit

Schmackes auf einen Haufen, bis er erkannte, dass er mit seiner Vermutung tatsächlich richtiggelegen hatte – da lag ein echtes, hochwertiges Sit-on-top-Kajak. Solide, aus Kunststoff, nicht so ein beschissenes aufblasbares Gummiteil, wie sie es den Trotteln heutzutage verkauften. Das Blau war ein bisschen ausgeblichen, an manchen Stellen eher grau. Sein Herz machte einen entzückten Satz. Allein der Anblick versetzte ihn sofort zurück in die Kindheit, rief Erinnerungen an herrliche Ferientage wach, allein in den seichten Wassern von Upper Lough Erne, wo er mit einem ähnlichen Kajak aus Fiberglas herumgepaddelt war, außer Sichtweite seiner ängstlichen Mutter. Es war gleichbedeutend mit Freiheit und Entkommen.

Respektvoll bettete er das wunderschöne Teil auf dem trockenen, staubigen Boden des Schuppens. Ein Kajak.

Geduldig befreite er den Sitz und die Seiten von Spinnweben, erinnerte sich dabei an das Gefühl, in den tiefen Sitz zu sinken, die Füße gegen die Hülle gestemmt, und durchs Wasser zu gleiten, das Kajak wie ein großes Tier und er eine Laus auf seiner Haut.

Er sprang auf und wühlte weiter in der Dunkelheit herum, suchte nach einem Paddel.

Und da war es, wie wunderbar! Hinter dem Kajak versteckt. Er packte zu und zerrte es ans Licht, um es besser inspizieren zu können. Beide Paddelblätter waren intakt, und ein Blick über seine Schulter bestätigte ihm, dass der zarte, windstille Frühlingstag, der ihn dazu bewogen hatte, das Vorhängeschloss zu öffnen und die schrammenden Türen aufzustemmen, noch immer hell vor sich hin strahlte.

Gott, das lag schon Jahre zurück.

Schnell trat er vor die Tür, um die Entfernung zum Wasser abzuschätzen, denn das Kajak hatte ein ziemliches Gewicht.

Das erste Stück konnte man es leicht übers Gras ziehen, seitlich ums Haus herum bis zum Weg. Der kiesige Abhang wäre auch kein Problem, ein bisschen Sand und dann das Meer, das da kokett und einladend mit seinem zarten Spitzensaum wedelte und ihm dabei zuzwinkerte.

Komm schon, Junge, sagte es. Trau dich.

Er richtete sich auf und klopfte sich den Staub von der Jeans, ergriff das Bugseil und zog das Kajak ins Licht, wo alle guten Seefahrzeuge hingehörten. Er stellte sich vor, wie es sich nach ewigen Zeiten in der Dunkelheit die unsichtbaren Augen rieb.

An der Tür setzte er es ab, gab ihm einen liebevollen Klaps und trabte ins Haus, um auf seinem Handy nachzuschauen, was die Gezeiten so trieben und was das Wetter in petto hatte. Er hatte ein feines Grinsen im Gesicht, getragen von einem unvertrauten Glücksgefühl schob er die Hintertür auf und trat aus dem Licht ins Haus. Ein Blick zurück aufs Kajak, das, die lange Nase aus dem Schuppen gestreckt, das Paddel fein säuberlich mit dem ausgefransten Gummigurt verzurrt, wie ein Hund mit der Leine im Maul auf ihn wartete.

Einen fast panischen Moment lang konnte er im Chaos auf dem Tisch sein Handy nicht finden, er kramte fieberhaft in der Unordnung herum, die sich nach nur ein paar Tagen im fremden Haus eingestellt hatte, wo nichts seinen angestammten Platz hatte und sich niemand darum scherte, aber irgendwann fand er es unter einem Haufen dreckiger T-Shirts in einer Ecke.

Eine Benachrichtigung leuchtete auf dem Display. Eine richtige Mail von Lorna.

Rasch klickte er darauf, und seine springlebendige Glückseligkeit wich sofort einer nervösen Anspannung, wie er sie immer empfand, wenn Lorna sich meldete. Während er ihre

Zeilen überflog, verschwand seine Freude über das Kajak, lief ihm über Rücken, Beine und Füße und versickerte schließlich irgendwo zwischen den kalten Fliesen. Er musste sich am Tisch abstützen, bevor er die verdammte Nachricht richtig durchlesen konnte.

Evan, ich habe dreißig verpasste Anrufe von dir auf dem Handy! Ich habe sie gezählt. Genau davon rede ich die ganze Zeit. Es tut mir leid. Es wäre mir lieber, wenn du mich nicht anrufst. Ich kann momentan nicht mit dir zusammen sein. Ich kann nicht mit dir sprechen, und du solltest mich nicht dazu nötigen. Du bist doch immer der Meister des Schweigens gewesen, warum willst du es jetzt auf einmal ändern? Mir gehts gut, Luca gehts gut, und wir sorgen füreinander, wie wir es schon immer getan haben. Bleib, wo du bist, wir besprechen und regeln alles Weitere, wenn dieser Spuk vorbei ist. Und ruf mich nicht mehr an. Es gibt nichts, was wir im Moment von dir brauchen, außer Abstand. L.

Evan ließ das Handy auf den Tisch fallen und marschierte zur Tür, wo er sich kurz an den Rahmen lehnte und einem Käfer zusah, der einen Grashalm erklomm, abstürzte und schließlich unter einem Stein verschwand. Dann raffte er sich auf und kehrte zurück zum Schuppen. Immer noch in Jeans, T-Shirt und Turnschuhen zerrte er das alte Kajak ganz nach draußen und ließ es achtlos über den Rasen holpern. Hinter ihm schwang knarrend die obere Küchentürhälfte in der aufkommenden Brise vor und zurück, während er das Boot um die Ecke und auf den Weg zog, doch er kehrte nicht zurück, um sie zu schließen.

Vor ihm lag der gewellte, unebene Sand, hier und dort mit grünen und pinken und violetten und weißen Seetangfetzen gesprenkelt. Er zerrte das Kajak über die matschigen, salznassen Häufchen, die unter dem Gewicht zermalmt wurden, bis nichts mehr von ihnen übrig war. Er zog weiter, erbarmungslos, nur gelegentlich kontrollierte er mit einem Blick nach hinten, ob die weißen Paddelblätter noch auf dem langen, breiten Rücken des Boots lagen.

Als er das Ufer erreicht hatte und kurz zu Atem kam, war der zarte Wellensaum bereits verschwunden, aber die Sonne schien noch. Wellen brachen und schäumten ihm um die Waden, zerrten am Sand, aber das kümmerte ihn nicht weiter, er löste das Paddel und schob das Kajak über die letzten klebrigen Meter ins Wasser.

Seine Turnschuhe behielt er einfach an, es störte ihn nicht, dass sie nass waren, genau wie seine Jeans, dort wo die Wellen sie lila verfärbt hatten. Auch die Tatsache, dass das Kajak unter seinem verzweifelten Klammergriff wie ein wildes Tier herumtanzte, buckelte und nach Freiheit strebte, ließ ihn völlig kalt. Er watete weiter hinaus, schreckte allerlei Kleingetier auf, bis er fast bis zu den Oberschenkeln drinstand und die sich brechenden Uferwellen hinter ihm lagen, das Boot wieder ruhig und bereit vor ihm.

8

Von ihrem Aussichtspunkt oben auf dem Grashügel aus beobachtete Grace, die Hand auf dem Kopf ihres Hundes, wie der Mann sein Gleichgewicht fand und umgriff, damit die Blätter in die korrekte Richtung wiesen. Sie sah, wie er erst eines, dann das andere ins unruhige Wasser tauchte und elegant in See stach.

Offenbar hatte er Ahnung. Gut, dann gab sie ihm noch zehn Minuten.

Der Hund stupste ihre Hand an. Sie hatte nämlich aufgehört, ihm den verbeulten Schädel und den hässlichen, wulstigen Rücken zu streicheln. Unter seiner Haut ragten Narbenknorpel auf, so dick wie Kartoffeln, und wenn sie die berührte, stöhnte der Hund förmlich auf. Sie stammten von einem Dachs, und das wunderte sie wenig. Als sie den Hund im Gras gefunden hatte, war er schon fast tot gewesen, kein ebenbürtiger Gegner mehr für so ein wildes Tier, das seinen Bau verteidigt. Kurzerhand hatte sie dem armen Hund den Empfänger aus dem Geschirr gerissen und das Ding mit dem Stiefelabsatz zertreten, dann hatte sie ihn auf den Arm genommen – überall war Blut hingespritzt – und ihn zu ihrem alten Jeep getragen.

Es gab Menschen, die Hunde in Dachsbauten jagten, um die Tiere rauszutreiben, aber dieser Fellzwerg hier war seiner Aufgabe eindeutig nicht gewachsen gewesen, dachte Grace, während sie die Totlast den Hügel hochschleppte. Eine kompakte kleine Kreatur, Promenadenmischung, einmal quer durch die Terrierabteilung, aber nur die hässlichsten Modelle. Als sie bei Tierdoktor Mike eintraf, hatte sie den Hund eigentlich bereits im Jenseits verortet, aber unverhofft kam oft. An jenem Tag hatte sich jedenfalls im Fußraum des Jeeps eine große Blutlache gebildet, und ihr Top war vorn völlig durchtränkt gewesen, man hätte also meinen können, dass in dem Tier nichts mehr drin war.

Als er sie kommen sah, hätte Mike sicher am liebsten sofort die Bude verrammelt, aber Grace war zu schnell gewesen, war schon mit ihrem triefenden Bündel durch die Tür und ins Behandlungszimmer weitermarschiert, bevor das nette Mädel mit dem Pferdegebiss hinter ihrem Tresen hervorspringen konnte. Es hatte eine Weile gedauert, und er hatte ein bisschen rumgemeckert, aber schließlich hatte er ganze Arbeit geleistet. Wie immer. Ein feiner Kerl war Mike, hatte mehr für Tiere übrig als für die gesamte Menschheit, völlig verständlich, da konnte man ihm nun wirklich keinen Vorwurf draus machen.

Jetzt war der Hund schon eifrig aufgesprungen, während sie sich noch unter viel Stöhnen aufrappelte, und er sah sie munter an, um herauszufinden, in welche Richtung es gehen sollte. Ein Ohr angelegt, das andere aufgestellt. So mochte sie ihn am liebsten.

Aber noch hatte sie nicht vor weiterzugehen, sondern neigte lediglich den Kopf etwas zur Seite, um dem hageren Touristen besser zusehen zu können, wie er mit dem Kajak aus dem Schutz der Bucht paddelte und mit den Strömungen da draußen Bekanntschaft machte. Fast sofort gerieten seine rhythmischen Paddelbewegungen aus dem Takt, und das fiese alte Kajak machte ihm den Garaus, das Heck schlug zur Seite aus, ein Spielball für die kleinen Strudel, die sich um die unter Wasser liegenden Felsen und mit der starken Strömung des ablaufenden Wassers gebildet hatten. Es war nie leicht gewesen, das Ding zu navigieren, es war wie ein störrischer Gaul und gehörte in die Dunkelheit des Schuppens, vielleicht sogar in den Müll. Was hatte er sich dabei gedacht, es ans Tageslicht zu zerren?

Verdammter Idiot.

Er hatte das Paddel mittlerweile vorsichtig auf seinem Schoß abgelegt, während das Kajak im Wasser herumzuckte, hin und her schwang, bockig aufs Wasser klatschte. Sie sah seine gebeugten Schultern und bemerkte, dass er den Blick auf seine nassen Knie und Füße geheftet hatte und nicht auf die gefährlich kabbelige See da draußen, die jetzt über die Seiten schwappte, als wollte sie mal austesten, wie er reagieren würde. Sie sah das Boot weiter durch die Strömung schlenkern, als hätte es das Ruder übernommen, mal hierhin, mal dorthin schlenzen, auf und ab rucken, jedes Mal wurde der Mann dabei halb aus dem Sitz geschleudert, aber er blieb noch im Sattel, krümmte sich, richtete sich auf, ritt mit seinem hinterlistigen Gefährt auf den Wellen. Selbst als sich das Kajak um die eigene Achse drehte und zu kentern drohte, schob er sich lediglich mit dem Handrücken die Brille hoch. Er klammerte sich nicht an der Bordwand fest, hob nicht mal den Blick. Mit einem lauten Seufzer strich sich Grace eine Haarsträhne hinters Ohr. Der Mann war am Arsch, das stand fest, aber momentan hielt er zumindest noch das Gleichgewicht, und zwar ganz gut, das musste sie zugeben. Schließlich saß er immer noch im Boot, selbst wenn das vielleicht gar nicht seine Absicht gewesen war.

Sie schnalzte nach dem Hund, der bereits bei Fuß wartete, und gemeinsam trotteten sie den glitschigen Hügel hinab, auf die Bucht mit dem kleinen Boot zu.

Kaum hatte Grace den Sandstrand betreten, sprang der Hund um sie herum und flitzte schließlich voraus, voller Angst, sie könnte ihn zurücklassen. Er hüpfte ins Boot und machte es sich am Bug bequem, während sie langsamer hinterherkam, in ihren schweren Stiefeln über die Sandwehen stapfte und sich den weiten Hut tiefer ins Gesicht zog.

Die Krallen des Hundes kratzten und rutschten über den Boden, als sie das Boot mit drei kräftigen Stößen ins Wasser schob, aber er hielt die Position. Sie lüpfte den Poncho übers Wasser, angelte souverän nach dem Seil und kletterte mit einem letzten prüfenden Blick aufs Meer an Bord. Das Kajak konnte sie wegen der vorstehenden Felsnase gerade nicht sehen, aber der Mann würde schon bald wieder in ihrem Blickfeld auftauchen, das wusste sie, gezogen von der unerbittlichen Strömungsschnur. Ein letztes Abstoßen, dann ging es los. Mit einer eleganten Bewegung nahm Grace ihren Sitz ein und die Ruder in die Hand, zog sie kraftvoll und mühelos durchs Wasser. Das Boot glitt über die kabbeligen Hügel und umschiffte die schlimmsten Unwägbarkeiten, denn Grace wusste genau, wann die Ruder still stehen und wann sie arbeiten mussten, um sie schnittig voranzutreiben. Der Hund kauerte sich hin, um besseren Halt zu finden, ließ seine Schnauze mit den abstehenden Zähnen aber über die Reling hängen und richtete die glänzenden Augen nach vorn. Hin und wieder spritzte salzige Gischt ins Boot, aber das kümmerte die beiden wenig.

Nach einer Weile glitten sie aus dem Schutz der Klippen hinaus aufs offene Meer. Grace ruderte einseitig, bis das Boot parallel zur Küste fuhr, dann ließ sie es vor sich hin dümpeln, während sie sich umsah. Rechts von ihr war der buckelige Schatten der Isle of Man zu erkennen, mehrere Stunden entfernt, links erhoben sich dunkel die feuchtglatten Klippen, ihr kleines Haus, rot und weiß in der Ferne. Um sie herum schaukelten kleine rosa- und orangefarbene Bojen im Wasser, die Krebsreusen und Fangkörbe markierten, doch Grace hielt nach etwas Größerem Ausschau.

Nach einer Weile hatte sie es entdeckt, überraschenderweise saß die magere Gestalt immer noch im Sattel, allerdings zusammengesackt wie ein erschöpfter Reiter nach einem Rodeo. Sie hatte erwartet, ihn im Wasser vorzufinden. Hut ab, dachte sie. Nicht schlecht.

Das Paddel war weg, klar, und sein unterkühltes Gesicht aschfahl, wie sie erkannte, als sie näher kam. Das dunkelgrüne T-Shirt war völlig durchweicht, die Jeans ebenfalls, und natürlich trug er keine Schwimmweste.

»Dämliche Städter«, zischte sie dem Hund zu, der die Ohren anlegte und sie anblinzelte.

Der Mann hatte sie noch nicht bemerkt, er saß reglos auf dem buckelnden Kajak. Grace ruderte langsamer und ließ das Boot in ein paar Metern Abstand dümpeln, um zu sehen, was als Nächstes passieren würde.

Sie nickte, als ein Schwall das Kajak heftig herumriss und der Mann mit einem dumpfen Platscher in die eisigen Fluten kippte. Der Hund bellte wie wild, als der Mann wieder hochploppte, keuchend und spuckend, wie sie es alle taten, geschockt von der unglaublichen Kälte, der entsetzlichen Tiefe des Wassers um sie herum und unter ihnen, panisch um sich schlagend, Wasser schluckend, wedelnd und klatschend und kurz vorm Ertrinken.

Sie wartete, bis er sich wieder eingekriegt hatte. Er sah aus, als könnte er schwimmen.

Da entdeckte er sie und fing an zu schreien.

»Hilfe! Hilfe!«

Sie betrachtete ihn eine Weile, wie er da brüllend herumplanschte. Dann glitt sie mit ein paar geübten Ruderschlägen neben ihn und drehte sich auf dem Sitz, um die kleine Leiter am Heck des dümpelnden Boots herunterzuklappen. Sie beugte sich lässig zur Seite und zog das vorbeitreibende Kajakpaddel aus dem Wasser. Als sie sich wieder dem Trottel aus der Stadt zuwandte, sah sie, fassungslos über seine Dummheit, dass er immer noch an der glitschigen grünen Bordwand ihres Boots herumgrapschte, doch dann ging ihr auf, dass er ohne seine Brille vermutlich blind war wie ein Maulwurf.

»Schwimm ans Heck, da ist die Leiter«, rief sie ihm zu.

Als er nicht reagierte, wiederholte sie die Anweisung, und der Hund bellte dazu. Schließlich nickte der Mann hektisch und bewegte sich, noch immer in Zeitlupe, noch immer prustend, gen Heck, bis er die im Wasser schlenkernde Leiter mit den leise gegen die Bordwand klirrenden Metallsprossen zu fassen bekam und versuchte, in das schaukelnde Boot zu klettern. Grace sicherte das Paddel, damit es nicht im Weg lag, und sah dem Kajak hinterher, das jetzt auf dem wogenden Meer davontänzelte. Schließlich ergriff sie die Ruder und wartete, bis sie das Gewicht des Mannes spürte, der sich jetzt offenbar an der Leiter hochhievte und dabei das Heck ruckartig nach unten zog. Unter mühevollem Stöhnen hievte er sich aus dem Wasser, wie ein nasser Sack, dachte sie, bot ihm aber keine Hilfe an. Der Hund winselte, als das Boot Schlagseite bekam. Der Trottel hatte vermutlich ein Bein an Deck und hing über der Reling wie ein Laken über der Leine. Richtig geraten, denn jetzt hörte Grace ihn hinter sich nach Luft japsen.

Der Kerl sollte gut auf seine Klöten aufpassen, wenn er sich über den Rand schwingt, dachte sie, sagte aber nichts.

Noch ein Ruck, dann ein dumpfer Klatscher, ein *Gottogott*, dann war der Mann an Bord. Das kleine Boot lag jetzt tief im Wasser, aber dafür war es gemacht. Es war ein ziemlicher Kraftakt, mit dem voll beladenen Boot hinter dem Kajak herzurudern, und der Abstand wurde mit jeder Minute größer. Während sie sich umsetzte, hörte sie ihn rumrutschen, leise fluchen und sich schließlich aufrappeln.

»Gott sei Dank, dass Sie in der Nähe waren«, sagte er laut.

Gott hat nichts damit zu tun, dachte sie, sagte aber nichts.

»Ich weiß nicht, was ich gemacht hätte, wenn Sie nicht gekommen wären.«

Ich schon, dachte sie, sagte aber nichts.

Stattdessen zeigte sie mit einer ruckartigen Kopfbewegung auf das zusammengerollte Seil neben sich.

»Wir haben gleich das Kajak eingeholt. Befestigen Sie das Seil an der Schlaufe am Heck, damit wir es reinschleppen können.«

»Klar, Sie haben recht, so machen wir das«, sagte er leiser, und sie lächelte.

Er streckte die Hand aus, nahm das Seil und brachte sich umständlich unter einigem Ruckeln in Stellung. Mit einem *Klack* dockte sie ans Kajak an, sie wartete stumm und reglos, während der Mann nach der Schlaufe fummelte und sich dabei mit allerlei durchaus gerechtfertigten Schimpfwörtern niedermachte, panisch, weil er das Ding einfach nicht zu fassen bekam, denn er war ein stockblinder Klappspaten und dämlicher Vollpfosten, dumm wie Scheiße.

Eindrucksvolle Wortwahl, dachte sie, sagte aber nichts.

Stattdessen befestigte sie die Ruder und schwang sich elegant über den Sitz nach vorn.

»Hier«, sagte sie entschieden und nahm ihm das Seil ab. Er gab auf, blinzelte sie an und rutschte ein bisschen herum, um ihr Platz zu machen. Rasch ergriff sie die Schlaufe und hatte das Schleppseil in Sekundenschnelle durchgefädelt.

Geschickt knüpfte sie einen Reffknoten und zog das Seil fest, das Ende drückte sie dem Mann in die Hand.

»Lass es ein paar Meter laufen, dann hältst du es ganz fest.«

Er nickte wortlos, und da sah sie, dass er vor Schock und Kälte zu zittern begann. Sie schnalzte mitleidig mit der Zunge.

»Hier.«

Sie setzte den Hut ab, um ihren Poncho über den Kopf zu ziehen und ihm in die Hand zu drücken.

Höchste Zeit, dass sie wieder das Ruder übernahm, denn die Strömung trieb sie bereits weiter hinaus.

»Nein, nicht nötig. Es geht schon, wirklich.«

»Zieh das verdammte Ding an!«

Das wirkte. Sie wartete nicht länger auf ihn, sondern kümmerte sich lieber darum, den Hut zurück auf ihren Kopf zu verfrachten, wo er hingehörte, und mit voller Kraft drauflos zu rudern. Langsam entzog sie sich dem Sog des Meeres, nutzte die Strömung, um das Boot mit dem platschenden holpernden Kajak im Schlepptau günstig auszurichten.

Als sie eine Dreiviertelstunde später auf Sand liefen, war sie völlig durchgeschwitzt und ließ das Boot und sein Gespann mit den Brandungswellen anlanden.

Der Hund wartete nicht, er sprang ins Wasser, wetzte an den Strand und drehte dort bellend ein paar irre Kreise, hocherfreut, wieder auf festem Boden zu sein.

»Jetzt du«, sagte sie über ihre Schulter hinweg.

Als sie den Mann aufstehen und vorsichtig über die Seite hinweg ins Wasser steigen spürte, schlug ihr eine Welle ihres eigenen Geruchs entgegen. Sie hoffte, er hielt den Poncho schön hoch, damit er nicht nass wurde. Den zu trocknen war richtig Kacke an der Backe. Das war der Nachteil von Wolle.

Sie hob die Ruder, zog die Dollen heraus und stieg ins Wasser, da kamen auch schon Frank und Eamon Logan herangeeilt, um das Boot für sie über den Strand zu ziehen und später umzudrehen, damit es schließlich wie eine Riesenschildkröte im trockenen Gras zwischen dem Müll am Wegesrand läge, wo es hingehörte. Der jüngste Spross der O'Hagans war auch da, bis zur Hüfte im Wasser hielt er das Kajak und fummelte am Knoten herum. Sie wartete, bis er ihn mit seinen mittlerweile sicher eiskalten Fingerchen gelöst hatte.

Guter Junge, dachte sie, ließ es aber ungesagt.

»Pass bloß auf damit!«, nörgelte sie stattdessen, und er nickte, hob das Paddel vom Boot und brachte es zusammen mit dem Kajak an Land. Sie watete hinterher, blieb noch kurz im Sand stehen, um wieder zu Atem zu kommen. Danach machte sie sich auf den Heimweg.

»Hast dich wieder eingemischt, Gracie?«, sagte Frank leise, als sie an ihm vorbeikam.

»Kannst die Dinge nicht einfach laufen lassen, hm?«, neckte er. »Ein Trottel aus der Stadt weniger ist doch kein Verlust.«

Sie sagte nichts.

Maggie, Franks Gattin, hatte den Trottel schon in der Mangel, das mit dem Abstand hatte sie im Eifer des Gefechts vergessen. Grace sah, wie sie ihm die Hand auf den unteren Rücken legte, ihn aus ihrem spitzen kleinen Gesicht anschaute und was von heißer Milch und Brandy und Gott faselte, ist das Meer nicht eiskalt und noch mehr Dummgeschwätz. Sie waren schon auf dem Weg zum Cottage, aber auf Ruhe und Rückzug brauchte der arme Teufel nicht zu hoffen, keine Chance. Wenn er sich nicht vehement wehrte, würde Maggie seine Füße umgehend in ein Senfbad stecken und ihm heiße Steine in den Hintern schieben.

»Wir räumen das Kajak noch weg, mach dir keine Sorgen!«, rief Eamon Grace und dem hüpfenden Hund hinterher, aber sie drehte sich nicht mal mehr um. Plötzlich war sie sehr müde, ihre fünfzig Lebensjahre lagen ihr bleischwer auf den Schultern.

Hinter ihr zählten die Männer bis drei und drehten das kleine Boot um, sodass es mit der Unterseite gen Himmel zeigte.

»Mein lieber Schwan, das war eine echte Nummer«, sagte Eamon zu Frank. »Ich glaub, das hätte ich nicht mehr gepackt.«

Kopfschüttelnd sahen sie ihr nach, hochgewachsen, mit ihrem in der auffrischenden Brise flatternden, breitkrempigen Hut, bis sie über der Hügelkuppe verschwunden war.

»Ein echtes Weibsbild von 'ner Frau ist unsere Grace«, sagte Frank, als ihm etwas aufging. »Meine Maggie kümmert sich gerade um den Stadtdeppen«, sagte er augenzwinkernd zu seinem Freund. »Das dauert sicher seine Zeit, weißt ja, was für eine Glucke sie ist. Hast du Lust auf ein kleines Tröpfchen oder zwei, hinten im Schuppen?«

Das war eine rein rhetorische Frage. Die beiden schlenderten, Hände tief in den Hosentaschen vergraben, vergnügt plaudernd davon, während das Meer hinter ihnen sachte seufzte und die Schatten des Abends über den Rumpf des kleinen Boots krochen, das im Gras kauerte, als müsste es sich ausruhen.

9

Evan erhob sich langsam aus seinem Sessel vor dem Kamin und trat ans Fenster. Das war schon fast zu einer Sucht geworden in diesem dunklen kleinen Haus. Lange stand er da, starrte durch die dünne Fensterscheibe aufs Meer, obwohl er ohne seine Brille nur bunte Flecken sah, die sich bewegten, als der Wind im Gras spielte und das letzte Sonnenlicht übers Wasser huschte.

Maggie hatte vor dem Gehen noch ein Feuer angemacht, und obwohl er protestiert hatte, war er jetzt froh darum. So eine Kälte hatte er noch nie erlebt, bis aufs Mark war er durchgefroren, viel schlimmer als alles, was er bei seinen Abenteuern in jungen Jahren so erlebt hatte: Wildwasser-Rafting, Klettern, Coasteering, Mountainbiken bei klirrender Winterkälte. All das hatte er durchexerziert, aber so schlimm wie heute war es noch nie gewesen. Allerdings hatte diese Eiseskälte mehr mit Verzweiflung zu tun als mit körperlichen Grenzerfahrungen.

Er war wirklich sicher gewesen, dass er sterben wollte, da draußen in der Bucht. War mit diesem Wunsch losgerudert, das erkannte er jetzt. Er erinnerte sich, schnell aus dem Windschatten der Felswand gepaddelt zu sein, in Eile, die Sache durchzuziehen, sie hinter sich zu bringen wie eine weitere Herausforderung, diesmal mit Erfolg. Aber kaum war er mit dem Wasser in Berührung gekommen, hatte ihn der kalte Schock zurückgeholt wie ein Defibrillator. Albtraumhafte Minuten lang hatte er wild um sich geschlagen, prustend und keuchend im entsetzlichen dunklen Wasser, und schlagartig erkannt, was für ein Idiot er gewesen war, alles zu spät, viel zu spät.

Dann auf einmal, beim verwaschenen Anblick einer Gestalt in einem kleinen Boot, kam ihm der Gedanke, dass man ihm vielleicht noch eine zweite Chance gegeben hatte, und in diesem Moment durchströmte ihn solche Hoffnung, ein derart intensives Glücksgefühl, dass es ihn fast schmerzte. Wie er bleischwer an der Leiter gehangen hatte, dem eisernen Griff der tosenden See auf das wunderbar sichere Boot entkommen war, allein bei der Erinnerung an seine gottfrohe Erleichterung überlief ihn jetzt eine Gänsehaut, brachte ihn zurück zu dem kleinen Kaminfeuer, und er rieb sich die Arme durch die dicke Wolle, die ihn umhüllte.

Den zeltartigen Poncho hatte er sich gleich wieder über die frische Kleidung gezogen und sich darin eingekuschelt, auf dass ihm die Wärme zurück in die Glieder kriechen und die Erinnerung an sein knappes Entrinnen vertreiben mochte. Er rieb sich das Kinn an der rauen Wolle, immer wieder, und dankte der glücklichen Fügung für das Geschenk des Himmels, den Hals- und Beinbruch und das große Los. Jeden Schlag seines Herzens kostete er aus, jeden Atemzug.

Er würde nicht mehr an Lorna denken. Er lebte, nur das zählte. Über den Rest konnte er sich später Gedanken machen.

Als er den Poncho enger um sich schlang, stieg ihm der Geruch von verbranntem Holz in die Nase, darunter lag der Duft von Erde.

Der Mann mit dem Hut hatte sich also als Frau entpuppt, und die hatte ihm das Leben gerettet.

»Na, na, so wollen wir nicht reden, es war sicher nur ein kleines Missgeschick«, hatte Maggie ihn zuvor gescholten und mit beherztem Stochern das Feuer geschürt, sodass es bei jedem Wort aufgelodert und am rundherum aufgeschichteten Holzstapel geleckt hatte, bis die erste Wärme seine Füße erreichte, seine Schienbeine, seine Knie.

»Ein kleines Missgeschick?«, fragte er amüsiert, doch sein Lachen erstickte umgehend im Keim, als er die Anspannung in Maggies Körper bemerkte, wie sie so vor dem Kamin auf den Fersen saß. »Ich wäre glatt ertrunken, wenn sie nicht gekommen wäre.«

Er hielt den Becher mit dem süßen Tee, den sie ihm gekocht hatte, fest umklammert und genoss die Wärme unter seinen Fingern.

Maggie lehnte sich etwas zurück und musterte ihn lange und kühl, den Schürhaken locker in der Hand. Ihr Blick durchdrang den Nebel seiner Kurzsichtigkeit, er blinzelte und rutschte tiefer in seinen Sessel wie ein ungezogenes Kind, dem man die Leviten gelesen hatte.

»Sie hören jetzt genau zu«, sagte sie knapp, »die Frau ist nicht ganz dicht. Sie hat einen Sprung in der Schüssel. Also lassen Sie sie schön in Ruhe und erzählen keinen Quatsch mehr vom Ertrinken und von solchem Unsinn. Die Leute in dieser Gegend kennen sich aus mit dem Meer. Sie hat einfach geholfen. So sind wir hier, da muss man hinterher keinen großen Aufwasch von machen.«

»Wie heißt sie?«

»Wie heißt wer?«

Jetzt klang sie wieder bissig. Offenbar mochte sie die Frau mit dem Hut nicht besonders.

»Ach. Sie meinen Grace. Sie heißt Grace Kielty. Wohnt allein, da um die Ecke hinter dem Haus, außerhalb vom Dorf. Mag keine Menschen, wie gesagt. Läuft mit den seltsamsten Klamotten rum, sieht aus wie eine Bettlerin, obwohl sie wohl kaum am Hungertuch nagt. Sucht Aufmerksamkeit, würde ich sagen.«

Sie rümpfte die Nase und inspizierte ihre blitzsaubere Bluse, um sicherzustellen, dass sie sich bei ihrem kurzen, gegen die Vorschriften verstoßenden Aufenthalt im Haus, beim Glutschüren, Wischen und Aufräumen, nicht schmutzig gemacht hatte. Hatte sie nicht.

»Ich danke Ihnen. Danke für Ihre Hilfe, Maggie«, sagte er rasch, um sie zu besänftigen. »Das war wirklich nett von Ihnen. Ehrlich. Ich weiß das zu schätzen.«

Da taute sie wieder ein bisschen auf und schenkte ihm ein Lächeln. Diese Frau war sicher ganz vernarrt in ihre Kinder, kontrollierte und verwöhnte sie und organisierte ihnen das Leben. Das Lächeln war süß und herzlich, soweit er das mit zusammengekniffenen Augen erkennen konnte.

»Hatten Sie nicht eigentlich eine Brille?«, fragte sie dann misstrauisch.

»Ähm, ja. Hab sie verloren, fürchte ich. Als ich ... Bei meinem kleinen Missgeschick.«

Sie reagierte nicht auf seinen Scherz, sondern marschierte zur Tür.

»Tja, dann hoffe ich, dass Sie noch eine Ersatzbrille dabeihaben, weil jetzt kriegen Sie in der Stadt keinen Termin mehr. Alles geschlossen. An den Türen hängen Schilder. Zahnärzte, alles, man fasst es nicht. Der arme alte Frank hat sich gestern so abgequält mit seinem Zahn, aber nee, keine Termine.«

Sie redete jetzt mit sich selbst, schlüpfte in ihre Strickjacke, die sie an einem Haken neben der Tür aufgehängt hatte.

»Halten Sie das Feuer am Laufen, junger Mann, das ist die beste Methode, sich die Knochen zu wärmen, ein echtes Feuer«, sagte sie. »Wenn ich's schaffe, werf ich Ihnen nachher noch ein kleines Tröpfchen ein, für den Tee.«

»Ach nein, bitte, machen Sie sich keine Umstände«, rief er dem bunten Fleck hinterher, vermutlich ihr Blusenzipfel.

Doch sie antwortete nicht mehr. Die Tür knallte hinter ihr zu, und das Haus blieb still und geschockt zurück.

Nun denn. Er saß im Warmen. Und im Trockenen. Er würde seine Ersatzbrille aus der Tasche kramen, dann würde er dieses Wollding seiner rechtmäßigen Besitzerin zurückgeben, der Heldin mit dem Sprung in der Schüssel.

Grace, soso. Die Mitternachtsschwimmerin. Die mächtige Ruderfrau. Die Irre, die um die Ecke wohnte. Na, er war auch irre, ein bisschen jedenfalls. Er würde ihr einen Besuch abstatten.

10

Ein im Zwielicht vor ihm über den Weg stapfender Schemen ließ ihn zusammenzucken. Im letzten Licht der im Westen hinter den Drumlins versinkenden Sonne warf die Gestalt einen scharfen Schatten auf den Weg, und er erkannte einen dünnen Stock in ihrer Hand, eine Angelrute, und einen Eimer in der anderen, und den Hut, unverwechselbar, auf ihrem Kopf. Sie ging von ihm weg auf den silbrigen Streifen Meer im Osten zu, über die Felsen, die scharf und schwarz in die zunehmende Dunkelheit ragten.

»Grace?«, rief er leise, um sie nicht zu erschrecken.

Die Gestalt stapfte weiter, ungerührt, aber der dunkle Fleck neben ihren Fußgelenken begann zu knurren, ein dreckiges, verschleimtes Geräusch. Evan blieb augenblicklich stehen, die schwere Tasche in der Hand.

»Verzeihung?«, rief er, diesmal lauter. »Grace? Ich bins, Evan ... Der Mann aus dem Kajak? Ich habe Ihren ... Ihren ...«

Er hielt die Tasche hoch.

Sie sah sich nicht um, reagierte überhaupt nicht. Der Hund bellte scharf, dann verschwand er wie sein Frauchen in der Finsternis der Felsen.

Er wartete noch eine Weile auf dem Weg, im Dämmerlicht, sein Gesicht heiß vor Scham, obwohl er nicht wusste, wieso. Man hatte ihn doch gewarnt. Nicht ganz dicht. Er sah sich um, um zu erkennen, woher sie gekommen war. Dort stand ein kleines Haus, noch kleiner als seines, zumindest dem Umriss nach zu urteilen. Er trat einen Schritt vor, blieb dann aber wieder stehen.

Von dort, wo er stand, machte er an der Stirnseite des Cottages oder zwei kleine Fenster aus, sie blinkten im letzten Licht, und da war ein kleiner Windfang, der direkt an den Weg grenzte. Als er seine Taschenlampe anknipste, erkannte er weitere Einzelheiten. Zu beiden Seiten ragte eine hohe Steinmauer auf und schützte den rückwärtigen Teil des Hauses vor neugierigen Blicken. Rechts und links von der Haustür standen kleine Steintöpfe, in denen rosafarbene Blüten nickten, hübsch. Entlang der Mauer hingen an einer Leine braune Lumpen, trocken und schrumpelig. Er trat näher und betastete einen davon. Hart. Ein starker Fischgeruch stieg auf, es knackte, und das Ding zerbrach unter seinen Fingern. Seetang?

Er richtete die Lampe auf die Tür, die nur angelehnt war. Eine Weile betrachtete er den Spalt. Da konnte jeder reingehen. War ihr das egal? Und schon stand er direkt davor, streckte den Kopf herein, leuchtete ins Innere. Im kleinen Vorraum war alles peinlich sauber und ordentlich. In einer Ecke ein gemütlicher Hundekorb, die Wände rau und kahl und weiß. Eine zweite Tür führte ins Haus, rot und solide, aber die war fest verschlossen. In einem weiteren Korb an der Wand lagen knorrige, verwachsene Äste, Treibholz, der Boden war aus demselben Stein wie in seinem Haus, grau und unbearbeitet und blitzblank gefegt.

Irgendwas hielt ihn hier fest, er konnte es nicht erklären. Er wollte in diesem kleinen Windfang bleiben, geschützt vor der unendlichen Finsternis, die Tür hinter sich schließen und sich ausruhen. Stattdessen schloss er die Augen und verweilte einfach ein bisschen, atmete den Geruch vom Kaminfeuer ein, den Duft von Erde, nassem Hund und Zeitlosigkeit.

Plötzlich überlief es ihn heiß, er spürte, dass er beobachtet wurde. Die Hitze stieg ihm in die Wangen, rasch ließ er die Tasche fallen, wandte sich um und versuchte, ganz lässig zu wirken.

»Ist er nass geworden?«, fragte sie.

Er fuchtelte mit der Taschenlampe herum, gelbes Licht auf dem Weg, dem Gras, dem Ufer, bis er ihr Gesicht fand, still und starr wie ein Geist. Da hockte sie auf einem großen Stein. Sie wartete offensichtlich auf seine Reaktion, wie peinlich. Ihr Gesicht leuchtete im Schein der Lampe, die Hutkrempe war hochgeklappt. Trotz des grellen Lichtstrahls zuckte sie nicht mal mit der Wimper. Hinter ihr funkelten grün die Augen ihres Hundes, auch der rührte sich nicht vom Fleck. Die Angelrute lag auf den Steinen neben ihr, all die kleinen Federn glänzten im Licht, die Haken unsichtbar.

»Ach, hallo«, sagte er und richtete den Lichtstrahl zu Boden, wo es vor huschendem Getier wimmelte. »Ich dachte, Sie wären weg.«

Sie musterte ihn eindringlich, schwieg.

Er wedelte herum, wies auf das Haus hinter sich, die Tasche.

»Sie haben nicht angehalten, als ich ... deswegen ...«

Ihr Hut saß im Nacken, und in ihrem jetzt von unten angestrahlten Gesicht traten die Falten hervor und die geschwollenen Augen. Gruselig. Ihre Ellbogen ruhten entspannt auf ihren Knien, sie hatte die Hände gefaltet und beobachtete ihn. Ihre Füße waren lang und nackt in flachen, einfachen Sandalen.

»Der Umhang, Poncho oder was auch immer. Ist in der Tasche, herzlichen Dank. Ich wollte ihn zurückbringen ... Nein, er ist völlig trocken, danke. Deswegen hab ich ihn ...«

Wieder gestikulierte er zum Haus, aber sie sah ihn weiterhin unverwandt an. Schließlich senkte er die Hände und den Blick, dorthin, wo gerade eine Armee Insekten im gelblichen Licht über seine Sneaker wimmelte und sich an den Flügeln verhakte.

»Jungfernflug«, sagte sie.

»Was?«

Sie nickte Richtung Boden. »Ameisenköniginnen. Sie verlassen ihren Bau, um einen neuen Staat zu gründen. Um befruchtet zu werden.«

»Oh. Ähm ... Beißen die?«

Er stand stocksteif da, musste sich schwer zusammenreißen, die Viecher nicht abzuschütteln und mit dem Fuß zu zertreten. Sogar als sich ihm die Nackenhaare aufstellten, hielt er still.

»Merkt man kaum.«

Elegant richtete sie sich auf und nahm die Rute in die Hand.

»Ich wollte mich bedanken«, sagte Evan hastig, doch sie hatte sich bereits abgewandt und stieg über die Felsen, fand sicheren Halt, kletterte geschickt und mit präzisen Bewegungen in die Dunkelheit hinein. Irgendwann hielt sie inne. Sie wartete. Der Hund war schon vorausgeflitzt. »Gott, Sie sind gerade rechtzeitig gekommen. Ich wäre glatt ertrunken, wenn Sie nicht ...«, stammelte Evan.

»War das nicht deine Absicht?«

»Was?«

»Sah aus, als hättest du's drauf angelegt. Zu ertrinken.«

Langsam drehte sie sich zu ihm um, und obwohl ihr Gesicht unter dem Hut nicht zu erkennen war, wirkte ihr Blick umso stechender, das Gefühl, unter ihrer Beobachtung zu stehen, umso intensiver. Als er erneut zu Boden sah, war die ameisenflinke Hochzeitsgesellschaft bereits weitergezogen. Und seine Retterin ebenfalls, wie Evan erkannte, als er wieder aufschaute.

11

Wieder so ein strahlender Frühlingstag, der Himmel voller Vögel, die Luft warm auf ihrer Haut. Alles war so, wie es sein sollte, und trotzdem wirkte es seltsam, wie auf den Kopf gestellt. Als sie ihr Gefühl genauer hinterfragte, stellte sie überrascht fest, dass ihr tatsächlich etwas fehlte.

Keine Touristen.

Keine Trottel aus der Stadt außer dem einen im Cottage.

Ohne die ganzen nervigen Armleuchter war der Ort gespenstisch still. Das Meer rauschte Beifall heischend am Strand herum, und auch sie kam sich komisch vor, ohne Kontext, regelrecht haltlos. Sie war froh, hinter sich das Klackern von Pfoten zu hören, und als der Hund hechelnd neben ihr erschien, bückte sie sich, um ihm den Kopf zu kraulen.

»Welche arme Kreatur hast du schon wieder gefoltert, du fieses Viech?«, fragte sie, als sie die Dreckklumpen an seinen Krallen entdeckte und die Schlieren seitlich auf seinem Fell, bestimmt von einem Kuhfladen. Der Hund wackelte vor ihr mit dem Hintern und trottet voraus, nur um ungefähr alle zehn Schritte eine Schnüffel- und Pinkelpause einzulegen.

»Du hast es offenbar nicht eilig, dann können wir ja auch mal kurz nach dem Deppen aus der Stadt schauen«, sagte sie.

Im kleinen Cottage war alles dunkel, nichts rührte sich, die Tür war geschlossen. Als sie noch hier gewohnt hatte, war die Tür immer offen gewesen, von März bis Oktober, weil ihre Mutter zwanghaft gelüftet hatte, um die Feuchtigkeit und den

Rauch rauszulassen. Jetzt war es zwar nicht mehr so schlimm im Haus, aber Lüften wäre immer noch gut, schließlich war draußen Frühling. Das würde sie dem Stadtdeppen sagen.

Nun, da sie wusste, über was sie mit ihm reden konnte, marschierte sie gleich etwas entschlossener auf das Haus zu, aber auch aus der Nähe wirkte es verlassen. Sie trat ans große Vorderfenster, schob sich den Hut in den Nacken und spähte hinein. Sofort hatte sie ihn entdeckt. Er war da, rührte sich aber nicht. Sie hielt den Atem an, damit die Scheibe nicht beschlug, und sah sich nach Tablettenröhrchen, Blutlachen oder von der Decke baumelnden Seilschlingen um, entdeckte aber nichts Auffälliges.

Der Mann lag auf dem Sofa, eingewickelt in die grelle Wolldecke, die sonst die Rückenlehne zierte, seine Brille war auf dem Boden neben ihm, seine Augen waren geschlossen, ein Arm hing schlaff herunter. Da sah sie eine leichte Bewegung, er zog die Decke höher, sodass seine Füße unten rausspitzten. Seine Socken waren dreckig, vorn an der Zehe hatte eine ein Loch. Sie schnalzte missbilligend.

Ein rascher Blick auf den Sonnenstand, Kopfschütteln. Es war sicher schon zehn Uhr, der halbe Tag schon vorbei. Wieder spähte sie durchs Fenster. Drinnen herrschte Chaos, aber was wollte man anderes erwarten? Klamottenhaufen, Papier und Geschirr stapelten sich auf dem Tisch, lauter Zeugs auf dem Boden und er mittendrin, ohne Brille und angespannte Miene wirkte er jünger, zusammengekuschelt und zufrieden unter seiner Decke. Nach einer Weile zog er den baumelnden Arm hoch und rollte sich auf den Rücken. Der Kerl war ein richtig langer Lulatsch, erkannte sie jetzt, da sie ihn in voller Größe sah und nicht so gramgebeugt wie sonst. Wie blass er war, fast kreidebleich, nur ein hellgrauer Schatten umspielte sein Kinn und die vollen Lippen.

Abrupt wandte sie sich ab, zog den Hut ins Gesicht und machte sich auf zum Laden, wo ihre Päckchen warteten.

Auch hier war die Tür verschlossen. Sogar abgesperrt. Sie sah Becky an der Kasse, die alte Tilly Magee quatschte sie zu, wie sie es immer tat, ohne Punkt und Komma. Grace rüttelte beherzt an der Klinke, die Tür schepperte, als würde gleich die Scheibe rausfliegen. Becky schaute auf und erkannte sie, lächelte und winkte, dann machte sie eine Geste, mit der sie ihr wohl bedeuten wollte, dass sie warten müsse. Grace starrte sie ungläubig an, aber Becky hatte sich schon wieder ihrer Unterhaltung mit der Alten zugewandt und verstaute Katzenfutter in deren Einkaufsbeutel.

Grace seufzte extralaut, obwohl niemand sie hören konnte. Erst jetzt entdeckte sie das kleine Schild im Fenster rechts neben der Ladentür, in Pandemiefarben gehalten, gelb und grau.

Zu Ihrer Sicherheit: Maximal drei Personen im Laden.

Grace schnaubte wütend. Sie konnte zählen.

Die O'Hagan suchte den Laden nach Sonderangeboten ab, ein paar Kinder im Schlepptau, die ständig was vom Regal zogen und mit scharfen Worten zurechtgewiesen wurden, es sofort wieder zurückzustellen. Weiter hinten tummelten sich einige alte Knilche, Brüder vom Bauernhof, sie konnte sie gerade noch erkennen, in der Eisenwarenabteilung, mit Löchern an den Ellbogen, die altersschlaffen Hosen in die Gummistiefel gestopft. Und Tilly. Machte insgesamt sechs Personen, Becky nicht mitgezählt. Und wenn sie nicht alles täuschte, war das da in der Ecke auch noch ein wackelnder Hintern, dessen Besitzer ihr wohlvertraut war, weil sie ihn oft genug hinter dem Pub gesehen hatte, über Fässer gebeugt.

»Was soll das hier sein, ein Club?«, rief sie, traute sich aber nicht, noch mal an der Tür zu rütteln.

Während sie böse durch die Scheibe funkelte, nahm Becky etwas vom Tresen und befestigte es an ihren Ohren. Eine Maske, wie sie manche Ärzte trugen.

»Du siehst aus, als wolltest du gleich eine Hirn-OP durchführen!«, sagte Grace missmutig, als Becky die Tür aufschloss. »Hoffentlich an Mickey Flanders, der hats bitter nötig.«

»Gewöhn dich dran, Grace«, sagte Becky, während sie die olle Tilly aus dem Laden führte, als wäre die eine berühmte Persönlichkeit. »Nur so stehen wir das durch.«

»Gewöhnen am Arsch«, sagte Grace, erwiderte Tillys munteren Gruß mit einem Nicken und drängelte sich hinein. »Vorher stürzt du über die Stufe, weil du durch deine beschlagene Brille nichts mehr sehen kannst.«

»Ah, Gracie!« Bei ihrem Anblick setzte sich Paddy aus dem Pub erleichtert auf die Fersen. »Du kommst gerade richtig.«

Er kniete wie zum Gebet vor dem winzigen Waschbecken in der Ecke, sein Gesicht war hochrot vor Anstrengung und Frust. Grace ging grummelnd auf den kleinen rot-weißen Tresen im hinteren Teil des Ladens zu, den ein großer Aufkleber als POSTSCHALTER auswies, auch zu erkennen an der alten kleinen Briefwaage, auf die Becky so stolz war.

»Nein, echt jetzt, Grace!«, rief ihr Paddy hinterher. »Ich brauche deine Hilfe hier. Schon seit einer geschlagenen Stunde fummle ich an dem Ding rum, aber ich krieg das nicht hin.«

»Kann gar nicht sein. Du bist doch das Meisterhirn hier«, erwiderte sie, bevor sie mit der Faust auf den kleinen Tresen schlug und »Kundschaft!« krakeelte.

Ein Blick über ihre Schulter verriet ihr, dass Becky immer noch draußen stand und durch Tillys Autofenster hindurch eine Katze mit zerfetztem Ohr streichelte, als wäre sie das entzückendste Tierchen der Welt. Die Knilche vom Bauernhof betrachteten grinsend ihren tappenden Fuß, einer war dem anderen wie aus dem Gesicht geschnitten. Grace schnalzte ungeduldig, nahm aber ihren Hut ab, legte ihn auf den Tresen und begab sich zu Paddy, der ihr mit einem Maulwurfsblick durch die Brille süßlich zulächelte.

»Rutsch rüber«, sagte sie, kniete sich hin und nahm ihm die Taschenlampe ab.

Sie schob den Kopf in den dunklen Schacht und betrachtete sein Machwerk. Nicht schlecht für einen Barmann, dachte sie, sagte aber nichts.

»Das Entlüftungsrohr ist falsch rum«, rief sie, während sie daran herumschraubte. Natürlich machte es Zicken, wie immer bei solchen Sachen, aber Grace ignorierte die Faxen und hatte es schon bald richtig herum eingesetzt. Sie hörte Becky, als sie die Dichtung festdrehte und sich mit einem Stöhnen wieder ins Licht manövrierte.

»Danke, Gracie«, sagte Becky von der Tür aus, wo sie mit der Maske herumfächelte. »Um die Tröpfchen abzuschütteln«, erklärte sie der belustigt starrenden Grace. Die nickte zwar, wirkte aber nicht überzeugt. Sie richtete sich auf und klopfte sich die Hose ab, während Becky sich der kleinen Schlange zuwandte, die sich unterdessen an der Kasse gebildet hatte.

Grace nickte Paddy zu. »Probiers mal aus«, sagte sie. Er drehte den Hahn auf, und als klares Wasser ins Becken lief, grinsten sie beide. Sie lauschten kurz, den Kopf schief gelegt, aber da waren kein Blubbern oder sonstige Blockadegeräusche, das Wasser lief ab wie eine Eins. Paddy drehte den Hahn ab und tätschelte das Becken wie einen kleinen Hund.

»Gut gemacht, Gracie«, sagte er.

Mittlerweile hatte sich der Laden geleert. »Könnte ich jetzt vielleicht meine Pakete haben?«, rief sie Becky zu, die sich die Hände mit irgendeinem Gel einschmierte. »Und zwar möglichst bevor er auf die Idee kommt, auch noch eine Toilette einzubauen.«

Becky trat zum Postschalter und drückte auf einen Knopf, um das darüber hängende Leuchtschild zu aktivieren. »Es ist wegen der Pandemie«, sagte sie sanft.

Grace setzte sich ihren Hut wieder auf. »Du kannst mich auch ohne das Leuchtschild bedienen«, sagte sie trocken. »Ich weiß schon, dass du die Post bist.«

»Ah, aber wo wäre dann der Spaß? So ist es, als würde ich mich verkleiden oder so was. In eine andere Rolle schlüpfen. Ich habe mich übrigens auch für den Paketversand registrieren lassen, bald musst du also zum Verschicken nicht mehr in die Stadt. Alles hier unter einem Dach. Praktisch. Wer behauptet, dass Fortschritt schlecht wäre?«

Grace verzog das Gesicht.

»So, da hätten wir drei für dich, glaube ich.«

»Was hab ich da über einen neuen Mieter gehört?«, fragte Paddy, der immer noch mit dem Wasser spielte, den Hahn wie ein Kleinkind auf- und zudrehte.

Grace kontrollierte die Pakete. »Keine Ahnung, was du gehört hast.« Stoff, gut. Etiketten, zu spät. Im letzten war Hundefutter, ein schwerer Sack, mit Plastik umwickelt. Becky wollte es gerade auf den Tresen hieven, doch Grace hielt sie zurück. »Das lasse ich hier, ist mir zu schwer. Hol ich das nächste Mal mit dem Quad.«

Paddy war in die kleine Küche gegangen, wo jetzt der Wasserkocher brodelte und kurz darauf der Schalter nach oben klickte.

»Hat 'nen Dachschaden, oder?«, rief er. »Dein Mieter? Wollte sich ersäufen in deinem alten Boot.«

Grace wusste nicht, warum sie auf einmal wütend wurde. »Wo hast du denn den Blödsinn her?« Sie funkelte Becky an, die schulterzuckend den Kopf schüttelte. »Dieser verdammte Pub ist die reinste Klatschbörse. Habt ihr nichts Besseres zu tun, als üble Gerüchte über einen hilflosen Fremden zu verbreiten, wenn der sowieso schon aus dem letzten Loch pfeift? Gut, dass die Behörden deinen Laden dichtgemacht haben.«

Paddy trat mit einem Handtuch bewaffnet in den Gang. »Ach, tatsächlich?«, fragte er neugierig, während er sich die Hände abtrocknete. »Pfeift der echt aus dem letzten Loch?«

»Das geht uns gar nichts an«, erwiderte Grace. »Ich knöpfe ihm nur die Miete ab.«

»Na, für jemanden, der aus dem letzten Loch pfeift, ist Ballybrady so ziemlich der mieseste Ort, den man sich aussuchen kann«, sagte Paddy. »Mehr wollte ich gar nicht sagen. Hier gehst du doch vor Einsamkeit drauf.«

»Vor Einsamkeit kannst du überall draufgehen«, erwiderte Grace scharf, nahm ihre Pakete und marschierte aus dem Laden. Die anderen beiden blieben erstaunt zurück.

12

Evan beschloss, mit der Kamera die Gegend zu erkunden. Der Morgen war neblig, die Fenster beschlagen und das Gras am Wegesrand mit silbrigen Tautropfen benetzt. Er zog sich einfach einen alten Pullover über das T-Shirt, in dem er geschlafen hatte, schlüpfte in eine weiche Jeans und Stiefel, schnappte sich die Kamera und einen glänzenden roten Apfel und zog los.

Die Wellen taten ganz brav, kräuselten sich artig um seine Stiefel, heischten um seine Aufmerksamkeit. Schwierig, diese silbrige Idylle mit der mächtigen, dunklen Bedrohung zu vereinbaren, die er am Dienstag erlebt hatte. Der Apfel war schnell gegessen, bis aufs Kerngehäuse abgenagt, und Evan hatte immer noch den süßlichen Geschmack im Mund, als er ausholte und ihn weit aufs Meer hinausschleuderte, wo er kurz auf der Oberfläche aufklatschte, bevor ihn eine schwarzberückte Möwe wegschnappte.

Hektisch hob er die Kamera und schoss ein paar Bilder, in der Hoffnung, das Aufblitzen ihrer weißen Schwingen in der Sonne einzufangen, die ihn zwar bemerkt hatte, sich aber nicht beirren ließ. Als Nächstes erregte das Glitzern auf der Wasseroberfläche seine Aufmerksamkeit, das Farbenspiel der nassen, glatten Felsen und der Wellen, er schoss so viele Bilder, dass ihm von der schweren Kamera irgendwann die Arme wehtaten.

Heute war die Sonne wieder warm, noch trübte kein Regenwölkchen den Himmel. Er schleckte sich den salzigen Morgentau von den Lippen. Kühl und frisch füllte die Luft seine Lunge, und er musste an die Bilder aus den Nachrichten denken, Menschen, die grau und erschöpft an Beatmungsmaschinen hingen, schweigend, betäubt, alles darauf gerichtet, den nächsten Atemzug zu nehmen und den nächsten und den nächsten, bis sie es nicht mehr schafften, bis ihr Körper aufgab.

Und da war sie plötzlich. Grace.

Sie saß auf den zum Wasser hin abfallenden Felsen in der Morgensonne und angelte. Die Schnur konnte er kaum ausmachen, aber etwas an ihrer Haltung, so starr und angespannt, erinnerte ihn an den Reiher, wie er hoch konzentriert auf die gleißende Oberfläche gestarrt hatte, alles um ihn herum vergessen, alle Gefühle, Zweifel, Sorgen.

Das würde er auch gern mal erleben.

Langsam hob er die Kamera, zoomte heran und knipste mehrere Bilder von ihr, erwischte das dicke helle Haar, das ihr unter ihrem Hut hervor über ihren Rücken fiel, ihre scharfen Gesichtszüge, Nase und Kinn, ihr stabiler Sitz, die Ellbogen auf den Knien, die knotigen Fingerknöchel, die Angelrute, die Verheißung eines Fangs. Wieder und wieder drückte er auf den stillen Auslöser, behutsam und diskret, und trotzdem wandte sie sich um und sah ihn an, direkt in die Linse. Eine Weile sahen sie einander an, bis er die Kamera senkte, sein Gesicht hochrot angelaufen.

Sie blickte wieder hinaus aufs Meer.

Er ging weiter, dorthin wo die Felsen zum Sandstrand hin ausliefen und das Licht der Morgensonne in kleinen glitzernden Tümpeln wie in unzähligen Spiegeln reflektiert wurde. Auf den kühlen, nassen Stein gestützt kletterte er vorsichtig über den Vorsprung auf sie zu. Es kam ihm vor, als würde er sich von weit oben dabei zusehen, und das vermittelte ihm eine gewisse Unbekümmertheit. Wenn möglich benutzte er die Hände, um vorwärtszukommen, Würde oder Eleganz waren ihm egal, ihn störte nur die schwere Kamera, die ihm umständlich vom Hals baumelte und gegen den Stein krachen würde, wenn er nicht aufpasste. Es war glitschig, vor allem dort, wo langer grüner Seetang die Felsen bedeckte. Hier und dort stieß er auf Gezeitentümpel, die ihn zum Anhalten zwangen, dann hieß es umdisponieren und sich einen neuen Weg bahnen. Er kam nur langsam voran, ungeschickt, mühsam, doch er kämpfte sich unbeirrbar weiter vor, sein Motiv stets im Blick, darauf bedacht, dass die Frau nicht aufstand und wegging, dass sie schön sitzen blieb, dort am Meeresrand.

Jedes Mal wenn er sich aufrichtete, um nach ihr zu schauen, geriet er gefährlich ins Wanken. Sie hatte ihm den Rücken zugekehrt, ihre volle Aufmerksamkeit galt dem Wasser, und just als er die letzten Felszacken überwunden hatte, zuckte ihre Angelschnur und sauste übers Meer. Er ging in die Hocke, um den Fang besser sehen zu können, die Kamera gehoben. Als sich die Rute bog, lehnte Grace sich rasch zurück und spulte die Schnur auf. Wieder und wieder drückte er den Auslöser. Es gab keinen Fluchtversuch, keinen Kampf, der Fisch flog zappelnd aus dem Meer, wand sich noch einen kurzen letzten Moment zwischen Wasser und Erde. Evan knipste, knipste.

Dann beugte sie sich vor, schnappte sich den Fisch und bugsierte ihn in ihren Schoß. Mit einer Hand hielt sie ihn fest, mit der anderen löste und sicherte sie die Angelschnur, dann legte sie die Rute neben sich ab. Er sah, wie Grace etwas aus der Tasche zog, es blitzte in ihrer Faust auf, dann fiel der tote Fisch in einen Eimer, der neben ihr in einem Tümpel kühl gehalten wurde. Der Hund, ein hässliches Viech, hatte ihn die ganze Zeit beobachtet, doch jetzt sprang er auf, trottete zu seinem Frauchen vor und schleckte ihm die Finger ab.

Grace warf erneut den Köder aus, und wieder kehrte Stille ein. Nachdem Evan auf dem schleimigen Untergrund Halt gefunden hatte, ließ er sich sachte darauf nieder, seine Klamotten waren ihm egal, einen Fuß hatte er im Tümpel, als er sie beobachtete, die Kamera schussbereit.

Die ganze Zeit über schaute sie aufs Wasser, seine Anwesenheit ignorierte sie komplett, aber er war sicher, dass sie ihn bemerkt hatte. Wieder schnellte die Rute zurück, und die Angelschnur wurde mit einer ruckartigen Bewegung aus dem Handgelenk ausgeworfen. Er machte es sich, so gut es ging, auf dem zerklüfteten Felsen bequem und beobachtete, wie sich das Meer langsam zurückzog, bis schließlich ein grauer Sandstreifen erschien, der Land und Wasser trennte. Sie musste ihre Schnur weiter und weiter auswerfen. Gelegentlich hob Evan noch die Kamera, aber die meiste Zeit über saß er jetzt wie sie da, schaute und atmete und wartete.

Die Zeit verging, die Sonne wanderte über den Himmel.

Die Rute hatte zwar noch ein paarmal gezuckt, doch Grace hatte nur noch einen weiteren Fisch an der Angel gehabt, und jetzt ließ sie die Schultern kreisen, streckte die Beine und erhob sich schließlich mit viel Ruhe, den Eimer in der einen Hand, die Rute in der anderen. Es kam ihm vor, als wären sie aus einem gemeinsamen Traum erwacht, er lächelte ihr zu, als würde er sie schon ewig kennen. Als wären sie Freunde.

Sie stand breitbeinig da und sah ihn an. »Was willst du?«

Diesmal schwieg er, kam umständlich auf die Beine und hielt ihr die Hand hin. »Kann ich helfen?«

Sie zog den Eimer blitzartig an sich, als hätte er es auf ihre Fische abgesehen.

»Ich wollte Ihnen nur den Eimer abnehmen, mehr nicht.«

»Das schaffe ich schon selbst.«

Ihr Ton brachte den Hund zum Bellen. Sie sprach deutlich und selbstbewusst, kein erkennbarer Akzent.

»Sie haben mir geholfen, gestern«, plötzlich war es ihm wichtig, sich zu revanchieren, »und jetzt will ich Ihnen helfen.«

Ihr Lachen klang unfreundlich. »Ach je, tu dir bloß keinen Zwang an.«

Sie kramte in ihrer Jacke herum, ein verwaschenes dunkles Teil, mit silbrigen Fischschuppen und Schlamm verschmiert, und zog ein Messer aus der Tasche, ein tödliches Instrument ohne Scheide. Das hielt sie ihm hin, und er nahm es zögerlich entgegen. Da erst gab sie ihm den Eimer, der nach Meer stank.

»Kannst die für mich ausnehmen, wenn du unbedingt helfen willst.«

Wieder lachte sie und schnalzte nach dem Hund.

Evan betrachtete den Fischhaufen, wie Sicheln gebogen lagen die schleimigen Tiere übereinandergeschichtet im Eimer. Es waren sicher zwanzig Stück, oben samtschwarz, unten glänzend.

Alle toten Fischaugen waren auf ihn gerichtet. »Ich weiß nicht, wie man das macht«, sagte er leise. »Aber wenn Sie's mir zeigen, mach ich das gern.«

»Herrje«, sagte sie, drängte sich mitsamt Hund an ihm vorbei, nahm ihm jedoch weder Messer noch Eimer ab, daher folgte er ihr unsicher, rutschend und glitschend, mit baumelnder Kamera und klapperndem Eimer, das scharfe Messer behutsam gehalten, nach vorn gerichtet, weg von seinem Herzen.

Sie wartete auf dem Sandstreifen auf ihn und führte ihn ohne ein Wort hinter die Felsen zu einem schlüpfrigen, mit

Seetang überzogenen Strandabschnitt, wo das Wasser noch nicht ganz abgelaufen war. Dort watete sie bis zu den Waden hinein und wies auf einen Betonblock neben sich, auf dem Evan offenbar den Eimer abstellen sollte. Als er ihn hinaufhievte, achtete er darauf, nicht an den dicken Metallring zu stoßen, an dem wohl einst ein Boot vertäut gewesen war. Sie streckte die Hand nach dem Messer aus, das er ihr gab, dann trat er etwas näher, um zu sehen, was er zu tun hatte. Über ihnen tummelten sich stumm die Möwen, schmale Schatten über dem hellen Wasser.

Der erste Schnitt traf ihn völlig unvorbereitet.

Mit einem grausamen Hieb wurde der Fisch enthauptet, und Blut quoll hervor. In Evans Kopf wurde es schwarz, sowohl der Anblick als auch der Geruch stießen ihn sofort ab. Er wich zurück, doch Grace setzte ihre Arbeit unbeirrt fort. Als Nächstes trennte sie den Schwanz ab, zack. Er zuckte zusammen und musste den Blick abwenden, als sie die Messerspitze am Anus ansetzte und dem Tier den Bauch aufschlitzte, sodass das verwachsene Innenleben violett und cremefarben hervorquoll. Das Messer blitzte auf, mit geübten Handgriffen hatte Grace die Innereien entfernt, das Fleisch von den Gräten getrennt, die Haut abgezogen. Dann spülte sie das Filet im Wasser, legte es zur Seite und warf die Reste ins Meer, wo die auf ihre Speisung harrenden Möwen ungeduldig darauf niedergingen.

Evans Magen krampfte sich zusammen, und er zog sich noch ein Stückchen weiter zurück.

Sie sah ihn an, ihre Zähne blitzen weiß. Bei Tageslicht betrachtet wirkte sie mit ihrer gebräunten Haut und den strahlenden Augen gar nicht so alt.

Sie hielt ihm das Messer an der Klingenspitze hin. Ihre Hände waren mit schwarzem Schleim beschmiert, dazwischen glänzten Schuppen, die haften geblieben waren, obwohl sie sie im Meer gewaschen hatte. Der Gestank nach Blut und Algen war überwältigend. Die See glitzerte, die Möwen kreischten, das Messer glänzte, und Evan griff zu.

Als er durchs schaukelnde Wasser auf den Betonblock zuwatete, die Sinne vom Gestank vernebelt, hatte er das Gefühl, die Bodenhaftung zu verlieren. Er schob sich die Kamera auf den Rücken, damit sie ihm nicht im Weg herumbaumelte. Grace trat zur Seite, auf Abstand bedacht, der Hund zog ab, die Hoffnung auf einen Leckerbissen aufgegeben. Evan atmete tief durch, ließ den Blick aber zunächst übers Meer wandern, bevor er sich schließlich dem Eimer zuwandte. Da lagen sie, die Fische, kalt und tot. Als er hineingriff, bekam er eine Gänsehaut. Das kühle, stachelige Tier fühlte sich falsch an in seiner Hand, doch er packte fester zu und hob es heraus, darauf bedacht, ihm nicht ins tote Auge zu blicken. Als er den Fisch auf den blutbesudelten Block legen wollte, zuckte er plötzlich unter seiner Hand, und ihm entfuhr ein entsetzter Laut.

Grace lachte, herzhaft diesmal, trat näher und legte die Hand auf seine, damit der Fisch nicht entfleuchte. Ihre Finger, warm, der Fisch, grabeskalt, seine Hand dazwischen, taub.

»Nerven«, sagte sie, ergriff seine andere Hand, die mit dem Messer, und führte sie an den Fischkopf, unter die Kiemen, wo in der seidigen Haut rosige Schlitze klafften. »Er ist tot, das sind nur die Nerven. Wie bei einem Huhn.«

Sie roch nach Keksen und Fisch, und ihr Haar, drahtig, von der Meeresbrise erfasst, kitzelte ihm das Gesicht. Dann drückte sie seine Messerhand fest in die Haut des Fisches. Unter seinen Fingern spürte Evan ein Übelkeit erregendes Knacksen, als die Klinge erbarmungslos durch das Fleisch glitt, bis sie auf den Betonblock traf. Langsam atmete er aus, den Blick abgewandt, damit er ja nicht mitansehen musste, was da aus dem Fisch hervorquellen würde. Grace gab ihm keine Zeit zum Nachdenken, sondern entsorgte mit einer flinken Messerbewegung den Kopf, dann führte sie seine Hand zur Schwanzflosse hinunter.

Er zog die Hand weg. »Gut, gut, das schaffe ich allein«, stieß er zwischen zusammengebissenen Zähnen hervor. Sein Magen rumorte verräterisch.

Er musste sie nicht ansehen, um zu wissen, dass sie eine Grimasse schnitt, als sie zurücktrat, doch sie sagte nichts, und er konzentrierte sich aufs Messer, auf den Fisch. Er fand es gut, dass sie diesmal nicht gelacht hatte, sondern im ablaufenden Wasser wartete, die fischigen Hände in den Jackentaschen, stumm, damit er sich konzentrieren konnte. Dieses Mal erwischte ihn das knorpelige Gefühl nicht mehr eiskalt, und es gelang ihm mühelos, den Schwanz abzutrennen. Selbst als er im Zickzack in den Bauch schnitt, ging Grace nicht dazwischen, und irgendwann hatte er sie fast vergessen, so konzentriert manövrierte er das Messer durchs widerspenstige Fleisch, das mitnichten so geschmeidig und leicht zu durchtrennen war, wie sie es hatte aussehen lassen.

Als er fertig war, lachte er versonnen vor sich hin, wusch die verhackstückten Filets kopfschüttelnd im seichten Wasser und legte sie wie eine magere Gabe neben die perfekt filetierten Gegenstücke, doch sie lachte ihn nicht aus. Stattdessen zog sie ein Taschenmesser aus den Tiefen ihrer Jacke, ließ es aufspringen und trat wortlos an den Block. Sie tauchte die Hand in den Eimer, zog einen Fisch heraus und setzte ihre Arbeit fort. Und so wählte auch Evan einen zweiten Fisch und machte sich neben ihr ans Werk.

Sie wechselten kein Wort miteinander, aber Evan versuchte krampfhaft, ihre flinken Bewegungen nachzuahmen. Für einen Fisch brauchte er zwar so lange wie sie für vier, doch er hielt sich wacker, nur ein einziges Mal schnitt er sich in den Finger, mischte sein Blut mit dem auf dem Block. Er vergaß den Gestank. Er vergaß, dass die Fische tot waren. Er vergaß Lorna und Belfast und Luca und Corona. Da waren nur das Rauschen des Meeres und die hungrigen Vögel und das einträchtige Schweigen, seine Füße im Wasser, sein Verstand hoch konzentriert.

Seite an Seite machten sie weiter, bis im Eimer nur noch Scheiße und Blut herumschwappten und fast Ebbe herrschte. Ohne auf ihre Anweisung zu warten, watete er vor ins Tiefe, ließ das Wasser ein paarmal über seine teuren Stiefel schwappen und spülte den Eimer aus. Als er sich aufrichtete, sah er, dass sie drei seiner mickrigen Filets in braunen Seetang gewickelt hatte. Mit einem Nicken und angedeuteten Grinsen hielt sie ihm das Päckchen hin.

»Dein Abendessen«, sagte sie. »Köhler sind das. Kohlfisch. Die kannst du in der Pfanne braten, bisschen Butter und Salz dazu, aber achte auf Gräten.«

Sie schnalzte nach dem Hund, schnappte sich Eimer und Rute und marschierte davon.

»Danke«, rief er ihr nach, wusste aber mittlerweile, dass sie nicht reagieren würde. Als er sich auf den Heimweg machte, herrschte auf dem hellen Meer bereits reges Geflatter, die Möwen feierten den Abmarsch des hässlichen Hundes mit Freudentänzen, Zetern und Kreischen.

13

Am nächsten Morgen saß Frank schon auf dem dicken Graskissen am Wegesrand und tat, als würde er aufs Meer schauen.

Er hatte etwas auf dem Schoß, das Evan nicht genau erkennen konnte. Als er die Haustür leise wieder zuschieben wollte, schrammte sie geräuschvoll über den Boden, woraufhin sich Frank aufrichtete und auf ihn zuwalzte. Evan setzte ein Lächeln auf und wartete darauf, dass der Mann ihm sein in Alufolie eingewickeltes Mitbringsel mit gebührendem Abstand hinstellen würde. Doch er kam direkt auf ihn zu.

»Maggie hat gesagt, ich soll dir das vor die Tür legen und bloß nicht persönlich übergeben«, sagte er. »Keine Ahnung, was das Getue soll, völlig lächerlich.«

»Wie lieb von ihr! Bitte richte ihr meinen Dank aus, Frank. Es war wirklich nicht nötig, weil ...«

»Dreiundsiebzig Lenze bin ich alt geworden.«

Frank bewegte sich schwerfällig zurück auf den Weg, als wollte er wieder gehen, doch nach ein paar Metern blieb er stehen.

Er stemmte die Hände in die Hüfte und ließ den Blick übers Meer streifen, als wäre er hier der Herrscher.

»Dreiundsiebzig«, wiederholte er kopfschüttelnd. »Glaubst du, ich mach mir Sorgen um eine beschissene kleine Grippe?« Er sah Evan direkt ins Gesicht. »Du vielleicht?«

Evan stieß ein nervöses Kichern aus und schüttelte den Kopf.

»Ich krepier sowieso an einem verdammten Schlaganfall. Oder Herzinfarkt. Irgendwas mit Wumms«, sagte Frank. Dann starrte er wieder aufs Meer.

»In den Nachrichten sagen sie allerdings ...«

»Nachrichten«, stieß Frank hervor, als wäre es ein Schimpfwort. »Was wissen diese Wichser in England schon von den Dingen, die hier passieren, hm? Was, ich soll von meiner eigenen Familie Abstand halten? Meinem eigenen Sohn? Den Enkeln auf der anderen Hügelseite? Behandeln mich wie einen beschissenen Leopardenkranken.«

Offenbar war Frank da besonders empfindlich, daher schwieg Evan, zurrte den Riemen seiner Kamera zurecht und wartete. Dass Frank wohl eher Leprakranke meinte, behielt er auch lieber für sich.

Die Bewegung erregte Franks Aufmerksamkeit. »Was machst du eigentlich so mit dem Ding?«

Fast hätte Evan »Fotos« geantwortet, besann sich dann aber doch eines Besseren. Er wollte nicht unhöflich klingen.

»Bist du ein Reporter oder so was?« Franks Augen waren plötzlich ganz schmal geworden, als hätte er vor der Gartenhecke Paparazzi entdeckt, einem Skandal auf der Lauer.

»Um Gottes willen, nein!« Evan hob die Kamera und betrachtete sie, als sähe er das Ding zum ersten Mal. »Ich arbeite im Bereich Finanzen.«

Frank sah ihn verständnislos an.

»Vermögensverwaltung, solche Sachen.«

Schweigen. Frank blickte immer noch fragend auf die Kamera.

»Also das hier ist ... so was wie ein Hobby. Ich lerne noch, ist nicht so einfach ...«

»Und was machst du mit den Bildern?«

Evan sah ihn verwirrt an. »Nichts! Die sind digital, weißt

du? Die kann man ... Also, man lädt sie runter und sucht die raus, die was geworden sind. Die mir gefallen. Viele sind das bis jetzt noch nicht.« Er lachte verlegen.

»Auf den Computer? Du lädst die auf den Computer?«

»Ähm, ja. Auf den Computer. Um sie zu bearbeiten ...«

»Hast du Grace gestern auf den Computer geladen?«

Evan sah ihn dümmlich an, dann durchfuhr ihn die Erkenntnis.

»Oh! Nein! Gott, nein. So ist das nicht! Du meinst die sozialen Medien? Man kann nicht einfach ... Ich würde doch nicht ...«

Wieder starrte Frank aufs Meer hinaus, aber irgendetwas an seinen angespannten Kiefermuskeln zeigte Evan, dass das Thema noch nicht abgeschlossen war.

»Hör zu, Frank. Ehrlich, ich poste keine Fotos im Internet. Das ist nur für mich, rein privat. Wie wenn du Bilder in einem Schuhkarton aufbewahrst.«

Der Mann sah ihn an und ermunterte ihn mit einer abrupten Kinnbewegung zum Weiterreden.

»Ich suche mir Motive, also Objekte, die ich fotografiere, Sachen, die ich attraktiv finde ...«

Franks Blick machte Evan sofort klar, wie das bei ihm angekommen war.

»Nein, herrje, so ist das nicht, ich finde Grace nicht attraktiv, ich mein, sie ist nett ...«

»Sie hat es schwer gehabt. Die Leute hier, wir kümmern uns um Gracie, verstehst du, was ich meine?«

Evan nickte wie angestochen, dann schüttelte er den Kopf. »Aber klar doch! Ja, natürlich verstehe ich das, aber hör mal, also ...« Er hielt kurz inne, um seine Gedanken zu ordnen. »Die ganze Szene war so friedlich ...« Er sah es gleich wieder vor sich. »Sie war einfach eins mit den Felsen und dem Meer. Diese

Ruhe. Die absolute, unglaubliche Ruhe. Nichts rührte sich, die Sonne ... Ich mein, nach der rauen See vorgestern, als ich fast ...«

Er erinnerte sich an den Impuls, der ihn am Strand ergriffen hatte, das einzufangen, was so zart in der Luft gelegen hatte, dieser flüchtige Moment des Friedens, der innigen Beseeltheit – etwas hatte ihn verzaubert, ganz einfach, selbst wenn er es nicht in Worte fassen konnte. Die Frau, Grace, war ein Teil davon gewesen, mehr nicht. Der menschliche Teil, der alles andere miteinander verband, es erdete.

»Na, wie ich sagte. Hats schwer gehabt, unsere Gracie.«

»Was ... Wie meinst du das?«

»Ach nee. Dann würde ich's ja ausplaudern.«

Evan nickte rasch, senkte den Blick, *natürlich*.

»Ist abgedriftet.« Frank ließ den Finger um seine Schläfe kreisen. »War ja schon immer ein bisschen ... nicht ganz da, weißt schon. Hat auf dem Feld gehockt und Sachen angestarrt, ist mit Grasbüscheln in der Hand rumgelaufen und Blumen und so Zeug. Wie 'n Hippie. Hat ihrer Ma den letzten Nerv geraubt, Elsie Kielty, aber die weilt nicht mehr unter uns. Konntest du hinreden, wie du wolltest, hat keinen Strich für die Schule getan und für den Laden auch nicht. Den hat jetzt Becky, den Laden, feistes Mädel mit Brille? Tja. Unsere Gracie ist nach England abgedampft, keine Ahnung, wohin genau, wollte Künstlerin werden oder so was. Hat die Familie verlassen, ihre Schwester, und die alte Elsie, krank vor Sorge. Hats ja schon hier nicht gebacken gekriegt, und das im Schoß ihrer Familie. Wie hätte sie das bitte da drüben hinkriegen sollen?«

Evan schüttelte den Kopf.

»Keine Ahnung, was passiert ist. Man hat danach kein Wort mehr darüber verloren, aber Elsie musste rüberfahren und sie holen. Sie zurückholen. War eine Woche weg, vielleicht auch zwei, die Elsie, dann kamen sie zu zweit zurück. Na ja, da war nichts mehr dran an ihr, als sie heimgekommen ist, die arme Gracie. Abgemagert, nur noch Haut und Knochen. Das ist jetzt dreißig Jahre her. Nicht mehr ganz richtig im Kopf war sie danach. Meine Maggie meint, es wär'n Drogen gewesen, war'n ja die Achtzigerjahre, aber ich weiß nicht. Ist jedenfalls ewig nicht aus dem Haus gegangen. Und dann irgendwann doch wieder. Tja.«

Mit einem Achselzucken wandte Frank sich zum Gehen. Er schüttelte den Kopf und knirschte über den Schotterweg davon. Hinter ihm kam der Tag zur Ruhe. Es herrschte wieder Stille.

Ein köstlicher Duft stieg Evan in die Nase. Er kam von dem Päckchen vor seiner Haustür.

»Sag Maggie Danke!«, rief er Frank hinterher.

Der drehte sich nicht um, sondern hob eine Pranke und walzte weiter.

Im Haus klingelte das Telefon.

Es dauerte eine Weile, bis Evan das Geräusch zugeordnet hatte. Er saß halb auf der sonnenbeschienenen niedrigen Mauer und sah Frank hinterher, bis er um die Ecke verschwunden war.

Das Klingeln verstummte.

Wieder legte sich die Stille über den Tag, greifbar wie eine Decke, nur vom fernen Meeresrauschen unterstrichen, der nasse Strand mit schleimigem braunem Talg bedeckt, die Möwen leise grummelnd, Zuckerstreusel über den Wellen.

Er wandte sich ab und nahm Maggies Spende von der Türschwelle. Kein Wunder, dass Frank so eine Wampe vor sich hertrug. Die Frau konnte kochen. Unter der Alufolie verbarg sich das Tagesgericht: *Toad in the Hole*. Mit dem Finger durchstach er die Teigkruste – wer wollte ihn aufhalten? – und fischte ein saftiges Würstchen heraus, noch warm und duftend. Mit der Auflaufform in der Hand schritt er nachdenklich durch das kleine dunkle Zimmer, immer noch kauend.

Er nahm die Form mit zum Polstersessel, den er ans Fenster geschoben hatte, und machte es sich gemütlich, das Essen auf den Knien, ein knuspriges Teigstück in den Fingern. Genüsslich machte er sich über den Auflauf her, den Blick auf die friedliche, von dicken Mauern und dem schmalen Fenster eingerahmte Landschaft gerichtet.

Das Telefon klingelte erneut.

»Evan?«

»Hi, Lorna.«

Während er wartete, malte er mit dem fettigen Finger Kreise in den Staub auf dem Tisch. Er hatte Grasflecken auf der Jeans, wie ihm jetzt zum ersten Mal auffiel, vermutlich von seinem Kampf mit der alten Sichel vorgestern, und seine Sneaker waren sandverkrustet.

»Du musst Luca für mich nehmen.«

Die Worte katapultierten ihn jäh in die Gegenwart, es war, als hätte sie einen beschlagenen Spiegel freigewischt. »Was?«

»Ich schaff das nicht. Er ist auch dein Sohn, wenn ich dich darauf hinweisen darf.«

Evan sagte nichts. Wartete.

»Ich bin mit meinem Latein am Ende, hab schon alle eingespannt, schufte rund um die Uhr. Du kannst dir das nicht vorstellen, es gibt nirgends mehr Masken, aber ich soll die ganze beschissene Abteilung damit versorgen. Und natürlich dreht Julie frei, weil ich sie ständig brauche – du weißt, wie schwierig Luca sein kann. Es ist echt zum Kotzen gerade.«

Lorna fluchte nie. Niemals. Ihre Stimme klang fast hysterisch, kurz vorm Heulen. Er hörte auf zu malen, spürte förmlich, wie sein früheres Leben im Schwall zurückkehrte.

»Bist du noch dran?«

»Ja.« Er mochte es gar nicht, wenn sie so aufgelöst war.

»Julie behauptet, sie kommt nicht mehr mit Luca klar. Du weißt selbst, dass ich ihn nicht zu irgendwem schicken kann, es gibt keine Vertretung – ich weiß nicht mehr weiter. Also musst du vorübergehend einspringen. Die behaupten, ich sei *systemrelevant*«, sie lachte kurz auf, und er erkannte so etwas wie Stolz darin, »also muss ich ins Büro, es gibt sonst niemanden, der für mich einspringen kann.«

»Wie soll das gehen?«, fragte er. »Wir dürfen uns nur in einem bestimmten Radius bewegen und einander nicht besuchen.«

»Ich behaupte einfach, dass wir Sport treiben, und setze ihn bei dir ab.«

Natürlich hatte Lorna schon einen Plan. Sie hatte sich alles überlegt, sicher, dass er zusagen würde.

»Montag, okay?«

Sie klang erschöpft. Evan wusste nur zu gut, wie sich das anfühlte. Eine Fliege knallte gegen das Fenster und zog seine Aufmerksamkeit auf den Strand, aufs Meer, den lang gezogenen Himmelsstreifen, es war, als hätte die Welt den Deckel aufgeklappt.

»Ja, gut, so machen wir das«, sagte er, als hätten sie sich zum Essen verabredet oder einen ganz normalen Termin ausgemacht.

»Herrje! Danke«, sagte sie. »Was für eine Erleichterung, du kannst dir das nicht vorstellen. Danke für ... Danke, dass du dich nicht groß anstellst. Wir können in Verbindung bleiben, du kannst mich anrufen, und Luca soll mir ab und zu eine Nachricht schicken, ich will wissen, wie er klarkommt. Keine Ahnung, wie das läuft mit ihm, er ist es ja gewohnt, dass ich da bin, Veränderungen bringen ihn aus der Ruhe ...«

»Wann?«

»Was?«

»Wann genau am Montag?«

Als hätte er dringende Termine, müsste irgendwo hinreisen. In Wahrheit musste er scharf nachdenken, welcher Tag gerade war. Donnerstag?

»Ha«, sagte sie. »Wo bist du überhaupt? Ich habe keine Ahnung, wo du gerade bist.«

Er gab ihr die Adresse und hörte sie sie aufschreiben. »Ich habe keinen blassen Schimmer, wo das ist«, sagte sie. »Ist es da okay?«

»Wie meinst du das?«

»Ist es schön? Geht es dir gut da?«

Er ließ das Schweigen schwer zwischen ihnen hängen. »Klar, ist okay. Gleich am Strand.«

»Oh, das wird ihm gefallen.«

Evan schwieg.

»Evan?«

»Ja.«

»Ach nichts. Alles gut. Okay. Montag also. Danke, dass du ...«

»Wie du schon sagtest, er ist auch mein Sohn.«

»Ja.«

»Also.«

»Bis dann.«

»Bis dann.«

Nachdem er aufgelegt hatte, rauschte die Stille, aber er war nicht mehr allein. Der halb gegessene Auflauf stand gefährlich wackelig auf der Sessellehne, doch ihm war plötzlich der Appetit vergangen. Der kleine Vogelschädel schien ihn aus leeren Augenhöhlen fragend anzusehen. Evan dachte an Luca. An seinen Sohn.

TEIL ZWEI

14

Die Glocke bimmelte, als Evan den Laden betrat.

In der Ecke hing ein kleines neues Waschbecken mit Seifenspender und einem Packen Papiertüchern darüber, der Putz drumherum war noch rosa wie frisch nachgewachsene Haut.

»Mindestens zwanzig Sekunden«, ertönte eine Stimme von hinter dem Tresen.

»Bitte was?« Evan betrachtete das Schild neben dem Becken.

»Du musst dir mindestens zwanzig Sekunden die Hände waschen. Auch zwischen den Fingern, nicht nur husche-pfusche. Du zählst bis zwanzig oder summst ›Happy Birthday‹, zwei Mal hintereinander.«

Evan starrte sie an. »Ernsthaft?«

»Jepp. Ernsthaft. Besser als Desinfektionsmittel, davon kriegst du nämlich Ausschlag.«

»Muss ich den Hahn desinfizieren, bevor ich ihn anfasse?«

»Was?«

»Na, andere Leute haben ihn auch schon benutzt, um sich hier die Hände zu waschen, oder?«

Becky schwieg nachdenklich. »Ja, wenn du willst«, sagte sie schließlich. Dann erhellte sich ihre Miene. »Aber wenn du dir sorgfältig die Hände wäschst, tötest du sowieso alle Keime vom Wasserhahn ab.«

Evan lächelte achselzuckend, dann drehte er den Hahn auf.

Er empfand es als übergriffig, dass Becky ihn mit strengem Blick genau beobachtete, wie er seine Hände befeuchtete, sie einseifte und nach gründlichem Waschen abspülte. Noch unpassender empfand er allerdings ihre Musikwahl, die Kunden wurden hier allen Ernstes mit Händels *Messiah* beschallt, was ihm aber erst so richtig auffiel, als er das schlaffe Handtuch unter ihrem zustimmenden Nicken entsorgt hatte und sich mit viel Geklapper einen Einkaufskorb vom Stapel zerrte. Wie ein exotischer Vogel im Dornengestrüpp. Kopfschüttelnd begab er sich zum Regal.

Er wählte Sachen, die Jungs gern mochten. Fertignudelsuppen. Kokosküsse. Tomatensuppe und Weißbrot. Coco Pops. Als der Korb voll war, schleppte er ihn zur Kasse und blieb wie angewiesen im roten Kreis auf dem Boden stehen.

Becky beäugte seine Auswahl. »Ach, du liebe Güte«, sagte sie.

»Wie bitte?«

»Wenn du das isst, kriegst du Diabetes.«

Er sah sie verständnislos an, während die Musik zum Crescendo anschwoll. »Ähm. Das ist nicht für mich.«

Sie verschränkte die Arme und starrte ihn an. Ihm fiel auf, dass ihre Brille wieder verschmiert war, genau an derselben Stelle wie vorher. Sah sie das nicht? Konnte sie das nicht abwischen?

»Das ist für meinen Sohn«, sagte er laut, um den Graben zwischen ihnen zu überwinden. »Er besucht mich eine Weile.«

Ihre Augen, ohnehin schon von den Brillengläsern vergrößert, weiteten sich entsetzt. »Besuch? Besuch ist verboten! Das darf er nicht.« Sie wies auf das regenbogenfarbige Plakat über ihr, als würde das alles erklären.

Evan sah in den Korb. Sie sollte die Sachen jetzt über den Scanner ziehen, jetzt sofort. Tat sie aber nicht.

»Seine Mutter ist unverzichtbar. Sie muss Masken für die NHS besorgen. Niemand außer mir kann auf ihn aufpassen.«

Beckys Augen wurden schmal, sie verarbeitete offensichtlich den Umstand, dass Vater und Mutter getrennt wohnten, und wägte ihn gegen die magischen Abkürzungen PPE – Personal Protective Equipment – und NHS ab. Schließlich nickte sie. »Na gut.«

Er wies auf den Korb. »Also. Becky. Könntest du ...?«

Sie streckte die Hand aus, hielt dann aber inne. »Willst du ihn echt mit diesem Zeug vollstopfen? Du solltest wirklich auf den Zuckergehalt achten, eine ausgewogene Ernährung erfordert komplexe Kohlenhydrate wie Nudeln oder Reis, die stehen da hinten im dritten Regal. Muss ja kein Vollkorn sein, wenn er sich da anstellt. Und er braucht definitiv mehr Gemüse und Obst.«

Evan nickte bedächtig. »Na gut ...«

Ihre Laune hob sich umgehend. »Prima. Wie gesagt, im dritten Regal findest du Kohlenhydrate, Suppe und all das in Regal sechs, frisches Obst und Gemüse direkt hinter dir, bist beim Reinkommen dran vorbeigelaufen, hab mich schon gewundert. Und weißt du, Fischstäbchen sind gar nicht so schlecht, wie man denkt – die Gefriertruhe steht hinten. Den Korb kannst du hier bei mir lassen, hol dir ruhig einen neuen, ich stell den Fraß hier wieder zurück ins Regal.«

Nachdem sie ihn mit einem Nicken und einem Lächeln entlassen hatte, griff er wie ein gescholtener Schuljunge brav nach einem neuen Korb und verzog sich hinters Regal drei, wo er weitestgehend seine Ruhe hatte. Lorna und diese Frau würden sich auf Anhieb verstehen, dachte er. Oder sich sofort an die Gurgel gehen.

Die Glocke bimmelte erneut, und eine laute Stimme erfüllte den Laden. »Hi, Becky! Oscar, lass das! Wie schön, dich zu sehen.«

Becky erwiderte etwas, allerdings erheblich leiser, gar nicht so, wie sie mit ihm gesprochen hatte, worauf die neue Kundin lachte, ein perlendes Geräusch, das sicher viel Übung erfordert hatte.

»Ach herrje, was kommt als Nächstes? Wir haben uns schon zu Hause die Hände gewaschen, nicht wahr, Lexy? Das drollige kleine Waschbecken brauchen wir nicht. Außerdem haben wir ja das Spritzzeug, wenn nötig. So eine lustige Idee, Becky, du bist so witzig. So. Auf gehts, Kinder. Wir suchen uns nur kurz was aus, dann gehts auf zu Dad – zu Hause kriege ich einen Koller –, verpetz mich nicht! Los, los, schnell, ihr könnt euch was aussuchen, nur keine Schokolade.«

Es entstand eine Pause, dann polterten kleine Füße durch den Laden, und Evan hörte die Frau seufzen.

»Tja, so ist das«, sagte sie. »Lang nicht gesehen. Ich bin ja kaum noch hier, immer auf Achse, ehrlich, es ist nicht witzig.«

Becky erwiderte etwas mit gedämpfter Stimme.

»Ach, ja. Oscar ist schon sechs, Lexy wird in ein paar Wochen vier, kannst du dir das vorstellen? Kommt mir wie gestern vor, seit wir zusammen bei Mrs McGee in der Klasse gesessen und die Jungs mit Radiergummis beworfen haben.«

Becky murmelte etwas.

»O ja, ich bin völlig neben der Spur, ich weiß, fix und foxy, sag ich dir, du kannst dir das nicht vorstellen, wenn die Kinder zu Hause unterrichtet werden, ein Albtraum, und dann auch noch zu Hause arbeiten, du kommst nicht mehr raus!«

Wieder dieses perlende Lachen, dann eine Pause. Evan zog eine Packung Frosties aus dem Regal und schob sie rasch wieder zurück.

»Aber, Mensch, wie geht es dir, Becky? Du hast dich überhaupt nicht verändert! Was treibst du denn so?«

Becky atmete hörbar ein. »Caitlin, du siehst es doch. Alles beim Alten. Mehr gibts nicht zu erzählen.«

»Ach, klar. Du hast ja noch die Mutter zu pflegen.« Die Frau hatte einen mitleidigen Ton angeschlagen. »Ich hab immer schon gedacht, wie toll das ist, dass du hiergeblieben bist, während wir anderen ... Klar, du bist ja so ein Goldschatz, nicht wahr?«

Wieder herrschte langes Schweigen. Evan stellte sich vor, wie Becky ihr Gegenüber anstarrte.

»Na, und wie geht es deiner Mum? Du musst ihr liebe Grüße von mir ausrichten.«

Er trat schwer beladen hinter Regal drei hervor, als er Becky sagen hörte: »Mach ich gern, aber sie ist völlig irre. Durchgeknallt, Caitlin. Sie hat keine Ahnung, wer ich bin, von dir ganz abgesehen. Sie hält den Kater für den Pfarrer und isst die Pflanzen, wenn ich sie nicht wegstelle. Also, ist das alles? Macht zwei vierunddreißig, bitte.«

Zwei Kinder mit glänzenden Haaren legten ihre Süßigkeiten auf den Tresen, während die Frau mit erröteten Wangen in ihrer Tasche herumkramte. Evan fiel auf, dass Becky sie nicht dazu verdonnert hatte, sich in den roten Bodenkreis zu stellen, mit zwei Metern Abstand zur Kasse, wie alle anderen. Stattdessen wies sie wortlos auf das Kartenlesegerät.

»Ach du liebe Güte, ihr habt jetzt Kartenzahlung hier?«, flötete die Frau munter. »Na, ist das nicht toll? Man muss mit dem Fortschritt gehen. Gut so!«

Ein Piepsen ertönte.

Becky lächelte angespannt, riss den Beleg ab und zerknitterte ihn. »Keine Belege, tut mir leid«, sagte sie ohne Bedauern. »So lauten die Regeln.«

»Alles klar. Ist das nicht alles der Wahnsinn gerade?« Die Frau lächelte immer noch, während sie ihre Kinder zur Tür bugsierte. Beim Bimmeln der Glocke hielt sie inne, warf sich das Haar über die Schultern und sagte: »Es war schön, dich zu sehen, Becky, wirklich. Lass es dir gut gehen. Tschüssi!«

»Tschüssi!«, äffte Becky sie nach, wackelte mit den Fingern und entblößte ihre Zähne.

Als die Tür ins Schloss fiel und Evan seinen Korb auf den Tresen stellte, sah er ihre Schultern erschlaffen. »Alte Freundin?«, fragte er mitfühlend und wich ohne Aufforderung einen Schritt zurück.

Becky nahm die Brille ab und reinigte sie an ihrem Pulloversaum. Als sie sie wieder aufsetzte, war der Fingerabdruck verschwunden, und sie nahm ihn voll ins Visier. »Jeden Tag«, sagte sie.

Evan sah sie verständnislos an.

»Jeden verdammten Tag tatsche ich mit dem Daumen drauf.« Sie zeigte auf die Stelle, wo vorher der Fleck gewesen war. »Und weißt du, warum?«

Evan schüttelte rasch den Kopf. »Nee. Warum?«

»Weil ich dann selbst entscheiden kann, ob ich eine Person deutlich sehen will oder nur als Fettfleck.«

Er wartete.

»Das da gerade«, fuhr sie finster fort, nahm die Waren aus dem Korb und zog sie über den Scanner, »war ein Fettfleck.«

15

Als Grace mit dem nackten Fuß über seinen Bauch rieb, seufzte der Hund entzückt, und sein umgeknicktes Schlappohr ploppte auf den weichen Teppich. Sie musste lächeln, wandte sich dann aber wieder ihrer Nähmaschine zu. Sie würde das jetzt durchziehen. Um sie herum lagen bunte Stoffreste, ihr momentanes Lieblingsmuster war Hellblau mit Gänseblümchen. Der Quilt nahm langsam Form an, Liberty Print, kompliziert, aber machbar. Wenn sie dranblieb, wäre der Liefertermin locker zu schaffen, aber heute war sie aus unerfindlichen Gründen abgelenkt.

Abrupt erhob sie sich und öffnete die Hintertür, um die Gerüche und Geräusche des Tages hereinströmen zu lassen. »Los gehts, du dumme Töle«, sagte sie. »Raus mit dir, geh die Hühner nerven, damit ich in Ruhe arbeiten kann.«

Bei ihrem Ton ließ der Hund den Kopf hängen und verzog sich ins hohe Gras. Sie wusste, dass er sich wie blöd darin herumrollen würde, um den Schmerz seiner alten Wunden zu lindern, und danach in der Frühlingssonne faulenzen. Sie lauschte. Das Greinen der Hennen verriet ihr, dass er jetzt am Hühnerhaus herumschnüffelte, schlechtes Zeichen, vermutlich wieder Füchse. Die Stoffe waren vergessen, in Gedanken folgte sie dem Hund durch den üppigen Garten, inspizierte mit ihm jede Ritze der langen Mauer, fand die Stelle, wo sie bröckelte und dem Fuchs einen Durchschlupf bot, pisste ans Gewächshaus, um das Revier zu markieren, kratzte am Blumenbeet, um den Duft der Erde freizusetzen, schnappte nach einer saumseligen Biene.

Hinter der Mauer glitzerte bestimmt die Bucht, dachte sie, das Kinn auf die Faust gestützt, es herrschte Ebbe, perfekt für die Ernte, der Boden schön fest für die Eselshufe. Sie könnten an den Strand gehen, das erste Mal dieses Jahr Seetang sammeln, keine Touristen, die mit den Fingern zeigten und mit dem Handy Fotos machten, mitleidig den Hund begafften und *Wäh!* riefen beim Anblick des aus den Körben quellenden Seetangs. Nein, die waren alle eingesperrt in ihren grässlichen kleinen Kastenhäusern in der Stadt, wo sie sie nicht störten, und dieser Ort gehörte wieder ihr allein.

»Kelp!«, rief sie und schob achtlos die Stoffballen zur Seite, das wimmelnde Blau und Gelb und Rot. »Ist auch Arbeit.«

Sie kam auf die Beine, streckte sich, genoss die Bewegung nach dem Stillsitzen, die Ruhe, den langen Restmorgen, das Gleißen des Lichts im Fenster. Ihr langes Haar versuchte sie mit einem Gummiband zu zähmen, das sie sich vom Handgelenk gezogen hatte. Es war immer noch dicht, mittlerweile aber recht strohig geworden, grau meliert, widerborstig und kaum zu bändigen. Besser wenn es hinten verzurrt war. Sie strich es glatt und betrat eilig die kleine Kammer. Beim Quietschen der Tür kam der Hund hereinscharwenzelt. Sie stampfte einen Fuß in den Stiefel, dann den anderen, und statt sich an den Krümeln unter ihren nackten Füßen zu stören, schob sie die Haustür auf, um das Wetter zu prüfen.

»Poncho oder Strickjacke?«, fragte sie den Hund.

Vor ihr stand der Mann aus der Stadt und glotzte sie an, die Hand dümmlich erhoben, als wollte er gerade klopfen.

»Oh!« Er lief puterrot an, lächelte aber.

Der Hund drängte sich sofort an ihr vorbei, bellte und fletschte die Zähne.

Das radierte dem Kerl das Grinsen aus dem Gesicht, er trat einen Schritt zurück und wartete, dass sie ihren Hund zurückrief, ihn zur Ruhe mahnte.

Sie griff nicht ein, als der Hund knurrte und nach ihm schnappte, auch nicht, als er sich versteifte und den Bellpegel hochdrehte.

Der Mann beäugte ihn besorgt. »Beißt der vielleicht?«, fragte er laut.

Sie sah ihn schief an. »Kommt drauf an.«

Zu ihrer Überraschung brach ihr Besucher tatsächlich in Gelächter aus, eine entspanntere Reaktion, als sie von ihm erwartet hatte. Das gefiel ihr. Auch der Hund verstummte plötzlich und machte sich stattdessen daran, die Beine des Mannes zu beschnüffeln. Der sah misstrauisch zu ihm hinab und rieb sich zögerlich die Finger, um ihn zu begrüßen.

»Wie heißt er?«,

Er beugte sich natürlich nicht hinab, um das Tier zu streicheln. Niemand machte das.

Sie tat, als hätte sie nicht verstanden. »Was?«

»Der Hund? Wie heißt er?«

»Hund«, sagte sie achselzuckend.

Wieder lachte er. Als er das tat, weiteten sich seine Augen, als hätte er auch sich selbst überrascht.

»Solltest du nicht zu Hause bleiben, um das Infektionsrisiko zu senken?«, fragte sie spitz.

Als sein Lächeln verschwand, kam es ihr vor, als hätte sie die Kontrolle darüber, als könnte sie es mit einem Satz ein- und wieder ausknipsen. »O ja, 'tschuldigung. Ich bin nicht ... Ich wollte nur ... Ich hätte eine Frage zum Bettzeug.«

Grace sah ihn verständnislos an.

»Es geht um meinen Sohn. Er kommt morgen und bleibt eine Weile bei mir. Es gibt niemanden, der ihn ... Also hab ich mich gefragt, ob ich noch ein paar Decken haben könnte? Es gibt nur eine und ...«

»Es gibt nur ein Bett.«

Darauf nickte er geknickt, als hätte er eine Debatte verloren. Sie fragte sich, wer ihn so versaut hatte, warum er so ein Duckmäuser geworden war, kein bisschen Mumm mehr in den Knochen. Es machte überhaupt keinen Spaß, ihn aufzuziehen, das war, als würde man ein Baby abwatschen.

»Wie alt ist dein Junge?«

Er legte die Stirn in Falten. »Acht.«

Sie nickte entschlossen. »Ich komm nachher zu dir runter.«

Dann schnalzte sie nach dem Hund, und nachdem er ins Haus getrottet war, schloss sie kurzerhand die Tür. Bestimmt stand der Mann immer noch da, kratzte sich den Kopf und fragte sich, was Sache war. Sie griente vor sich hin, und der Hund wackelte mit seinem Stummelschwanz.

»Komm, wir holen Old Dolly«, sagte sie, schnappte sich die Strickjacke und trat mit dem Hund durch die Hintertür hinaus in den strahlenden Sonnenschein. Gemächlich schlenderte sie an den vielen Gewächsen vorbei, die im Schutz der hohen Mauer gediehen, vergaß darüber den Mann aus der Stadt, vergaß alles vor Freude darüber, im Frühling in der Natur zu sein.

Da war Old Dolly, sie spitzte über den Zaun, die übergroßen Ohren erfassten wie Teleskope ihr Näherkommen, ein geweitetes braunes Auge verfolgte ihre Schritte. Hinter dem Esel lugte der griesgrämige alte Ziegenbock hervor, der ihm Gesellschaft leistete und die Weide von Brennnesseln und Kreuzkraut befreite. Sein Name, dachte sie amüsiert, lautete Bock.

»Momentchen, Dolly, muss erst noch was holen«, sagte sie und hielt dem Esel ein Büschel Gras hin, das er ihr aus den

Fingern zupfte. Er warf den Kopf in den Nacken, als wäre er noch ein junger Hüpfer. Sie streichelte dem Tier über die Nüstern, traumhaft weich und hart zugleich, und der Esel mampfte zufrieden.

Dann trat sie an den großen Verschlag, der seitlich am Zaun stand. Sie schob den Riegel zurück und riss die Tür auf, um Licht hereinzulassen. Es roch abgestanden und war ganz still. Sie blickte sich um, atmete den Geruch ein. Direkt neben der Tür standen die Tragekörbe für den Esel, die seit letztem Herbst sauber und trocken hier lagerten, und als sie sie ergriff, um sie nach draußen zu bugsieren, verrutschten sie und stachen ihr in die Finger. Der Hund flitzte hinaus ins Tageslicht und ließ sich hechelnd ins Gras fallen. Die Körbe herausgezerrt, trat sie wieder in den Verschlag, um nach etwas anderem zu suchen.

Der Esel scharrte mit seinem zarten Huf auf dem Boden herum, während es im Verschlag schepperte und krachte, bis Grace schließlich wieder rauskam, staubbedeckt und mit einem gestreiften, verblichenen Ding in der Hand, das sie neben den Körben fallen ließ.

»Puh!« Sie wischte sich die Spinnweben aus dem Haar und befreite die Hände vom Staub. Nachdem der Hund das Ding beschnüffelt hatte, sah er zu ihr auf.

»Hängematte«, erklärte sie ihm, als wäre er begriffsstutzig, und bückte sich, um sie auszubreiten.

Als Grace auf das vermietete Haus zukam, entdeckte sie schon von Weitem, dass da eine kleine schmale Gestalt stand und aufs Meer starrte. Der Junge. Hund knurrte, die Reglosigkeit des Kindes reizte ihn offenbar, dann presste er sich an ihre Beine, und der Esel warf den Kopf in den Nacken. Neben dem Jungen stand eine Reisetasche, wie sie jetzt erkannte, als sie näher kam, daneben ein Paar Gummistiefel. Evans Sohn. Das Jüngelchen aus der Stadt. Er reagierte nicht auf sie, stand einfach ungerührt da und starrte aufs Meer, das da unten am Strand rumrauschte, gesprenkelt mit Seevögeln, wie Perlen an einem hübschen Ziersaum.

Sie hätte erwartet, dass er so einen hippen Haarschnitt und diese blöden weißen Sneaker tragen würde, rumrennen und schreien, die Möwen bewerfen, wegen der Weite einen Koller kriegen, so wie die anderen, diese lärmenden Volltrottel, die kleinen Rotzlöffel. Stattdessen stand er da, schmal und mager vor dem grünen Uferstreifen, die Arme unbedeckt und weiß und starr, die Hände leer.

Die Stille dieses Jungen war so ungewöhnlich, so befremdlich, dass der Esel sich bedroht fühlte und bockte.

»Hey!«, rief Grace. »Hüa!« Sie zerrte und klatschte ihm mit dem Seilende auf die Flanke, bis er sich wieder in Bewegung setzte, die Tragekörbe leicht schwingend. Gemeinsam trotteten sie hügelab auf das kleine Haus zu und traten dabei immer wieder kleine Steine aus ihren Vertiefungen, die dann klackernd den Weg hinabrollten.

Der Junge rührte sich immer noch nicht. Auch nicht, als sich hinter ihm die massive Haustür öffnete und der Mann aus der Stadt herausschoss, das Geschirrtuch noch in der Hand, die Brille schief auf der Nase, als hätte man ihn bei irgendetwas überrascht. Grace hätte erwartet, dass er den Jungen beim Namen rufen und der sich umwenden würde, doch der Vater trat ohne ein Wort vor seinen Sohn, lächelte ihm ins Gesicht, so herzlich, dass ihm die Freude an den Augen abzulesen war, und tätschelte ihm die Schultern. Dann hob er die Hände und ließ die Finger tanzen.

Der Junge sah eine Weile zu, dann hob auch er die Hände und ließ die Finger ebenfalls tanzen, wie um zu antworten, seinem Vater etwas zu erzählen, er zeigte auf eine Stelle, dort hatte ihn seine Mutter wahrscheinlich abgesetzt und ermutigt, weiterzugehen, an die Tür zu klopfen, seinen Dad zu finden, sie müsse schnell zurück.

Der Vater hatte sie jetzt bemerkt. Grace kam sich plötzlich vor, als hätte sie sich in einen privaten, intimen Moment gedrängt, und trieb den Esel ungeduldig vorwärts.

»Hü-hott, Dolly, jetzt mach schon!«, rief sie so aggressiv, dass der Hund schleunigst das Weite suchte.

Vater und Sohn wandten sich um und sahen sie die letzten Meter auf sich zukommen, die Tragekörbe zwei absurd große Auswüchse auf dem Eselsrücken. Als Grace vor ihnen stehen blieb, machte sich der Esel an ihrer Schulter zu schaffen. Der Sohn hatte große Ähnlichkeit mit dem Vater, stellte sie fest.

»Was haben Sie da im Gepäck?«, fragte der Mann.

»Bettzeug«, sagte sie mit Blick auf den Jungen.

Der sah zu Boden.

»Hmm.« Grace streckte die Hand aus. Sie ergriff seine kleinen Finger, umschloss die warmen Knochen. Da blickte er entsetzt auf, zog sie aber nicht weg. Sie legte ihm das Seilende in die Hand und schloss seine Faust darum. Dann nickte sie ihm zu und wandte sich dem Esel zu. Der Junge machte große Augen, sein Blick wanderte vom Seil zum Tier, er ballte die Finger so fest zusammen, dass die Knöchel weiß wurden.

»Steh, Dolly«, sagte sie überflüssigerweise, dann ging sie nach hinten zu den Körben.

Evan stellte sich neben sie. »Er ist taub«, erklärte er leise, als könnte der Junge ihn hören, als wäre sie blöd, aber sie schwieg, machte sich stattdessen daran, die Bettdecke aus dem Korb zu hieven und dann das Kissen zu lösen, das mit dem Saum an einem hervorstehenden Weidenzweig festhing.

»Moment«, sagte Evan rasch und half ihr. Er roch nach Keksen und abgestandenem Kaffee. Die Ladung rutschte so plötzlich aus dem Korb, dass Grace zurückweichen musste, um nicht unter der Last das Gleichgewicht zu verlieren.

»Bring die schon mal rein«, sagte sie und bepackte ihn mit dem Haufen, sodass er kaum noch obendrüber schauen konnte.

Doch er linste an der Seite vorbei nach seinem Sohn. »Der Esel tut ihm nichts, oder?«

»Wir können ihm schon vertrauen«, erwiderte Grace. »Dem Jungen, meine ich«, setzte sie nach, als sie sich dem zweiten Korb zuwandte, der jetzt ohne ein Gegengewicht gefährliche Schlagseite hatte. Aus den Augenwinkeln sah sie, dass Evan ihrer Anweisung gefolgt war und der Junge das Tier am Ende des Seils anstarrte, als hielte er einen Feuerdrachen an der Leine. Sie hob die wie einen Teppich zusammengerollte Hängematte aus dem Korb und warf sie sich über die Schulter.

»So, Dolly«, sagte sie, schnalzte und ergriff das Seil mit der freien Hand. Es war noch warm vom verkrampften Griff des Jungen. Sie lief auf das Haus zu, der Esel folgte ihr bereitwillig. Der Junge trottete so rasch hinterher, dass er über seine Füße stolperte. Grace hielt inne und sah ihn stirnrunzelnd an, dann richtete sie den Blick auf das, was hinter ihm stehen geblieben war, und hob die Brauen. Seine Miene erhellte sich, er hatte verstanden, sauste zu seiner Reisetasche und den Gummistiefeln und folgte ihr erneut, den sehnsuchtsvollen Blick auf den Esel gerichtet.

Grace legte das Seil über den Fußabstreifer und bedeutete dem Jungen mit einer Kopfbewegung, dass er an ihr vorbeigehen solle, dann tätschelte sie Dolly, um sich für ihre barsche Art zu entschuldigen, und folgte ihm ins Haus. Der

Junge blickte immer wieder über seine Schulter hinweg zur Tür, wo das Tier mit kreisenden Ohren und munterem Blick wartete. Evan hatte seine Ladung indes einfach aufs Sofa abgesetzt, er lächelte angespannt.

Grace schleppte die Hängematte an ihm vorbei durchs Haus, wo die Küchenzeile in einen tiefen kleinen Alkoven mit einem schmalen Bücherregal überging. Sie ließ die Hängematte auf den Boden flappen. Bei dem Geräusch fuhr der Mann herum. Er ist angespannt wie ein Flitzebogen, dachte sie, kurz vorm Zerreißen.

»Wo ist die kleine Trittleiter?«, fragte sie.

Er hastete ins Schlafzimmer, um sie zu holen. Schon beim Zurückkommen klappte er sie auseinander und ließ die Sicherung einrasten.

Dann stellte er sie ihr vor die Füße und sah sie erwartungsvoll an.

Grace gefiel es, dass er abwartete und ihr keine Fragen stellte.

Sie hob die Hängematte an einem Ende an, ließ den Karabiner aufschnappen und erklomm mit knirschenden Knien und festem Griff die Sprossen. Mit angespanntem Atem tastete sie nach dem Metallring an der Decke und ... *klick*, war die Hängematte befestigt.

Unten nickte der Mann ihr grinsend zu, die Hände in die Hüfte gestemmt.

»Aha!«, sagte er lachend und wandte sich dem Jungen zu. Seine Finger tanzten, aber der Junge verstand nicht und blieb misstrauisch im Türrahmen stehen. Rasch kletterte Grace wieder runter, den Schmerz in ihrer Hüfte ignorierte sie, manövrierte die Leiter auf die andere Seite und befestigte das andere Ende am zweiten Metallring. Fertig.

Die Hängematte schaukelte sanft, eine riesige pastellfarbene Banane. Sie stellte die Trittleiter zur Seite. Dann blickte sie erwartungsvoll in die Runde.

Stille war sie gewohnt. Mochte sie sogar. Aber angesichts der Anzahl von Leuten im Zimmer, einer davon ein kleiner Junge, empfand sie dieses auffällige Schweigen als traurig und befremdlich. Hier war irgendeine Dynamik im Spiel, ein unterschwelliges Raunen, das sie nicht verstand. Sie spürte, wie ihr unter dem intensiven Blick ihrer beiden Gäste die Hitze in die Wangen schoss, der angespannte Vater, der seinen Sohn mit flatternden Fingern zu beruhigen suchte, der verschreckte Junge, der sein Eselsglück vergessen hatte und den offenbar alles überforderte. Er sah aus, als würde er gleich in Tränen ausbrechen und davonlaufen.

»Hier«, sagte Grace und stopfte ein Kissen in die Hängematte, das sofort darin verschwand. Als Nächstes kam die Bettdecke, die den Mittelteil ausfüllte, ihn ausbeulte wie einen Pelikanschnabel. Sie klopfte sie ein bisschen flach, dann nickte sie dem Jungen zu. Tätschelte die Außenseite wie zuvor die Eselsflanke. Er trat einen Schritt vor, ihm schien zu dämmern, was sie wollte.

Grace hob den Finger, *pass auf!*, streifte ihre Stiefel ab, einen nach dem anderen, bis sie barfuß vor ihm stand. Sie hielt die Hängematte mit einer Hand fest, schwang sich elegant hinein und wurde so plötzlich und vollständig davon verschlungen, dass ihr ein unfreiwilliges Lachen entfuhr, das wie ein Rülpser klang. Dann gab sie sich ganz der Schaukelbewegung hin, wie ein Kind, und in der Geborgenheit des trüben Halbdunkels erinnerte sie sich daran, wie der gespannte Stoff sie auch als kleines Mädchen umfangen hatte, stark und zuverlässig. Als sie ausatmete, fühlte sie sich kurz wie befreit.

Draußen herrschte immer noch Stille. Die beiden standen

bestimmt noch da und begafften die schaukelnde Hängematte mit der verrückten Alten darin.

Wie töricht von ihr. Sie hatte wieder mal vergessen, dass sie fünfzig war.

Zaghaft spähte sie über die Kante, plötzlich war sie sich bewusst, dass ihre Haare zerrauft waren und ihre Wangen gerötet, doch der Junge strahlte sie begeistert an. Auch der Vater grinste und schüttelte anerkennend den Kopf. Es war alles gar nicht so schlimm.

Mit einem Grunzer hievte sie sich heraus, platschte auf den Boden und hielt dem Jungen die Hängematte hin. Er stand nun dicht neben ihr, wie ein Vogel, den man mit Krümeln auf seine Hand gelockt hatte. Sie hielt ganz still. Er streckte die Finger aus, ergriff aber nicht wie erwartet den Stoff, sondern ihren Arm, sanft, und betrachtete sie, als könnte er ihre Gedanken lesen.

Da schnalzte sie ungeduldig, schüttelte seine Hand ab und wies ihn mit einer abrupten Kinnbewegung an, in die Hängematte zu klettern.

»Pass nur auf, dass er nicht auf den Kopf fällt«, sagte sie im Vorübergehen zu dem Mann, der zur Seite getreten war, um ihr Platz zu machen, »er sieht auch so schon bräsig genug aus.«

Dann war sie draußen, die Sonne schien ihr grell in die Augen, der Esel hatte sich schon zum Gehen gewandt, mit baumelndem Seil, bereit für den leeren, breiten Strand mit den kühlen Wellen und den langen, salzigen Seetangschlingen im seichten Wasser.

16

Evan betrachtete die ausgebeulte, sanft im dunklen Zimmer schaukelnde Hängematte mit ihrem ausgebleichten Streifenmuster in Rosa und Blau und Gelb, die Farben einer alten Zuckerstange, eines am Strand vergessenen Liegestuhls.

Vorsichtig stupste er das Ding an. Da steckten feste Knochen drin, ein atmendes Wesen, ein ganzer Sack Gefühle und Bedürfnisse und Gedanken, die er nicht sehen, nicht erahnen konnte. Wieder stupste er, ein bisschen kräftiger, bis Lucas Kopf über dem Rand auftauchte, das Haar stand ihm zu Berge, genau wie bei Lorna, morgens.

Sie sahen einander an.

Was möchtest du essen?

Keinen Hunger. Gab Sandwiches unterwegs.

Der Kopf verschwand wieder. Scharfkantige Teile bewegten sich im Stoff, dann erstrahlte ein verräterisches Licht.

»Alles klar«, sagte Evan zum leeren Zimmer. »Verstehe.«

Auf der Suche nach einer Beschäftigung wandte er sich der Reisetasche zu, die Luca einfach mitten im Zimmer abgestellt hatte. Er könnte für das Zeug des Jungen ein, zwei Stellen auf dem Regal im Alkoven freiräumen. Jetzt, da er Gesellschaft hatte, fühlte er sich gezwungen, in Bewegung zu bleiben, immer was zu tun zu haben, nachdem er wochenlang gefaulenzt, ganze Nachmittage damit verbracht hatte, draußen auf der Mauer zu sitzen und das Meer zu beobachten, zusammengerollt auf dem Sofa zu liegen, zu schlafen oder im Halbschlaf vor sich hin zu dämmern.

Er nahm einen Stapel Bücher herunter, feucht und zerlesen, legte sie auf dem Boden ab und reinigte die Regale mit Seifenwasser. Dann räumte er Lucas Schlafanzüge ein, Unterwäsche, Jeans und T-Shirts, den kuscheligen blauen Hoodie, den er so gern trug. Während er das tat, schlug ihm der Geruch von zu Hause entgegen und verteilte sich im Zimmer. Ihre Klamotten, seine Klamotten, das Haus, die Bettwäsche und Vorhänge, die Strampler und Hemdchen des Babys, alles im Haus hatte immer schon diesen sauberen Wäscheduft gehabt, frisch und spritzig, ganz Lorna. Plötzlich fühlte er ihre Haut, hörte ihr schallendes Lachen, wenn sie etwas wirklich lustig fand und nicht nur so tat.

Er vergrub das Gesicht in einem T-Shirt und atmete sie ein. Sie hätte den Jungen doch sicher noch bis vor die Tür bringen können. Sich anschauen, wo er untergebracht war, ein paar Worte wechseln. Nicht mal ein Zuruf aus dem großen SUV, nachdem sie gewendet und den Jungen abgesetzt hatte, mager und unsicher hatte sie ihn einfach am Wegesrand stehen lassen, als wollte sie Evan damit quälen, dass sein Sohn so verletzlich war und sie sich derart entfremdet hatten.

Er legte das T-Shirt zu den anderen aufs Regal und strich zärtlich darüber. Dann trat er erneut an die Hängematte und versetzte ihr einen Stoß, sodass sie heftig hin und her schaukelte. Der Kopf seines Sohnes ploppte über den Rand.

Hey!

Die ist zum Schlafen, nicht zum Rumhängen.

Der verwuschelte Kopf tauchte wieder ab. Zu Hause machte Lorna die Ansagen, aber sie war nicht hier, um den Jungen anzutreiben, den geradezu manischen Tagesplan abzuarbeiten: Lernen, Termine, Arztbesuche, und immer hatte sie Evan ausgegrenzt, er hätte ja keine Ahnung, würde das nicht verstehen.

Er zog die Hängematte zu sich heran und spähte hinein. Luca blickte ihn vorwurfsvoll an.

Echt jetzt. Komm schon, ich meins ernst, Luca! Und das Handy bleibt auch hier.

Es war schwierig, mit ihm zu kommunizieren und gleichzeitig die Hängematte festzuhalten. Evan versuchte, das Ding mit dem Ellbogen zu fixieren.

Jetzt.

Er zog ein ernstes Gesicht. So ernst, wie er konnte.

Wohin gehen wir?

Raus.

Luca seufzte. Wohin? Hier ist doch nichts.

Draußen schauten sie erst mal aufs Meer. Es herrschte Hochwasser, nur ein paar Meter waren noch frei zwischen dem kleinen Damm vor ihrem Weg und den Wellen.

Wie ist es euch ergangen, in der Stadt?, fragte Evan.

Der Junge wandte sich ab und betrachtete die Wellen.

Langweilig. Ich vermisse die Schule.

Danach standen sie schweigend nebeneinander.

Geht es Mum gut?

Ja, glaub schon. Ist im Stress.

Evan betrachtete den Jungen von der Seite, versuchte, seine Miene zu entschlüsseln, doch Luca ging einfach weg, kletterte unbeholfen über den groben Kies ans Wasser, suchte den Boden ab und las schließlich einen Stein auf, den er mit voller Wucht in die Wellen schleuderte. Evan seufzte. Er wusste, dass so ein freundlicher Wettkampf jetzt eine gute Option war. Er sollte runtergehen zu ihm, auch einen Stein nehmen und ihn weiter werfen, ein Spiel daraus machen. Ihm vielleicht zeigen, wie man den Stein über die Oberfläche springen ließ.

Doch er ließ es bleiben und setzte sich stattdessen auf die buckelige Wiese. Es war bewölkt, das Wasser hatte einen violetten Stich. Luca warf Steine, noch eine ganze Weile, bückte sich, richtete sich wieder auf, auf und ab, ohne sich nach ihm umzusehen. Der Wind war aufgefrischt, und zum ersten Mal seit Tagen sah es nach Regen aus. Evan gefiel es im Gras, er genoss das Sticheln der Halme unter seinen Handflächen, die Beine hatte er entspannt ausgestreckt, und sein Kopf war frei, keine Termine, kein Programm, ja, er konnte sich zurücklehnen und nichts tun, absolut nichts. Herrlich! Hoffentlich würde der Junge es ihm nicht versauen.

Luca ließ sich neben ihm auf die Wiese plumpsen.

Gehen wir zum Dorfladen?, schlug Evan vor. Ich stell dir eine Freundin vor. Du wirst sie mögen.

Deine Freundin?, gebärdete Luca, den Blick abgewendet.

Evan lachte harsch auf. Er zog den Jungen am Arm, damit er ihn ansah. Natürlich nicht! Deine Mum ist ... Er ließ den Satz in der Luft hängen.

Sie starrten einander an.

Was hat deine Mum dir erzählt?

Luca wandte sich ab, zuckte die Achseln und kickte mit dem Schuh gegen den Sand. Die Möwen kabbelten sich auf den Felsen, während das Schweigen zwischen ihnen länger wurde, wie immer.

Luca.

Wieder versuchte er, den Jungen dazu zu bewegen, ihn anzusehen, doch der spannte nur die mageren Schultern an und wehrte sich gegen den Griff. Evan schob sich trotzdem in sein Blickfeld, bewegte seine Finger unter Lucas gebeugtem Kopf.

Es wird alles gut, wirst schon sehen. Deine Mum. Sie braucht ein bisschen Zeit, das ist alles, sie muss das alles erst mal verarbeiten.

Luca zuckte erneut die Achseln, dann saß er eine Weile still. Können wir nicht lieber deine andere Freundin besuchen?, fragte er schließlich.

Evan verstand nicht sofort. Wen meinst du?

Die Eselsfrau.

Wieder stieß Evan ein harsches Lachen hervor. Freundin? Hatte er das richtig verstanden? Freundin?, fragte er mit den Fingern. Die Frau ist doch zum Fürchten!

Zu seinem Entzücken reagierte Luca mit einem Lachen, ein gequetschter, nasaler Laut, dann nickte er zustimmend. Aber sie ist auch nett. Nur der Hund nicht.

Du hast recht. Aber vielleicht wann anders, okay? Heute mag ich nicht gebissen werden.

Der Junge rappelte sich auf und hielt Evan die Hand hin, der sie ergriff und sich hochziehen ließ.

Als sie den Strand verlassen hatten und um die Ecke verschwunden waren, erhob sich auch Grace von ihrem Aussichtspunkt auf der Wiese weiter oben, ergriff das Seil und schnalzte nach Dolly, die friedlich neben ihr graste. Der Esel hob den Kopf und trottete langsam weiter, bei jedem wankenden Schritt fiel nasser Seetang aus den Tragekörben. Der Hund scharwenzelte still neben ihnen her.

17

Eines Nachmittags schlenderte Grace über den Strandweg, dachte an nichts Besonderes, hatte auch keinen bestimmten Grund, wollte nur mal was anderes sehen als Bücher, Quilts, Seetang und Bestellungen, vielleicht ein paar Botengänge machen, aber sich vor allem den Wind um die Nase wehen lassen. Nur einen spitzen Stock hatte sie dabei, wollte bis zum Abend draußen bleiben, wenn die Karnickel aktiver wurden. Mit ein bisschen Geschick könnten sie und der Hund vielleicht eines einkesseln, vor lauter Panik würde es stocksteif stehen bleiben, und sie hätte was für ihren Eintopf.

Den ganzen Vormittag hatte sie sich dem Quilt gewidmet, das Ding war echt schön geworden, das musste sogar sie zugeben. Da die Bestellung aus Frankreich kam, hatte sie ein bisschen Königsblau und Kirschrot reingewebt. In ihrem Kopf waren lauter Farben und Muster gewesen, sie hatte das Rattern der alten Singer unter den Fingern gespürt und erfreute sich auch jetzt noch daran, hier draußen auf ihrem Spaziergang. Munter vor sich hin summend stieß sie bei jedem Schritt mit dem Stock in die harte Schlickkruste, die mit einem befriedigenden Knacksen aufbrach.

Als sie um die Ecke kam, sah sie, dass im vermieteten Haus zur Abwechslung mal die Tür offen stand. Sie stellte sich vor, wie sich die Sonnenstrahlen ins Innere vortasteten, über die dunklen Fliesen glitten, die Ritzen und Dellen befingerten und es sich dort bequem machten.

»Gut«, sagte sie.

Kleine Gummistiefel lagen kreuz und quer im Gras, ein Pulloverknäuel daneben.

Der Junge lag am Strand, auf dem Bauch, seine ganze Konzentration war auf etwas vor ihm gerichtet, seine besockten Füße ragten in die Höhe, die nackten Beine milchweiß.

In dieser Bucht lag Sand, fest und grau, aus urzeitlichen Grauwacke-Sedimenten, aus denen auch die glatten, kurzen Felsen hier bestanden. Über den Sand konnte man viel besser spazieren als über ihren Kiesstrand, deswegen ging sie lieber in dieser Bucht ins Wasser. Viel angenehmer unter den Füßen.

Und auch angenehmer unterm Bauch, wie es aussah. Sie beobachtete den Jungen eine Weile, aber er rührte sich nicht vom Fleck, nur sein dichtes, dunkles Haar wehte in der sanften Brise. Was auch immer er da anschaute, nahm seine ganze Aufmerksamkeit in Anspruch, denn er war still und starr wie ein Stein.

Zuerst versuchte sie, möglichst leise zu gehen, um ihn nicht zu stören und unbemerkt an ihm vorbeizuschleichen. Dann fiel ihr wieder ein, dass er taub war, sie also ohnehin nicht hören würde, sie könnte mit einer ganzen Blaskapelle an ihm vorbeimarschieren, er würde es nicht merken. Sie knurrte den Hund an und zeigte aufs Haus, nur zur Vorsicht, sodass er mit gesträubtem Fell seitlich in den Garten verschwand, wo er Ratten vermutete. Die Töle war echt ein Albtraum, vor allem, wenn man es am wenigsten vermutete. Nachdem sein hässlicher brauner Hintern um die Ecke verschwunden war, trottete sie weiter.

Sie war froh, dass der Hund nicht mehr bei ihr war, weil der Junge sich nämlich plötzlich umsah und sie entdeckte. Sie blieb stehen, als hätte er sie beim Klauen erwischt. Vielleicht hatte er ihre Schritte gespürt oder sie gewittert. Ihm standen die Haare zu Berge. Sein Gesicht war schmal, die Nase spitz, wie eine Maus sah er aus, doch an den großen Augen mit der Sorgenfalte dazwischen erkannte sie deutlich seinen Vater. Sie schob sich den Hut in den Nacken. Was für ein blasses Bürschchen er doch war, seine Haut fast durchscheinend. So ein Kind, das vermutlich auf dem Schulhof rumgeschubst wurde. So einer, der am Rand herumstand, allein spielte oder anderen zuschaute. Bei ihrem Anblick würde er sicher einen Schrecken bekommen und ins Haus flüchten. Sie wartete, bis er hektisch auf die Beine gekommen war. Die Tatsache, dass er auf dem T-Shirt, an den Beinen, ja eigentlich überall mit grauem nassem Sand verschmiert war, schien ihm offenbar nichts auszumachen, denn er klopfte sich nicht ab, sondern sah sie nur mit Telleraugen an.

Dann rannte er los. Auf sie zu! Überrascht trat sie einen Schritt zurück, denn der breit grinsende Junge hatte es so mordseilig, dass er beim Rennen den Sand aufwirbelte. Die Socken, grau und rot, schlabberten ihm um die Füße, klatschnass und zum Piepen komisch.

Schnaufend kam er schließlich vor ihr zum Stehen und ergriff ihre Hand. Vor lauter Überraschung hingen ihre großen Finger wie schlaffe Würstchen herunter. Erst als er an ihr herumzerrte, kam sie wieder zu sich. Er sah sie ernsthaft an, versuchte zu kommunizieren, lächelte eifrig. Sie konnte nicht anders, musste zurücklächeln, es überraschte sie selbst. Er zerrte weiter, offenbar wollte er etwas zeigen, wie sie jetzt verstand.

Komm mit! Hier lang!, wollte er ihr durch sein Zerren sagen.

Kichernd ließ sie sich mitziehen. Auf einmal kamen ihr die Stiefel sehr groß und plump vor.

»Warte!«, sagte sie, ohne nachzudenken, dann zog sie ihre Hand sanft zurück. Er sah sie fragend an. Seine nackten Knie waren von grauem Sand verkrustet, die Beine unglaublich dürr. Grace streifte ihre Stiefel ab, einer nach dem anderen plumpsten sie schlaff zu Boden.

»Ahh!«, rief sie, als ihre Füße den Sand berührten, ein Hochgenuss. Der Junge beäugte ihre Füße, lang und gebräunt, mit weißen Streifen von ihren Sandalen, dann hockte er sich kurzerhand hin, befreite sich von seinen nassen Socken, stand wieder auf und rannte voraus, im festen Vertrauen darauf, dass sie ihm folgen würde, was sie auch tat. Die ganze Zeit über versuchte sie, an ihm vorbeizuspitzen, um zu erkennen, wo er hinwollte. Irgendwann ließ er sich auf die Knie fallen und bedeutete ihr herzukommen und zu schauen, los, schnell.

Da war ein kleiner Felsbrocken, von Seetang überzogen, halb im groben Sand vergraben, doch an einer Seite hatte das abfließende Wasser eine Mulde geformt und sich jetzt ein Tümpel gebildet. Darin stocherte der Junge nun herum. Sie schob ihren Poncho aus dem Weg und tat es ihm gleich, spürte den kühlen, nassen Sand an den Beinen und die angenehme Dehnung am Fußrücken. Wie ein fetter Wurm durchwühlte sein Finger den Tümpel, er rupfte Seetang heraus, pulte dahinter herum, auf der Suche nach irgendwas. So konzentriert war er, dass er sie offenbar komplett vergessen hatte. Das passte ihr gut. Nachdem sie den Hut abgenommen hatte, damit die Sonne aufs Wasser scheinen konnte, saß sie still neben ihm und wartete. Ihre Beine berührten seine, so eng saßen sie beieinander, und sie spürte seine Anspannung.

Plötzlich entfuhr ihm ein kehliger Laut, ein Lachen oder ein Schrei, er zog abrupt die Hand aus dem Wasser und wich erschreckt zurück, um mit riesigen Augen zu verfolgen, wie sich der winzige gesprenkelter Fisch, der gerade unter den

Seetangfransen am Felsbrocken hervorgeschossen war, mit eifrigen Bohrbewegungen im Sand zu verstecken versuchte.

Grace rührte sich nicht. Der Junge hatte sich mit seinem mageren Körper an sie geschmiegt, mit der nassen Hand umklammerte er ihren Arm, wo sich das grobe Material ihres Ponchos verdrillt hatte, und starrte auf das kleine Ding, das mittlerweile fast verschwunden war. Als die Flunder sich mit einem letzten Zucken eine Sandschicht auf den Körper schaufelte und schließlich nicht mehr zu sehen war, atmete der Junge hörbar aus und sah Grace mit seinen großen Augen an. Sie nickte zustimmend, ja, sie hatte es gesehen, ja, wie toll war das denn bitte? Sein Staunen malte ihr ein Lächeln auf die Lippen.

Stumm beobachteten sie den jetzt wieder ruhigen, leeren Tümpel, bis sie spürte, dass der Junge sich entspannte. Er ließ ihren Arm los und beugte sich vor, um das Versteck des kleinen Fischs genauer unter die Lupe zu nehmen. Ohne sie anzusehen, tippte er ihr auf den Arm, sie solle ihm helfen. Also beugte auch sie sich vor und spähte auf die Stelle, wo die kleinen Kiemen flatterten, zwei winzige zuckende Striche verrieten seine Position. Sie spürte den Atem des Jungen auf ihrer Haut, warm. Sein Gesicht war so nah, seine Miene ein einziges Fragezeichen, als sie die Finger vorsichtig ins Wasser tauchte. Und sie bewegte.

»Soll ich?«, fragte sie.

Er nickte eifrig, ein bisschen ängstlich, und schmiegte sich erneut an sie, nur zur Sicherheit. Wieder spürte sie seine Hand auf ihrem Arm, er klammerte sich fest. Sie lachte leise.

Vorsichtig schob sie die Finger in den Sand und hatte das kleine Tier schon erwischt, bevor es fliehen konnte. Sachte hob sie es aus dem Wasser, hielt es von dem Jungen weg und wartete, bis die Sandkörner von seinem hübschen Rücken gerieselt waren und es nackt auf ihrem blassen Handteller lag. Der Junge wich ein wenig zurück, aber sein Blick war fest auf ihre Hand gerichtet, er umklammerte immer noch ihren Arm. Der Fisch zuckte nun, er versuchte, sich über die Kante zu manövrieren, suchte nach dem Meer, sodass sie die Hand krümmen musste, damit er nicht ausbüxen konnte. Sie machte ein bisschen auf Show, als wäre es richtig schwierig, den wendigen Fisch in der Hand zu behalten, und zuckte bei seinen kitzeligen kleinen Flatterbewegungen zusammen, bis der Junge wieder diesen schrägen Laut von sich gab, und diesmal war sie sicher, dass er lachte.

18

Evan und Luca stiegen langsam den steilen Hügel hinauf, gelegentlich stützten sie sich keuchend auf den Oberschenkeln ab, dann ging es weiter bergan, bis die ersten versprengten Scheunen und Verschläge den nahen Dorfkern ankündigten. Ein Bushaltestellenschild stand wie eine einsame Flagge vor dem mit Rollläden verschlossenen Postamt, eine Gruppe älterer Männer nutzte die geschützte Bank daneben als Zuflucht vor Wind und Gattin, zusammengekauert rauchend. Als sie näher kamen, verstummten die Männer schlagartig und beäugten sie neugierig. Frank war auch da, er hatte vor der Versammlung Hof gehalten und nickte ihnen jetzt zu. »Na?«, sagte er.

Die anderen Alten starrten weiter, ausdruckslos, sodass Evan sich auf einmal seines Gangs bewusst wurde, seiner Kleidung, seiner Frisur. Er spürte Luca näher an ihn heranrücken, er hatte den Kopf misstrauisch gesenkt, und Evan empfand die prüfenden Blicke der ganzen Gruppe als so unangenehm, dass ihm plötzlich siedend heiß wurde.

»Hi, Frank«, sagte er, während er seine Schritte beschleunigte. Luca würde hoffentlich mithalten.

»Das da dein Junge?«

Also doch stehen bleiben. Evan rang sich ein Lächeln ab und legte Luca die Hand auf die Schulter, *sein* Sohn. »Ja, genau. Das hier ist Luca.«

Die Männer glotzten Luca an. Luca sah auf seine Schuhe.

Immer dasselbe peinliche Theater, dachte Evan, als der den Mund öffnete, um sich zu erklären.

»Bisschen zurückgeblieben?«, fragte ein Fettsack mit Säufernase. Seine Miene verriet, dass er nur ein flüchtiges Interesse hegte.

»Was?«

»Behindert? Er sieht ein bisschen zurückgeblieben aus.«

»Nein, er ist nicht *zurückgeblieben*!« Evan war selbst erschreckt über seinen aggressiven Ton. »Er ist taub.«

»Aha.« Weises Synchronnicken.

Luca hatte immer noch den Kopf gesenkt. Beim Anblick seiner gebeugten Schultern und seines weißen Nackens schoss Evan die Hitze in die Wangen. Er ergriff Lucas Arm und zog ihn weiter, sein Lächeln festgetackert, und wünschte sich, es würde nicht immer so laufen.

»Hey-ho, Herzchen!«

Auf einmal war Becky da, sie hatte sich vor Luca hingehockt und grinste ihm so direkt ins Gesicht, dass beide einen überraschten Schritt zurückwichen. Sie hatte im geschützten Eingang des kleinen Ladens die Nachmittagssonne genossen, aber der Wortwechsel mit den Dorfbewohnern hatte sie sofort aktiviert.

Sie lächelte Evan zu, blieb aber vor Luca hocken. »Scher dich nicht um die alten Knallchargen. Keine Ahnung, wer Frank hier zum Bürgermeister ernannt hat, diesen ollen Oberarsch, der überall die Nase reinsteckt.«

Die letzten Worte waren lauter und über ihre Schulter hinweg an das skurrile Panoptikum gerichtet, deren Mitglieder ein amüsiertes Gackern ausstießen und einander beeindruckt von ihrer frechen Replik und dem Ausblick auf ihr üppiges Hinterteil in die Seiten knufften.

Becky richtete sich auf, stemmte die Hände in die Hüfte

und musterte sie missbilligend. »Und wo ist verdammt noch mal euer Abstand geblieben?«, fragte sie in einem Ton, den Evan mittlerweile kannte. »Eamon Logan, du sitzt deinem Nachbarn praktisch auf dem Schoß, während sich die armen Krankenschwestern zu Tode schuften, um uns alle zu retten!«

Frank hob den Finger, um etwas einzuwenden, doch Becky war ganz dicht an ihn herangetreten und sagte: »Mach nur so weiter, Frank! Du kennst die Regeln – ich kann dich unter Zwangsquarantäne stellen, wenn du dich nicht daran hältst!«

Von der Bank hinter ihm ertönten zustimmendes Gelächter und ein paar leise Pfiffe, Frank selbst griente fröhlich, endlich war mal was los hier. Er senkte den Finger, nannte sie eine echte Schreckschraube, genau wie ihre Mutter, was Becky sichtlich erweichte, als hätte er ihr ein Kompliment gemacht. Sie blieb allerdings stehen, bis die Männer sich murmelnd und schlurfend verteilt hatten, um dann abrupt zu Luca herumzuwirbeln.

Mit einem energischen Handgriff zerrte sie ihre Jeans über den Bauch, bis sie wieder bequem saß, dann hob sie den Finger. »Moment mal!«, sagte sie, und alle harrten schweigend der Dinge, die da kommen mochten.

Sie biss sich auf die Lippe und kniff konzentriert die Augen hinter den Brillengläsern zusammen. Evan fiel auf, dass heute kein Abdruck darauf prangte. Sie beugte sich zu Luca vor. »Ich bin Becky«, buchstabierte sie mit den Fingern.

Dann straffte sie den Rücken, lächelte und nickte eifrig, als würde ihr Enthusiasmus zur Verständigung reichen.

Luca spähte zu Evan, der lächelte und rasch »Becky« gebärdete.

Luca errötete und gebärdete »Luca« mit langsamen Fingerbewegungen.

Ein kurzes Zögern, Becky hatte die Augen wieder zusammengekniffen. »Lucy? Luca?«, fragte sie Evan schließlich und grinste, als er nickte.

»Na, wer hätte gedacht, dass man an der Schule auch was Nützliches lernt. Hab einen Enrichment-Kurs belegt, Gesundheit und Sozialkunde, aber das ist schon ewig her.«

Sie wandte sich wieder dem Jungen zu und machte das Zeichen für Süßigkeiten, eine Drehung des Zeigefingers am rechten Mundwinkel, woraufhin er grinste, nickte und ihr, ohne auf seinen Vater zu warten, in den Laden folgte. Die Männer auf der Bank zogen genüsslich an ihren Zigaretten und sahen den beiden hinterher.

»Netten Arsch hat das Mädel, kannste nicht meckern«, hörte Evan einen von ihnen murmeln, nachdem Becky verschwunden war, aber so leise, dass niemand antwortete.

Im Laden lief *Madame Butterfly*. Evan zeigte Luca das kleine Becken und bedeutete ihm, dass er sich dort die Hände waschen müsse. Becky machte sich summend daran, etwas auf den Tresen zu sprühen und ihn abzuwischen.

»Gehört dir der Laden?«, fragte Evan, weniger aus Interesse als aus Dankbarkeit.

»Nee, meinem Onkel«, erwiderte sie, ohne ihn anzusehen, ihre Stimme zitterte von ihren energischen Wischbewegungen. »Wohnt jetzt drüben in Irland, kümmert sich nicht mehr drum.« Sie hielt inne und betrachtete die Kaugummiauslage neben sich. »Hält den Laden wahrscheinlich nur noch wegen mir am Laufen, wenn ich jetzt darüber nachdenke. Geht ganz gut, hält uns im Sommer über Wasser, mit Eimern und Schaufeln und dem ganzen Strandkram. An den Einheimischen verdienen wir jedenfalls kein Vermögen, so viel ist klar.«

Kopfschüttelnd polierte sie weiter.

Luca hatte sich die Hände abgetrocknet und schlenderte

bedächtig am Schokoladenregal entlang, betrachtete die Auslage mit abwägenden Blicken, obwohl er, wie Evan wusste, am Ende sowieso ein Crunchie nehmen würde.

»Also, ich finde, du machst das echt gut«, sagte Evan aufrichtig. Sie antwortete zwar nicht, aber er sah ihr Lächeln, als sie sich mit dem Lappen der Kasse näherte und begann, die Tastatur zu wienern.

»Was ist eigentlich mit der Frau in dem kleinen Haus unten, in der Bucht neben meiner?« Er lehnte sich an den Tresen und sah seinem Sohn dabei zu, wie er versuchte, unter den bunten Verpackungen einen Riegel auszuwählen.

Becky räumte das Spray weg, schob sich eine Strähne hinters Ohr und musterte ihn abschätzend. »Wer? Meinst du Grace?«

»Ja«, sagte er.

»Was soll mit ihr sein?«

»Ist nur, weil Frank meinte, na ja, irgendwas, dass sie nicht ganz normal wäre.«

Becky schnaubte abfällig und fixierte ihn. »Wer ist das schon, normal?«, erwiderte sie. »Bei Grace ist alles in bester Ordnung, das kannst du mir glauben. Ist nichts Schlechtes dran, wenn man ein bisschen anders ist, oder?«

Bei diesen Worten warf sie einen vielsagenden Blick auf Luca.

Unter ihrem strengen Blick schüttelte Evan den Kopf und war froh, als der Junge ihn am Ärmel zupfte, ein Crunchie und ein Milky Way in der Hand, die er offenbar auf den Tresen legen wollte.

Er zögerte, Becky allerdings nicht.

Stopp! Nur einen, gebärdete sie, entschärfte ihre strenge Ansage aber mit einem Lächeln.

Luca verzog das Gesicht und streckte ihr die Zunge raus,

woraufhin sie lachte und es ihm gleichtat. Sie und Evan sahen zu, wie Luca das Milky Way zurück ins Regal legte und dabei gleich mal Ordnung machte, indem er die Süßwaren akkurat ausrichtete.

»Auweia, jetzt musst du sie alle desinfizieren«, sagte Evan halb im Scherz, doch Becky nickte zustimmend und stützte betont die Ellbogen auf dem Tresen ab, um zu warten, bis sie den Laden verlassen hatten.

»Wie lange bleibt er hier?«

»Wer? Luca?« Evan seufzte. »Wie lange bleiben wir alle hier?« Er betrachtete seinen Sohn. »Na, zumindest, bis dieses Lockdown-Ding vorbei ist. Wenigstens ist er auf dem Land. Bisschen frische Luft. Er hat die letzten drei Wochen mit seiner Mutter in einer Sackgasse festgesessen, sie konnten nicht mal vor die Tür.«

»Du lieber Himmel.«

»Ich weiß, er hat sich zu Tode gelangweilt. Aber sie ist systemrelevant oder wie die das jetzt nennen, also bleibt er die nächste Zeit wohl hier bei mir.«

»Och, er vermisst sie sicher, der Arme«, sagte Becky sanft und lächelte dem Jungen zu.

»Keine Ahnung«, hörte Evan sich sagen. »Er ist ein komischer kleiner Kerl. Zeigt keine Gefühle. Ist oft in sich versunken. Kapselt sich manchmal komplett ab. Vielleicht ist er tatsächlich ein bisschen autistisch?«

Auf einmal schwieg Evan verstört, nicht sicher, warum er das laut gesagt und wie lange er es schon vermutet hatte. Becky zog ein verwundertes Gesicht, dann betrachtete sie den Jungen, der sich, die Hand auf dem Tresen, die Regale und Lichter im Laden ansah.

»Ich würde mich auch hin und wieder abkapseln, wenn ich nichts hören könnte«, sagte sie leise.

Das Orchester setzte zum großen Höhepunkt an. Madame Butterfly sang aus vollem gebrochenen Herzen, bereit, ihr Leben auszuhauchen. Der Junge sah Becky an und gebärdete langsam, schob die Finger auf seinem erhobenen Handteller vor und zurück.

»Musik«, sagte Evan.

Sie lachte entzückt. »Woher weiß er das?«

Evan lachte auch, zuckte die Achseln. Woher weißt du das?, gebärdete er.

Luca ergriff seine Hand, legte sie auf den Tresen, hielt sie dort fest. Die wunderbare Stimme schwang sich auf, malte ihren Gram, begleitet vom Klang des Orchesters, ein tiefes, sonores Vibrieren. Er wartete, der Junge hatte ihn fest im Blick. Seine Fingerspitzen kribbelten leicht. Erstaunt sah er seinen Sohn an.

»Wow«, flüsterte Evan. »Er kann es fühlen.«

Becky nickte lächelnd, als hätte sie gerade etwas bewiesen. »Frag ihn, ob er einen Job möchte«, sagte sie.

19

Das beschissene Quad wollte einfach nicht anspringen.

Da stand sie nun, hatte alles aufgeladen, abfahrbereit, voller Vorfreude, mit dem Ding über Stock und Kieselstein ins Dorf zu heizen, wo um neun der Bus abfuhr. Sie wollte beim Postamt in der Stadt die Pakete mit den Bestellungen aufgeben, dann wäre ihre Arbeit für diese Woche erledigt. Aber als sie den Zündschlüssel drehte, röchelte der alte Schrotthaufen ein paarmal vor sich hin und krepierte dann mit einem letzten, siechen Rülpser. Sie verfluchte das blöde Drecksteil, das da jetzt breit und brammig rumstand wie ein beschissener Frosch, dann ließ sie sich genervt ins taufeuchte Gras vor ihrem Verschlag fallen und überlegte, was zu tun war.

Entweder sie latschte zur Farm und fragte Carmichael, der sich vielleicht irgendwann bequemen würde, das Ding zu reparieren, lahmarschig und bräsig wie die Milchkühe, die er zweimal am Tag zum Melken über die Straße trieb, oder sie könnte sich mit jugendlichem Elan dazu aufschwingen, die beiden Taschen auf die altmodische Tour zu Fuß ins Dorf zu schleppen. So richtig schwer waren sie nicht.

Sie entschied sich für die zweite Variante und lud die Taschen wieder vom Quad herunter. Wenigstens war sie zur Abwechslung mal früh dran und würde es ohne große Hetzerei pünktlich zum Bus schaffen. Sie ging ins Haus, um ihr Handy zu holen. Der Hund jaulte an der Küchentür, sie knurrte ihm zu, er solle Ruhe geben. »Hau ab und leg dich irgendwohin!«, kläffte sie ihn an, woraufhin er sich trollte und sie die Tür heftiger als nötig zuknallte. Dann stapfte sie wieder auf das kleine Quad zu. Die beiden Taschen standen wie Felsblöcke daneben, eine hatte oben eine Delle, die aussah wie ein feixendes Grinsen. Sie schob das Handy in die Manteltasche, da waren so befremdliche Dinger drauf, QR-Codes, die Abbie in ihrem kleinen Apartment herbeigezaubert hatte, damit Grace sie bei der Post vorzeigen konnte. Die Hände in die Hüfte gestemmt, beäugte sie die Taschen, die jetzt, wo sie auf dem Weg standen, auf einmal größer wirkten. Der alte Ziegenbock spitzte mit seinen schlauen Bocksaugen zwischen den Gattersprossen hervor und flappte ein Ohr nach hinten, um es sich von der Morgensonne wärmen zu lassen.

Grace bückte sich, um die schwerere Tasche – sie enthielt einen Doppelquilt, der nach England gehen sollte – auf ihre gesunde Schulter zu hieven. Mit theatralischem Stöhnen ging sie in die Knie und angelte, jetzt schon schwer beladen, nach der zweiten Tasche – Seetangpäckchen aus *Gracies Kitchen*, die sie sich über die andere Schulter schwang, die linke, die ihr wehtat.

»Auf gehts, ihr kleinen Miststücke«, sagte sie und machte sich auf den Weg. Ihr war schon jetzt heiß.

»Keine Eile, Gracie, du hast noch viel Zeit«, redete sie sich gut zu, während sich der Gurt der schwereren Tasche in ihre rechte Schulter grub. Schweiß lief ihr über den Rücken.

»Herrje«, sagte sie. Sie war noch nicht mal an der Ecke. Jetzt wünschte sie, sie hätte eine Flasche Wasser dabei, wie die Städter, die immer eine mitschleppten, egal, wohin sie gingen. Wasserflasche in der einen Hand, das verdammte Handy in der anderen. Sie hörte sich knurren, spürte, wie sich der Laut zwischen ihren Zähnen hindurch nach draußen drängte, und ermahnte sich scharf. Nur irre alte Schreckschrauben führten

Selbstgespräche. Sie ruckte die Taschen höher, dahin, wo es nicht so schmerzte, und presste fest die Lippen zusammen.

Die Morgensonne briet sie langsam gar, während sie den Weg entlangstolperte, keuchend wie ein Hund.

Nicht zu schaffen.

Nicht zu schaffen.

An der Ecke ließ sie die große Tasche fallen und rieb sich die Schulter. Der Quilt kostete ein kleines Vermögen, aber wenn sie das Teil ganz bis zum Bus schleppen musste, würde sie einen Herzinfarkt bekommen. Während sie nachdachte, die Hände in die Hüfte gestemmt, ihr Körper dampfend, flog weiter unten die Tür des vermieteten Hauses auf, und der Junge, der taube, kam herausgeschossen.

Sein Vater nahm sofort die Verfolgung auf, erwischte ihn an der Schulter, wirbelte ihn herum und schüttelte ihn. Der Kopf des Jungen flog vor und zurück.

»Das war völlig unnötig«, murmelte sie und blieb stehen, um die beiden zu beobachten.

Der Junge stand mit gebeugtem Kopf vor Evan, der aufgeregt die Finger flattern ließ. Natürlich hatte sie keine Ahnung, was er da von sich gab, aber die Art, wie die beiden voreinander standen, sprach Bände. Das Kind hatte die Schultern bis zu den Ohren hochgezogen, die Finger seines Vaters sah es nicht an. Die Hände hatte der Junge in den Hosentaschen vergraben, als wollte er sie wegsperren, damit sie nicht aussprechen konnten, was sie sagen wollten. Der Vater hatte eine finstere Miene aufgesetzt, er beugte sich näher zu seinem Sohn vor, die Stirn in tiefe Falten gelegt. Er wackelte noch ein bisschen mit den Fingern herum, bis der Junge endlich den Kopf hob, ihn anstarrte und einen gepressten Laut hervorstieß, den sogar sie hören konnte.

»Nnnnain!«

Dann stieß er seinen Vater weg und lief davon.

»Kleiner Teufel!«, sagte sie leise.

Der Mann warf die Arme in die Luft und blickte mit verzerrter Miene gen Himmel. »Verdammte Scheiße!«, rief er, so laut, dass die Möwe über ihm einen großen Bogen machte.

Der Junge sprang auf den Kiesstrand und rannte weiter, Steine flogen, er knurrte, derselbe kehlige Laut, den er zuvor ausgestoßen hatte. Natürlich kam er nicht weit, vor ihm lag nur das Meer, zu beiden Seiten ragten die hohen Felsvorsprünge auf, die die kleine Bucht selbst an stürmischen Tagen schützten, aber er rannte trotzdem weiter. Er war ihr vertraut, dieser Drang abzuhauen, irgendwohin, nur weg von hier. Sie empfand Mitgefühl mit ihm, wie er rutschte und stolperte, ungelenk wie ein junges Fohlen. Als er fast die große dunkle Felswand erreicht hatte, verlangsamte er sein Tempo und blieb schließlich stehen, wandte sich um und starrte hinaus aufs Meer, gefangen und fuchsteufelswild und laut stöhnend wie der Esel, wenn er nach Polo-Minzdrops suchte.

Auch dieses Gefühl war ihr vertraut.

Allein beim Gedanken daran stieg ihr Adrenalinspiegel. Entschlossen hievte sie sich die Taschen auf die Schultern und schlappte weiter, den Kopf gebeugt, als hätte sie nichts gesehen. Als sie wieder aufblickte, stand der Vater im Türrahmen, raufte sich abwesend die Haare, seinen Sohn fest im Blick. »Himmelarsch!«, sagte er laut.

Sie brummte ihm einen Gruß zu und setzte ihren Weg fort.

»Schauen Sie sich das an«, sagte er mit hoher Stimme.

Sie tat wie geheißen und nickte dann unbeeindruckt, ja, habs gesehen, na und?

Evan schüttelte den Kopf.

Grace trottete weiter. Hatte ihre eigenen Sorgen, und eine davon schnürte ihr gerade die Schulter ab.

»Schauen Sie sich das an!«, rief er ihr hinterher. »Man sollte meinen, ich würde ihn foltern oder so was, nur weil ich ihn bitte, an die beschissene frische Luft zu gehen, der kleine Mistkerl! Gottverdammt.«

Langsam wandte sie sich um und sah ihn an. Sie fand es wirklich beeindruckend, wie seine Sprache aufblühte, wenn er sich nicht im Griff hatte. Vor lauter Aufregung saß ihm die Brille ganz schief auf der Nase, mit seinem abstehenden Haar sah er aus wie ein Haubentaucher. Aber sie würde sich nicht einmischen. Sie hob das Kinn, um zu signalisieren, dass sie ihn gehört hatte, verzog den Mund zu einem Strich und ging weiter, ließ ihn einfach stehen, leise fluchend.

Im Gehen beobachtete sie den Jungen, der jetzt die über ihm aufragende Felswand studierte. Sie sah ihn zögerlich die Hand ausstrecken, wo die glatte Fläche einen Knick hatte. Sie wusste, wie sich das anfühlte unter seinen Fingern, das Felsgestein, kühl und glitschig, noch feucht vom ablaufenden Meer, trügerisch. Sie sah ihn ein Bein anheben, hoch, sein ganzer Körper stemmte sich vor, der Zeh tastete auf Hüfthöhe nach einer Spalte, zu klein, um sie von hier aus zu erkennen. Er warf keinen Blick zurück. Das war kein Bluff. Er zog sich hoch, stand jetzt nicht mehr auf dem Kies, kletterte weiter.

»Jesses am Balken«, sagte sie leise. »Will der kleine Rotzlöffel doch tatsächlich da hochkraxeln.«

Sie ging weiter, den Jungen immer im Blick, wie er hoch- und höher kletterte, darauf gefasst, dass er gleich abrutschen und in einem wütenden, verletzten Häufchen Elend im Sand unter sich landen würde, doch er kletterte weiter. Wie eine Spinne, den Arm nach dem nächsten Griffpunkt ausgestreckt.

Grace blieb stehen, ließ die Taschen fallen und rieb sich abwesend die Arme.

Ein mageres Bein tastete sich vor, der Zeh suchte hier und dort im Fels nach Halt, während der Junge kurz mit dem gesamten Körpergewicht an den Fingern hing, um dann wie ein X ausgestreckt an der haushohen Wand zu hängen, nur von den Fingerkuppen und den äußersten Spitzen seiner Sneaker gehalten.

Der Vater kam hinter ihr hergerannt, Grace musste gar nicht hinsehen, sie hörte das plumpe Klatschen seiner Schritte auf dem Sand, er bewegte sich genauso ungelenk wie sein Sohn. Offenbar wollte er sich schnell unter seinem Kind positionieren, um es aufzufangen, falls es abstürzte, oder zumindest den Aufprall abzufedern. Der Junge aber hatte den Blick stur nach oben gerichtet, auf den Rand des Felsens, das Ziel seiner Kletterpartie. Was neben oder unter ihm passierte, interessierte ihn nicht. Er hob die Hand, fand Halt, hob den Fuß, stemmte sich hoch, voll auf das konzentriert, was er hier tat, die Aufmerksamkeit nur auf den nächsten Griff im Felsen gerichtet. Bei jeder Anstrengung zeichnete sich sein kleiner knochiger Hintern unter den Shorts ab, seine Knie waren sicher schon komplett aufgeschürft.

»Schau dir das an«, sagte sie kopfschüttelnd.

Jeder andere Vater hätte mittlerweile hysterisch rumgebrüllt, aber dieser hier wusste, wie sinnlos das war. Stattdessen verwendete er all seine Energie darauf, die Felswand zu erreichen, bevor sein Sohn abstürzte.

»Scheiße!«, hörte sie ihn murmeln, mehr sagte er nicht.

Der Junge legte mittlerweile ein eindrucksvolles Tempo vor – tasten, hochziehen, Zehenhalt suchen, strecken. Es sah allmählich aus, als könnte er es tatsächlich schaffen.

»Oha!«, entfuhr es ihr, als sein Fuß plötzlich abrutschte. Dann bemerkte sie, dass sie sich wie eine alte Dame die Hand vor den Mund geschlagen hatte, und senkte sie rasch wieder.

Der Junge hatte sich indes wieder berappelt und legte eine kleine Pause ein, dann kletterte er weiter, fast oben, fast am Grasbuckel und in Sicherheit ... Aber da riss Grace sich von dem Spektakel los. Sie hatte zu tun, musste heute noch was erledigen, Lockdown hin oder her.

Sie sah auf die Uhr. Verdammt, es war schon spät.

Als sie wieder nach oben blickte, hatte der Junge tatsächlich sein Ziel erreicht, hielt aber nicht etwa inne, sondern krauchte wie ein Affe auf allen vieren weiter, immer noch wütend, während sein Vater sprachlos unten stand, die Hände in die Hüfte gestemmt, den Kopf im Nacken.

Sie lachte kopfschüttelnd. Der hatte einen langen Weg vor sich, wenn er seinem Sohn auf dem kleinen Pfad hinterhermarschieren wollte. Es sah allerdings nicht so aus, als hätte er das vor, denn er spähte immer noch die Felswand hoch, als würde sein Sohn da gleich wieder runterkommen. Nein, Evan legte den Kopf schief, es sah aus, als überlegte er, ebenfalls hochzuklettern. Vielleicht zog er das ernsthaft in Erwägung, womöglich als neue Suizidvariante. Dieser bebrillte Volltrottel war zu allem fähig.

In der Zwischenzeit hatte Grace natürlich den Bus um neun verpasst und war jetzt gezwungen, den Fahrer vom Expressbus um halb zehn dazu zu nötigen, sie mitzunehmen, obwohl der eigentlich nur Pflegepersonal zum städtischen Krankenhaus brachte. Wiederum hievte sie sich die Taschen auf die Schultern und trottete gen Dorfplatz. Dabei sah sie aus den Augenwinkeln, dass der Mann zu ihr herüberschaute.

»Wenn ich ihn sehe, schicke ich ihn nach Hause«, rief sie ihm über ihre Schulter hinweg zu, und er hob müde die Hand.

Aber der Junge war nicht ins Dorf gegangen. Als Grace um die Ecke bog, hockte er hoch oben über ihr auf dem Felsen wie einer dieser heiligen Affen, die man im Fernsehen zeigte. Sie verrenkte sich beim Hochschauen fast den Hals, da war er, eine dunkle Silhouette, die sich gegen das Licht der Morgensonne abzeichnete, offensichtlich immer noch wütend.

Der Junge war zwar ein magerer Hering, aber er konnte was.

Mit erhobener Hand signalisierte Grace ihm, zu ihr herabzusteigen. Er glotzte sie an, rührte sich nicht von der Stelle. Sie fuchtelte aggressiver herum, als würde sie ihren Hund herbeizitieren oder dem Esel eins überbraten, damit der weitertrottete, ungefähr so. Und es wirkte. Der Junge rutschte langsam herunter, nutzte Vorsprünge und Ausbuchtungen als Stufen. Auf dieser Seite war die Felswand leichter zu bewältigen, hier fiel sie von der grünen Kuppe weg sanft nach unten ab und war nicht so glatt wie dort, wo er hinaufgeklettert war. Die letzten Meter übersprang er einfach, kam sicher vor ihr zum Stehen und sah sie erwartungsvoll an. Das gefiel ihr außerordentlich. Blöd war der Junge nicht.

Sie ließ die große Tasche mit dem Quilt von ihrer Schulter gleiten, sodass sie, welch Erleichterung!, schwer zu Boden plumpste. Sie hielt ihm einen weichen Korbhenkel hin und unterstrich ihr Anliegen mit erhobenen Brauen. Er griff zu. Grace lächelte ihn an, plötzlich aufrichtig dankbar. Jetzt war es leicht, sie trugen die schwerere Tasche gemeinsam, jeder einen Henkel, die leichtere hing an ihrer stärkeren Schulter. Er hatte zwar dürre Arme, war aber offenbar stark genug, denn es kamen keine Klagen, er hatte den Blick nach vorn gerichtet und trottete neben ihr her. Es tat gut, keine Unterhaltung führen zu müssen. In stiller Eintracht nahmen sie die letzten steilen Meter, keuchend, die Last gemeinsam geschultert.

Als sie alles an der Bushaltestelle abgestellt hatten, kramte Grace in ihrer Tasche nach Kleingeld, damit er sich zur Belohnung Süßigkeiten kaufen könne. Aber er reagierte nicht, sondern ließ sich auf die Plastikbank fallen und die Beine baumeln. Seine Miene hatte sich wieder verfinstert, unglücklich spähte er auf den leeren Platz. Seine Knie waren schmutzig und aufgescheuert. Dunkelrot und schwarz.

Sie zuckte theatralisch die Achseln, was ist los? Aber natürlich würde sie seine Antwort nicht verstehen, daher blickte er zu Boden, sein betrübtes Gesicht fast gramgealtert.

Da zog sie ihr kleines Handy aus der Tasche und drückte auf den Knopf, um das Ding aufzuwecken. Der Anblick ihres altmodischen Plastikknochens schien Luca zu erheitern, daher fuchtelte Grace noch eine Weile damit herum, bis er sie spöttisch angrinste und ein doppelt so großes Gerät hervorzog, schlank und grau und dünn wie eine Schiefertafel. Das präsentierte er ihr mit vielsagendem Blick, so sehen Handys aus und nicht wie dein alter Oschi.

Grace legte den Kopf schief und musterte ihn, bis sein Grinsen erstarb. Auf seiner Nase hatten sich erste Sommersprossen gebildet. Seine entsetzlich blauweiße Haut nahm langsam Farbe an.

Wie Abbie es ihr gezeigt hatte, tippte sie etwas in die kleine grüne Sprechblase.

Alles okay?

Sie hielt ihm das Gerät unter die Nase.

Plötzlich war da wieder dieses Grinsen, und seine Daumen bewegten sich blitzschnell über seine Tastatur.

Nicht okay, ok

Grace tat ganz erstaunt und bemühte sich umständlich, das Handy so zu halten wie er, damit sie mit den Daumen tippen konnte statt mit einem zögerlichen Finger. Dabei trug sie richtig dick auf, schob die Zunge zwischen die Zähne, was Luca sichtlich amüsierte.

Besserwisser, schrieb sie, und als sie es ihm zeigte, machte er wieder dieses gepresste Geräusch, das ihr so gefiel. Sie knuffte ihn sanft in die Seite, damit er ihr Platz machte. Laut Handyuhr blieben ihr noch fünf Minuten, bis der Express hier durchsauste.

Wie heißt du?

Luca du?

Grace. Ohne Satzzeichen versteh ich kein Wort.

Du bist 1 lahme NT

Wr 1 lngr Stz

Sie grinsten einander an und überlegten, was sie als Nächstes schreiben sollten.

Grace tippte zuerst.

Lange hier?

Zu lang

?

Luca zuckte die Achseln.

Blöd hier?

😪 Dad = idiot

Wie gehn smileys?

Der Junge zeigte ihr, wie man Emojis postete. Danach schickten sie einander Flaggen und Katzen und Autos und Torten, bis Grace auffiel, wie spät es schon war.

Will in die stadt, danke fürs tragen

😇 No probs

Sie kramte ein paar Münzen hervor. »Hier«, sagte sie und ermunterte ihn mit einem Lächeln, doch er schüttelte grinsend den Kopf und zeigte auf ihr Handy. Hinter ihnen verkündete ein Brummen auf Höhe von Marty Clancys Haus, dass der Bus kam.

Zögerlich rückte Grace es raus.

Lucas Daumen huschten blitzschnell über die Tastatur. Als

der Bus schon fast an der Haltestelle war, fuchtelte sie hektisch vor ihm herum – schnell, gibs mir zurück –, und er gehorchte. Ein rascher Blick verriet ihr, dass er seinen Namen und seine Nummer eingetragen hatte, direkt unter Abbie, der einzige andere Kontakt in ihrer Liste. Jetzt konnte sie mit ihm kommunizieren, genau wie mit Abbie.

Rasch tippte sie: Nicht nachmachen!!!, und drückte auf Senden.

Dann sprang sie auf, wuchtete sich die Taschen auf die Schultern und stellte sich ohne einen Blick zurück mitten auf die Straße, mit dem Hut, dem aufgebauschten bunten Mantel und den beiden vollgestopften Taschen war sie riesig, unübersehbar, so breit wie hoch. Der große Bus aus Glassford kam im Affenzahn um die Ecke gebrettert, das Tempolimit war dem Fahrer wie immer schnuppe, und so kam er mit quietschenden Reifen, grell schallender Hupe und automatisch aufblinkenden Warnlichtern auf Grace zugeschliddert. Alle Fahrgäste hoben jäh den Blick. Während der Fahrer ob des abrupten Bremsmanövers ruckartig vor- und zurückgeschleudert wurde, blickte Grace ihm fest in die über seiner Maske aufgerissenen Augen. Nur wenige Millimeter vor ihren Stiefelspitzen kam der Bus schließlich zischend zum Stehen.

Sie nickte streng, wurde auch Zeit, und fuchtelte vor dem Fahrerfenster mit ihrer Monatskarte herum. Der Mann schüttelte fassungslos den Kopf, öffnete aber die Tür. Sie stapfte die Stufen hoch, und während sie unter lautem Ächzen ihr schweres Gepäck durch den schmalen Aufgang hinaufhievte, ignorierte sie geflissentlich sein Geschimpfe und die bösen Blicke der Fahrgäste.

In aller Seelenruhe zwängte sie sich und ihre Habseligkeiten auf den vordersten Platz, dann erteilte sie ihm mit einer herrischen Kopfbewegung die Erlaubnis weiterzufahren.

Mit einem letzten Kopfschütteln legte der Mann den Gang ein und fuhr wieder los, als aus Grace' Mantel ein zarter Ton kam. Sie tastete ihre Taschen ab, stieß auf das kleine Handy und zog es hervor.

😮 Coole Oma!

Sie schob das Gerät zurück und machte es sich auf dem Sitz bequem. Während Weiden und Zäune an ihr vorbeiblitzten, sah sie ihr zartes Spiegelbild im Fenster sanft lächeln.

20

»Becky! Hilfe! Ich hab kein Internet!«, rief Evan.

Sie kniete zwischen den Regalen, Luca neben ihr. Ihre Maske war mit dicken weißen Gummibändern hinter ihren Ohren befestigt. Sie erklärte dem Jungen gerade, wie er jede einzelne Konservendose zu desinfizieren und ordentlich wieder zurückzustellen hatte. Aus den Lautsprechern wallte und schwallte irgendein unbekannter, unnötig lauter Choral, ein pelagisches Lamento epischen Ausmaßes, das einem die Luft zum Atmen nahm und sämtliche anderen Geräusche erstickte. Weder hatte Becky die Ladenglocke bimmeln gehört noch seinen Hilferuf, und falls Luca ihn aus den Augenwinkeln bemerkt haben sollte, hatte er offenbar beschlossen, darüber Stillschweigen zu bewahren.

Evan sah, wie sein Sohn akribisch eine Dose mit Spaghetti bolognese ausrichtete, damit das Etikett exakt so stand wie das der Regalnachbarn, woraufhin Becky ihm die Hand tätschelte und ihn mit gerecktem Daumen lobte. Luca arbeitete nun schon seit drei Wochen hier, stand jeden Morgen klaglos auf und rannte, kaum dass er gefrühstückt hatte, in der strahlenden Morgensonne den Hügel hinauf. Es schien ihm immense Befriedigung zu verschaffen, sich im Laden nützlich zu machen, obwohl er selbstverständlich im Haushalt grundsätzlich keinen Finger rührte.

»Fünf Uhr«, sagte ein Mann laut und stellte seinen Einkaufskorb neben ihm auf den Tresen.

»Wie bitte?«

»Um fünf haben Sie Internet, so bis acht. Falls Sie Grace' Mieter sind.«

Der Mann trug mehrere Hemden übereinander, seine Füße steckten in schlammverspritzten Gummistiefeln, aber die Augen über seiner Maske wirkten einigermaßen freundlich.

»Verdammt, das reicht nicht.« Kaum hatte Evan das ausgesprochen, fiel ihm auf, wie schrill und hysterisch seine Stimme klang. Als er sich näher zu dem Mann vorbeugte, flappte das Kabel seines Laptops gegen sein Fußgelenk. »Ich habe gleich ein Zoom-Meeting, und da unten im Haus geht gar nichts!«

Der Mann tippte sich entschuldigend ans Ohr und hob bedeutungsvoll den Blick zur Decke, wo tief die Bässe brummten. Dann ließ er den Korb stehen, bedeutete Evan mit einem Nicken, dass sie draußen weiterreden könnten, und wandte sich zum Gehen. Evan machte ihm dankbar Platz und folgte ihm aus dem Laden.

»Mannomann, die Frau ist eine Gefahr für die öffentliche Gesundheit«, sagte der Mann, als die Tür hinter ihnen zufiel und das fürchterliche Gezeter endlich verstummte.

Nachdem er sich die Maske von den Ohren gefummelt hatte, stieß er einen Seufzer der Erleichterung aus. Er hatte die gesunde gebräunte Gesichtsfarbe eines Menschen, der viel Zeit in der freien Natur verbrachte, und ein offenes Lächeln.

»Meine Frau ist schwanger«, sagte er, als würde das irgendwas erklären. »Sonst würde ich die nicht aufsetzen.«

Evan hielt ihm den Computer unter die Nase.

»Haben Sie 'ne Ahnung, ob ich irgendwo besseren Empfang bekomme?«

Der Mann runzelte die Stirn.

»Es ist echt wichtig, sonst würde ich hier nicht wie angestochen rumrennen ...«

In der Früh, direkt nach dem Aufwachen, hatte ihn eine Mail von John erreicht. In seinem neuerdings knappen Ton verlangte er, dass Evan sich in einer halben Stunde zu einer dringenden Zoom-Konferenz einfinden möge, kein *Kumpel*, kein *Bitte*, kein *Danke*.

Der Mann nickte bedächtig, dann hob er den Ellbogen. »Simon Carmichael«, stellte er sich vor. Seine Stimme klang ruhig und entspannt. Er war ungefähr so alt wie Evan.

Der musste sich dazu zwingen, ruhig zu atmen und den Aufruhr in seinem Bauch unter Kontrolle zu bringen. Es dauerte eine Weile, bis er die Geste mit dem Ellbogen verstanden hatte und einschlug.

»Evan Moore. Tut mir leid, dass ich Sie beim Einkaufen störe ...«

»Ha, bei Becky darf man's mit dem Einkaufen nicht eilig haben. Nee, nee«, sagte Simon.

Die beiden beäugten einander. Evan hielt den Atem an, und irgendwann schien Simon eine Entscheidung getroffen zu haben, denn er wies mit einer Kopfbewegung auf die dunkle, mit Rollläden verschlossene Fensterfront des Dorfpubs, der einsam und verlassen auf der gegenüberliegenden Straßenseite lag, die in Körben davor baumelnden Pflanzen vertrocknet und blütenlos, das Schild sanft in der Meeresbrise knarrend.

»Komm, wir reden mal mit Paddy.«

Evan folgte dem stattlichen Mann, der trotz seiner Gummistiefel sicheren Schritts seitlich am Haus vorbeimarschierte und vor einer kleinen, ziemlich mitgenommenen Hintertür stehen blieb. Sein Klopfen klang wie ein Morsecode, er legte eine Pause ein, dann wiederholte er die Sequenz. Mit den

Händen in den Hosentaschen sah er Evan an, der unsicher lächelte. Es ertönte ein Krachen, gefolgt von einem Scharren, dann schob sich die dicke Tür einen Spaltbreit auf und entließ den Geruch von schalem Bier aus der Trübnis in den strahlend sonnigen Tag.

»Paddy. Hier ist unser neuer Nachbar, er braucht Hilfe.«

Kurzes Schweigen. Dann: »Hm, da kann ich nichts machen, Simon, du weißt doch, dass der Pub dicht ist.«

Simon wiegte sich auf den Gummistiefeln, ein Ausbund an Freundlichkeit und Wohlwollen. »Ach, komm schon, Paddy, der ist in Ordnung, lass ihn rein. Er wird sicher was dazu beitragen, dass du dich hier noch ein bisschen über Wasser halten kannst, stimmts, Ev? Will nur das WLAN nutzen, stört auch niemanden.«

Evan hasste es, wenn man ihn »Ev« nannte, es klang wie ein Schluckauf, doch er nickte eifrig. »Natürlich zahle ich was fürs Internet, gar kein Thema. Dauert auch nicht lange, nur ein schnelles Meeting, wissen Sie?«, fügte er rasch hinzu.

Wie peinlich, dass seine Stimme immer noch so schrill klang, hysterisch, aber er musste dringend mit John sprechen. Wieder trat eine Pause ein, die hier offenbar grundsätzlich zum Nachdenken gebraucht wurde. Er konnte immer noch niemanden im Inneren erkennen, daher verlegte er sich darauf, eine freundliche Miene aufzusetzen. In seiner Vorstellung bewachte ein Troll namens Paddy hier das Tor zu einer grässlichen Höllenkammer, doch als dieser ominöse Paddy schließlich das Gesicht ins Licht streckte, sah er aus wie ein ganz normaler Mensch, der Evan mit seiner Nickelbrille auf der Nasenspitze eher an einen Maulwurf erinnerte.

»WLAN, richtig?«, fragte er.

Maulwurf und Gummistiefel tauschten Blicke, dann trat Maulwurf zur Seite, ließ die Tür beim Öffnen noch weiter über den Boden schrappen und entließ dabei eine weitere dichte Alkoholwolke.

Simon nickte Evan aufmunternd zu. »Viel Spaß, Ev«, sagte er. »Aber bestell da drin bloß keinen Kaffee oder Wasser.«

»Danke ... vielen Dank, Simon«, stammelte Evan, doch sein neuer Freund war schon wieder in Richtung Laden davongegangen, langsam, jeder Schritt mit Bedacht ausgeführt, von der Ferse zum Zeh abgerollt.

Ein kleiner Raum erwartete ihn, holzvertäfelt. Über der Bar bogen sich die Balken, dahinter erleuchtete gelbes Neonlicht die Flaschen und die Gesichter von mindestens acht breitschultrigen Männern in dunkler Kleidung, die nicht reagierten, als er hereinkam, sondern sich weiterhin stumm an ihre Gläser klammerten und auf die darin ruhende bernsteinfarbene Flüssigkeit stierten. Trotz Verbot kräuselte sich über den Aschenbechern Rauch, der ihm in den Augen brannte. Er blinzelte.

»Das Ding solltest du einstöpseln«, sagte der Maulwurf.

»Ähm, ja, bitte, das wäre super, danke.«

Der Maulwurf zeigte auf eine dunkle Nische hinter ihm. »Steckdose ist da drin. Ladekabel fürs Handy auch, wenn du so was brauchst.«

»Klasse! Herzlichen Dank.«

»Was willst du trinken?«

»Wie bitte?«

Der Maulwurf wies mit einer Kopfbewegung auf die Bar und die beleuchteten Flaschen.

»Ach, nein danke ...«

Er rührte sich nicht vom Fleck. Im Geiste ging Evan den Inhalt seiner Taschen durch. »Nehmen Sie auch Kartenzahlung?«

Der Maulwurf nickte.

»Gut, dann …« Es war elf Uhr morgens. »… Haben Sie Stella?«

»Wir kriegen nichts geliefert. Nur noch Vorräte.«

Die Zeit lief.

»Ah, verstehe. Was haben Sie denn im Angebot?«

»Carlsberg, Whiskey, irisch oder schottisch.«

Oje. Carlsberg ging gar nicht. »Dann nehm ich einen kleinen Schluck vom irischen, danke.« Er zögerte kurz. »Ich bin übrigens Evan. Evan Moore«, fügte er dann hinzu.

Der Maulwurf nickte nur, wandte sich ab und hob die Klappe, um sich wieder hinter die Bar zu verziehen. Evan warf einen raschen Blick auf die Männer davor, aber die starrten immer noch unbeirrt auf ihre Gläser. Also setzte er sich hin, stöpselte den Laptop ein und fuhr ihn hoch. Die Leute hier würden jedes Wort mitbekommen, dachte er, während das Programm startete und er nach Notizblock und Stift kramte.

Als er wieder aufblickte, stand da ein Tumbler mit einer öligen goldfarbenen Flüssigkeit, aber Wasser dazu bestellen ging nicht mehr, denn der Maulwurf war schon wieder verschwunden, genau wie Evans Karte. An der Bar murmelte jemand, ein anderer murmelte zurück. Jetzt hob tatsächlich einer der Männer sein Glas und trank einen Schluck. Ein anderer aschte ab und nahm einen Zug. Hinter ihm waberte die heruntergedimmte Stimme des Kommentators vom Pferderennen, und als der Maulwurf mit der Fernbedienung auf den weit oben an der Wand aufgehängten Fernseher zeigte, blitzten in seinen Brillengläsern bunte Bilder auf. Die Lautstärke blieb heruntergeregelt.

Evan klickte auf den Link in der Mail und schob den Whiskey aus dem Sichtfeld der Kamera. Schon jetzt verspürte er wieder das vertraute heiße Prickeln, das von der Magengrube bis zum Nacken aufstieg, obwohl John sich noch nicht mal zugeschaltet hatte. Er wollte seinen Hemdkragen lockern, weil der ihm plötzlich die Luft abschnürte, aber da war nur ein weiches T-Shirt. Plötzlich brach ihm der Schweiß aus, und er bekam Sodbrennen. Sein Gesicht tauchte am Bildrand auf, er starrte mit aufgerissenen Augen verschreckt in die Kamera.

Warteraum stand da auf dem Bildschirm.

Rasch griff er nach dem Whiskey und trank einen Schluck, spürte das Brennen im Mund, das Kratzen am Zahnfleisch, das Schmelzen, hach! Kaum hatte er das Glas wieder hinter den Computer geschoben, füllte Johns Gesicht den Bildschirm.

»Evan!«, sagte er.

»Hallo, John.«

Sein Mitbewohner an der Uni. Sein Reisegefährte. Sein bester Freund. Und nun sein Geschäftspartner, ein völlig Fremder.

»Sorry, dass ich dich während deiner Auszeit störe, Kumpel«, sagte John. Blass sah er aus, die dunklen Augenringe wirkten durch die Kamera fast schwarz. Er saß in seiner blitzblanken Küche, die Sonne funkelte auf den Oberflächen, seine Stimme hallte durch den Raum. Das Licht war nicht besonders günstig. »Du liebe Zeit, läuft da ein Pferderennen im Hintergrund? Wo bist du denn gelandet?«

Der Maulwurf hob die Fernbedienung und schaltete den Fernseher aus. Das Hintergrundgemurmel verstummte. Evan lief der Schweiß über den Rücken.

Er sehnte sich nach einem weiteren Schluck Whiskey. »Tut mir leid, aber hier gibt es so gut wie kein Netz«, sagte er und zwang sich, die Hände auf der klebrigen Tischplatte zu entspannen.

»Wohin hat es dich überhaupt verschlagen? Lorna meinte, du wärst irgendwo an der Küste gelandet. Hoffentlich hast du schönes Wetter.«

Der Sarkasmus war unverhohlen.

Evan bekam heiße Wangen. Natürlich hatte John mit Lorna gesprochen, natürlich hatte sie *seine* Anrufe beantwortet.

»Ja. Ballybrady heißt der Ort. Nett hier, aber wie gesagt, mit der modernen Technik ists nicht weit her.« Er lachte kurz auf, wohl wissend, dass man ihn belauschte.

»Tja, so ist das. Aber kommen wir zur Sache. Ich weiß, du hast eine Auszeit gebraucht, um das alles zu verarbeiten und so. Ich hab da echt Verständnis für dich.«

Er sah nicht so aus, als würde er irgendwas verstehen. Evan lächelte trotzdem dankbar und schwieg.

»... und das hat auch gut gepasst, jetzt, mit der Kurzarbeit und diesem beschissenen Covid-Ding, zweifellos.«

John reagierte, als wollte Evan ihm widersprechen. Er fuchtelte herum wie ein Verkehrspolizist in New York.

»Das Ding ist, Ev, die Zeit läuft. Wir müssen uns jetzt mal zusammensetzen und einen Plan aufstellen. Ich brauch dich hier vor Ort, zurück im Sattel. Wir müssen ein paar Entscheidungen treffen.«

Er hatte die Stimme erhoben.

»Ehrlich gesagt werden die Kunden langsam kribbelig. Die haben keine Lust zu warten, bis dieser ganze Spuk vorbei ist, und wieso sollten sie auch? Ich kann die nicht mehr länger hinhalten, Kumpel.«

Wenn John jemanden »Kumpel« nannte, meinte er grundsätzlich das Gegenteil.

Als Evan bemerkte, dass er den Kopf schüttelte, zwang er sich, damit aufzuhören.

»Das Ding ist, ich brauch dich hier, komm zurück nach Belfast, mach dein Ding und hör auf, dich in Ballygobackwards zu verkriechen.«

John wirkte aufgeschreckt. Dabei war er der Mann, dem die Menschen vertrauten. Wenn also jemand wie er aufgeschreckt war und nicht mehr mit den Kunden klarkam, konnte Evan erst recht nichts ausrichten. John war das Gesicht des Unternehmens, während Evan im Hintergrund Prognosen erstellte, den Überblick über die Zahlen behielt – also die wahre Arbeit erledigte, wie er stets dachte –, lächelnd am Konferenztisch saß und wie ein Nerd die Hand hob, wenn man ihn vorstellte, solche Sachen eben.

»Ich bin der Mann für die Zahlen, John – du weißt genau, dass ich mit Menschen nicht so gut kann«, setzte er an, aber es klang kläglich und dünn, so wie neuerdings immer, wenn er mit John sprach. Als er sich hörte – die letzte Silbe klang geradezu gequält –, verbarg er seine Scham hinter einem Husten.

John seufzte genervt, wie immer.

»Verdammt, Evan«, sagte er leise und strich sich übers schüttere Haar. Evan bemerkte, dass Johns Blick durchs Zimmer wanderte, er schien sich stumm mit jemandem zu verständigen, der hinter der Kamera stand. Garantiert Eloise, die Göttergattin mit dem phänomenalen Hintern und Objekt Evans geheimster Fantasien.

»Kannst du mir nicht einfach die Portfolios mailen, John?«, schlug Evan vor. »Ich kann sie hier durcharbeiten und sie dir dann zurückschicken ...«

»Darum gehts doch nicht, Evan!«, brüllte John ihn an.

Im Pub herrschte ohrenbetäubende Stille.

Früher hatten sie den Namen des anderen gebrüllt, wenn sie wissen wollten, ob die Bahn frei war, bevor sie mit ihren Rädern den Hügel runtergebrettert waren, direkt in den dunklen Wald hinein, ins Unbekannte, wenn der Freund schon unten war und einen wartenden Blick über die Schulter geworfen hatte. Danach kam ein Kreischen, ein Jubeln, in den Wald hinein, dann ein atemloses Schlidderbremsen, Herz bis in den Hals gerutscht – *Juhuuu! Geiler Scheiß, Mann!* Schulterklopfen, Krone richten, zurück an den Start, Seite an Seite.

Johns Gesicht füllte fast den gesamten Bildschirm aus.

»Meine Güte, Evan, wir haben Leute, die das für uns erledigen. Schalt mal dein Hirn ein, um die Zahlen kümmern sich die Praktikanten. Du musst mir helfen, die Aktionäre in Schach zu halten, Mann – die sind alles andere als zufrieden, fragen ständig nach dir, wie lange du noch brauchst, also wie lange es dauert, bis du drüber weg und wieder an Bord bist, Dinge auf den Weg bringst.«

Evans Gesicht brannte, die Atmosphäre um ihn herum war aufgeladen. Aus den Augenwinkeln bemerkte er, dass der Maulwurf seit ewig dasselbe Glas polierte. »Ja, okay. Sorry.«

»Hör zu ...«

John hatte sich nun in seinem Sessel zurückgelehnt, seine Managerpose, die er sich angewöhnt hatte, seit sie das neue Büro und Aktionäre und überall Chrom hatten. Er blickte nicht direkt in die Kamera, sondern auf seine verschränkten Finger. Seine Stimme troff vor mühsam errungener Geduld. Evan schnappte sich den Whiskey und leerte ihn in einem Zug. Ging runter wie Öl, brannte ein bisschen, aber so ein gutes Gefühl, dass er sich mit der Zunge über die Zähne fuhr, um nichts davon zu verschwenden.

»Scheiße, Ev. Ich halte den Laden hier ganz allein am Laufen, ist dir das eigentlich klar? Und das nicht erst seit gestern.«

Er klang fast wie ein bockiges Kleinkind, dachte Evan, doch statt etwas zu sagen, nickte er bedächtig.

John seufzte theatralisch. »Echt jetzt, Mann. Ich weiß, dass es in letzter Zeit nicht leicht für dich war, keiner weiß das besser als ich.«

Evan nickte weiterhin bedächtig.

»Aber verdammt, selbst Lorna sagt, dass du ... Ja, du suhlst dich doch regelrecht im Selbstmitleid ... Reiß dich mal zusammen, Himmelarsch, Kumpel!« Jetzt, da der Vorwurf raus war, wuchs Johns Selbstbewusstsein. Seine Stimme wurde noch lauter, er sah jetzt direkt in die Kamera. Evan stellte sich vor, wie Eloise im Hintergrund zustimmend nickte, an ihrem wunderbar sonnigen Fenster, den Blick in ihren Garten gerichtet. Seine Ohren brannten vom Whiskey, aber auch vor Scham. Er stellte sich vor, wie sie sich alle in der Küche darüber ausgetauscht hatten, Lorna, die ihnen an ihrem Frühstückstresen das Herz ausschüttete, ihm die Schuld gab, ihre ganze Wut und Abscheu rauskotzte. Wie Eloise den Kopf schüttelte und ihrer Freundin mit bitterer Stimme Trost spendete, Evan niedermachte, der doch einst auch ihr Freund gewesen war.

»Verdammt, Evan. Das Geschehene kannst du nicht ungeschehen machen.«

John sah ihn Beifall heischend an.

Die Leute plapperten ständig solche Sachen. Was zum Teufel sollte das heißen? Auf einmal brodelte es in ihm, ein völlig neues Gefühl, Hitze stieg in ihm auf und trocknete seinen Schweiß. Jetzt sagt er gleich, dass sie tot ist, dieser Wichser. Kann man nicht mehr ändern, bla, bla, bla, wir können sie nicht wieder lebendig machen. Wag es ja nicht, John, du mieses Dreckschwein, halt die Fresse, flehte er inständig, die Zähne zusammengebissen.

»Das Ding ist, du kannst die Augen nicht davor verschließen, Ev. Sie ist tot, Ende Gelände. Und unterm Strich ist es auch egal, wie es passiert ist. Wir können sie nicht wieder lebendig machen, so gern wir das auch wollten. Du musst aufhören, dich deswegen fertigzumachen, und endlich wieder in den Sattel steigen.«

Evan ließ die Worte in einem tiefen Tümpel des Schweigens versinken. Der Blick seines Freundes wanderte an den Bildschirmrand, wo er sein eigenes Antlitz begutachtete. Sich vergewisserte, dass er gut aussah, beherrscht, selbstsicher. Dass er die Haare schön hatte oder was auch immer davon übrig war. Dieser Mann war ein Fremder. Evan sah ihm zu, wie er Luft holte und wieder in die Kamera blickte, um seine Ansprache fortzusetzen.

»Das Ding ist, wir haben ein Unternehmen zu leiten.«

Evan nickte.

»Für die Wirtschaft ist das gerade der Wahnsinn, das Vertrauen der Investoren geht gegen null – und ich kann das hier nicht allein stemmen. Die lassen mich nicht, Evan, sonst würde ich, das musst du mir glauben.«

Evan betrachtete schweigend seine langen von der Sonne gebräunten Finger.

»Ich mein, hallo? Bist du überhaupt anwesend? Komm schon, verdammt! Red mit mir, Mann!«

Johns Sessel schrappte zurück, er stand auf und schritt im Zimmer auf und ab. Genau, er würde dort herumlaufen und sich dabei leise fluchend die Haare raufen. So machte er das immer. Früher hatte Lorna sich gern darüber lustig gemacht, damals im dunklen Schlafzimmer hatte sie gemeint, irgendwann würde er sich mit seinen Wutausbrüchen auch die letzten Haare ausraufen, und dann hatten sie darüber gekichert wie die Schulkinder. Evan erinnerte sich daran, wie sie ihm langsam mit dem Zehennagel die Wade liebkost hatte, das geheime Signal, eine Einladung, und plötzlich fiel etwas von ihm ab, das nur noch am seidenen Faden gehangen hatte.

»Zahl mich aus.«

Der Maulwurf stellte sein Glas mit einem hörbaren *Klack* auf den Tresen, der Inhalt leuchte goldgelb in der Trübnis.

Weil John ihn offenbar nicht gehört hatte, wartete Evan, bis sein fülliger Geschäftspartner sich wieder in den Sessel fallen ließ.

»Zahl mich aus, John, dann gehört alles dir«, wiederholte er lauter.

Die beiden sahen einander schweigend an. Evan betrachtete die Narbe seines früheren Kameraden, wo ihm ein großer Stein, von Evans Reifen aufgewirbelt, fast das Auge ausgeschlagen hatte. In seinem rot angelaufenen Gesicht wirkte sie weiß und aufgeworfen.

»Wie bitte?«, fragte John langsam. »Das meinst du doch nicht ernst ...«

Seine Stimme klang allerdings nicht besonders aufgewühlt. Es raschelte, als Eloise hinter ihren Mann trat und ihm die Hand auf die Schulter legte. Sie beugte sich zur Kamera vor, sodass ihr glänzendes Haar seitlich über den Bildschirm fiel.

»Überleg dir das gut, *Evanne*«, sagte sie, eine tiefe Falte zwischen ihren dunklen Brauen. Es klang, wie immer, als hätte sie ihn *Yvonne* genannt, fast schon ihr privater Spitzname für ihn. Er mochte Eloise wirklich sehr, und sie würden ihm beide fehlen, wenn er das jetzt durchzog. Er lächelte sie warmherzig an, so lange, bis sie sich kopfschüttelnd abwandte und das Feld wieder ihrem Gatten überließ. Die Trinker waren vergessen, die Ehefrauen und Familien, die Investoren und Kunden, in diesem Moment gab es nur noch Evan und John, in diesem kleinen Rahmen.

»Mach mir ein Angebot. Eine vernünftige Summe. Ich brauche nicht viel«, hörte er sich leise sagen. »Hilft dir das bei deinem Problem?«

»Ach komm, jetzt sei nicht so«, sagte John.

»Nein, ich meins ernst«, erwiderte Evan, wobei ihm zwei Dinge aufgingen.

Erstens: Er meinte es tatsächlich ernst. Bei der Vorstellung, er könnte frei sein, frei von Verantwortung, frei von Unsicherheit, frei von den Launen und überzogenen Erwartungen anderer, überlief ihn eine Welle der Erleichterung. Wäre das tatsächlich möglich?

Und zweitens: Neben seinem Ellbogen war plötzlich ein zweites Glas Whiskey aufgetaucht.

Ihm wurde ganz warm im Bauch.

Er musste einfach lächeln.

»Wenn du ehrlich bist, wolltest du doch immer der Chef sein und alle Entscheidungen allein treffen, John. Ich bin überflüssig, hast du selbst gesagt, für die Zahlen gibts die Praktikanten. Ich bin doch nur noch ein Anhängsel. Tja. Hier ist deine Gelegenheit. Ich will raus.«

Wieder herrschte lange Schweigen, das Evan nutzte, um sein Glas zu erheben und zu trinken, das wärmende Kitzeln in seiner Kehle zu genießen, während er seinen Freund über den Glasrand hinweg musterte.

»Hängst du wieder an der Flasche?«, fragte John mit besorgtem Blick. »Geht es darum?«

»Nein. Diesmal nicht.«

Er hielt dem Blick seines Freundes stand, der schließlich blinzelte und sich mit einem Nicken abwandte. In der Stille kratzte etwas über den Boden, ein Stiefel oder Barhockerbein.

»Was hast du dann vor?«

John klang jetzt sanfter, aber die Falten in seinen Mundwinkeln verrieten sein unterdrücktes Lächeln. Evan erkannte es in seinen blitzenden Augen, in Gedanken spielte John bereits die vielen neuen Möglichkeiten durch.

»Keine Ahnung.« Genau so war es. »Ist auch nicht wichtig.«

Er dachte darüber nach, was jetzt wichtig war.

»Ich habe Jessie verloren. Lorna auch, John. Meine Schuld, aber ich muss mich dem stellen, was passiert ist. Das ist mir jetzt wichtig, Kumpel. Momentan bin ich dir keine Hilfe.«

Zum ersten Mal seit Langem sahen sie einander aufrichtig an.

John nickte langsam. »Na gut«, sagte er. »Okay. Ich leite hier die nötigen Schritte ein – bist du dir wirklich sicher?«

Evan grinste. »Ganz sicher.«

»Gut. Okay. Ja!« John strahlte wie früher als kleiner Junge. »Dann mach ich jetzt mal Schluss. Bring die Sache auf den Weg. Ich melde mich.«

»Ja«, sagte Evan, »aber nur zwischen fünf und acht, sonst gibts kein Internet, okay?« Darüber konnten sie tatsächlich zusammen lachen, wenn auch nur kurz.

Evan klickte auf den roten Knopf, und der Bildschirm wurde schwarz.

Seine Schultern sanken wieder dahin, wo sie eigentlich hängen sollten.

Er ließ den Kopf kreisen, bemerkte eine neue Gelassenheit, dann betrachtete er seinen Whiskey. Sein Bildschirmschoner hatte sich eingeschaltet, der Lubra-Pass in Nepal schlängelte sich himmelwärts, das letzte gemeinsame Abenteuer mit John und dem Rest der Mountainbike-Gang. Lag sicher schon zehn Jahre zurück, brachte ihn aber immer noch zum Schwärmen. Die Räder standen geölt und verpackt im Schuppen zu Hause, schon seit Jahren. Die vielen Minuten und Stunden, ganze Jahre aufgefressen vom Elternalltag, der alles verschlang wie die kleine Raupe Nimmersatt.

Mit einem Seufzen klappte er den Laptop zu und blickte sich um, als wäre er gerade erst aufgewacht.

»Respekt!«, sagte einer der Trinker und hob sein Glas.

»Dem hast du Bescheid gestoßen, gut gemacht«, sagte ein anderer und klopfte auf den Sitz des Barhockers neben sich.

»Prima, noch ein fauler Säufer für unseren Club, komm schon, gib 'ne Runde aus«, schlug der erste vor. »Hast ja jetzt sowieso nix mehr zu tun, hab ich recht, oder hab ich recht?«

Der Maulwurf nickte und schob einen weiteren Whiskey über die Bar und Evans Karte dazu.

Evan ließ seinen Laptop stehen und trat näher – in den Kreis von erwartungsvollen Gesichtern, zum Bernstein im Glas.

21

Nachdem Grace den ganzen Tag lang Seetang geschleppt und jeden Strang sorgfältig zum Trocknen über der Mauer aufgehängt hatte, schmerzten ihr die Schultern. Seetang verhedderte sich gern mal, und die vielen Hüpfer, *Flabellifera* und *Coelopidae*, sowie die verschiedenen hübschen Hydrozoen mussten vorsichtig entfernt werden, bevor die Algen zum Verzehr weiterverarbeitet werden konnten. Sie hatte festgestellt, dass die Leute keine Proteinzusätze in ihren Nahrungsergänzungsmitteln wollten.

Auch Dolly hatte seit Neuestem einen veritablen Heißhunger auf das Zeug entwickelt. Vielleicht bekam sie nicht genug Mineralstoffe, aber im Endeffekt hieß das für Grace, dass sie den Esel während der Arbeit nicht von der Weide lassen konnte, sonst würde er die Hälfte ihrer Ernte innerhalb kürzester Zeit wegmampfen. Und so hatte sie den Nachmittag unter lautem eselsgequältem Protestgejammer von der anderen Seite des Zauns mit dem Auseinanderziehen und Entwirren und Putzen der Seetangstränge verbracht, statt mit Dolly einträchtig ihrer Wege zu zuckeln, ihr dabei zuzusehen, wie sie das Gras kurz hielt oder zu kichern, wenn sie sich von hinten anschlich, um ihr Haar zu schnabulieren.

Entsprechend müde war sie, als sie voller Vorfreude auf ihren gemütlichen Barhocker und einen ruhigen Drink an die Hintertür des Pubs klopfte, wie immer gedämpft, sechsmal in rascher Abfolge. Im warmen Sonnenlicht zählte sie die zuvor aus der Manteltasche geklaubten Münzen ab. Als sich die Tür einen Spaltbreit aufschob, streckte sie den Kopf vor, woraufhin Paddy sie beruhigt hereinließ.

»Bitte, Grace, du weißt genau, dass du diesen Hut hier drin nicht aufbehalten kannst, also gib her«, bemerkte er, als sie sich an ihm vorbeizudrängeln versuchte.

»Herrje, wir sind doch nicht auf 'ner Modenschau hier, Paddy«, schoss sie zurück, nahm den Hut aber trotzdem ab. »Du hast hier die hässlichsten Waldschrate versammelt, die die Welt je gesehen hat.«

Es war ein altes Klagelied, das sie mittlerweile nur noch aus Gewohnheit anstimmte.

»Wir können es nicht dulden, dass du in der Ecke hockst und uns unter deinem Hut hervor anfunkelst wie ein verdammter Bandit aus Mexiko. Wenn wir Clint Eastwood sehen wollen, schalte ich um auf Netflix. Du weißt, wo du das Ding findest, wenn du es brauchst«, sagte er, bevor er ihn an den Haken neben der Toilette hängte.

Grace murmelte etwas vor sich hin, dann betrat sie die düstere, verrauchte Schankstube. Die Trinker hatten das Gespräch belauscht und begrüßten sie reihum. »Gehts gut, Grace?«, »Alles klar, Grace?«, »Hey, Grace!«, kaum dass sie über die Türschwelle getreten war, aber statt zu antworten, marschierte sie schnurstracks zu ihrem Barhocker in der Ecke und ließ sich mit einem ungeduldigen Schnauben darauf nieder. Ihr Ellbogen schmerzte. Sie hatte es übertrieben.

»Seid ihr alle fertig mit dem Abendgebet? Kriege ich jetzt meinen Drink?«

Paddy, der den Whiskey ohnehin schon eingeschenkt hatte, schob ihr das Glas mit einem Lächeln rüber.

»Sehr witzig, Grace«, sagte er, die Hand nach dem Geld ausgestreckt. »Keine Ahnung, warum du dir keine Karte zulegst wie alle anderen auch. Bald nehmen sie kein Bargeld mehr, jetzt, wo die Seuche umgeht, und was machst du dann?«

»Erzähl mir doch nicht, dass du kein Bares mehr annimmst, Patrick Murphy«, gab sie zurück, zählte sorgfältig die Münzen ab und kippte sie ihm in die Hand. »Wer's glaubt, wird selig.«

»Ha, seht euch das an, die ist schwerreich, hat säckeweise Münzen«, bemerkte einer und musterte sie verschlagen über den Rand seines Pintglases. »Wetten, dass sie dir nachts durch die Matratze in den Arsch stechen? Ist doch so, Gracie, oder?« Er lachte über seine eigene Zote.

»Komm du nur im Dunkeln bei mir vorbei, Mickey Flanders, und ich steche dir was in den Arsch«, entgegnete sie schlagfertig. »Es hat zwei Läufe, das verrate ich dir schon mal.«

Das löste allgemeines Gelächter aus, dann herrschte wieder Stille an der Bar. Der erste Schluck wärmte sie bereits. Es würde nicht lange dauern, bis sie sich entspannte. Bestens. Sie stützte die Ellbogen auf dem Barläufer auf und bewunderte die öligen Wirbel im gelblichen Licht, bevor sie sich den anderen zuwandte, um zu erkennen, wer heute hier war.

Die üblichen Säufer, die garantiert schon am Morgen vor der Tür Schlange gestanden hatten, damit Paddy sie reinließ, verkniffene Gesichter, von der Sucht gezeichnet, mach schon auf Paddy, ich brauch einen Drink! Jetzt war natürlich alles besser, sie waren entspannt und guter Dinge, bald würden sie sich auf den extralangen Heimweg machen, zum Abendessen, mit einer klirrenden Tüte in der Hand, im Zickzack von Graben zu Graben taumelnd.

Dann waren da die Nachmittagstippler, alle beide saßen sie an der Bar, Seite an Seite. Einsame alte Männer, denen die Frauen weggestorben waren, die den Tag rumkriegen mussten, vor dem Rauschen der Stille in ihren Häusern flohen, um wortkarg und maulfaul hier rumzusitzen und das Geschehen zu beobachten, als wäre es eine Fernsehsendung.

Näher am Fernseher saßen die Rennfreunde, die Tippbrüder, die ihr Geld auf eine alte Mähre mit einem hübschen Namen verwetteten oder auf einen Hund mit gutem Ruf, selbst jetzt noch, da die Rennen als Wiederholung bei einem US-Sender liefen. Es überraschte sie allerdings, dass die Typen so spät noch hier rumhockten. Es war Zeit, dass sie sich nach Hause verzogen, genug geglotzt, der Fernseher konnte jetzt ausgeschaltet werden. Vielleicht hatten sie heute Gehalt bekommen oder was gewonnen, das musste gefeiert werden. Sie hatten die Köpfe zusammengesteckt, vier von ihnen, und tuschelten, ihre Drinks waren fast leer.

Und wer war das da hinter ihnen, der da still an seinem Glas hing und den Tresen begaffte? Als sie sich verstohlen vorbeugte, blitzten Brillengläser auf, und sie erkannte am zerzausten Haar ihren Mieter aus der Stadt, das Gesicht erschlafft, der Blick leer. Sie hob die Brauen, um Paddy eine stumme Frage zu stellen, der mit einem Achselzucken antwortete.

»Hat seinen Job geschmissen«, sagte einer der Alten mitfühlend, er hatte die Signale verstanden und tätschelte dem Städter brüderlich die Schulter. Der hob nicht mal den Kopf. Hatte offenbar gut einen sitzen.

»Ist wegen Internet gekommen und hat sich feuern lassen«, sagte der andere.

»Nee, den ham se nich gefeuert, der hat geschmissen, sag ich, du dämlicher Hornochse.«

»Also echt«, ging Grace dazwischen. »Ihr seid wie die beiden Griesgrame aus der *Muppet-Show*. Hört euch mal zu.«

Sie musterte Evan genauer. »Herrje, wie viel hat der denn schon intus?«

»Is 'n billiger Rausch«, sagte Paddy. »Ist erst sein Vierter.«

»Kein Wunder, wo soll er denn auch hin damit?«, grölte Big Alfie. »So 'n Spargeltarzan, wie der ist. Das bisschen Alkohol hat ihn komplett aus den Socken gehauen. Wird ihm noch leidtun morgen früh.«

Er hob sein leeres Glas, um Paddy ein Zeichen zu geben.

»Hoppla, das Fass ist leer«, erwiderte Paddy zufrieden, »muss kurz raus, ein neues anzapfen. Das ist dann aber das letzte«, fügte er hinzu, bevor er sich unter der Theke hindurchduckte und nach hinten verschwand, wo die Fässer lagerten.

»Wurde auch verdammt nochmal Zeit«, sagte Alfie. »Das Zeug schmeckt zum Kotzen. Dann muss ich mich wohl an Härteres halten, wie dieser kleine Pisser hier«, sagte er, lachte und lehnte sich hinter den beiden Alten zur Seite, um Evan einen kleinen Stoß zu versetzen. Der floppte nach vorn und versuchte vergeblich, sich an der glatt polierten Bar festzuhalten. Nur die stützende Hand des Alten neben ihm bewahrte ihn davor, vom Hocker zu rutschen. Er stierte mit trübem Blick in den Pub, doch plötzlich hellte sich seine Miene auf. Er hatte Grace entdeckt, am anderen Ende des Tresens.

»Grace!«, lallte er sabbernd.

»Jesses!«, murmelte sie.

Hinter der Bar leuchtete ein Handy auf und »Bat out of Hell« ertönte. Von hinten kam gedämpft Paddys Stimme, er kämpfte offenbar mit dem neuen Fass.

»Kann da mal jemand rangehen?«, rief er.

Mickey Flanders flutschte geübt vom Barhocker und unter der Theke durch. Als er sah, wer da anrief, grinste er breit.

»Is deine Liebste, Paddy!«, rief er entzückt. »Oho, bist du sicher, dass ich da rangehen soll?«

Von draußen kam nur ein Hämmern, anscheinend erforderte das Fass etwas grobe Gewalt. Also drückte Mickey auf

Grün. »Na, Becky, willste ein bisschen Spaß haben? Oder soll ich Paddy rufen?«

Aus dem Handy drang ein Wortschwall, so laut, dass Mickey feixte und das Gerät kurz vom Ohr weghielt. Dann sagte er lachend: »Er hat sich vor dir unterm Tisch versteckt, Becky«, dann, hastig: »Nein, ich mach doch nur Spaß! Nein, nein, er ist hinten, ein neues Fass anzapfen. Was kann ich für dich tun?«

Es kam ein weiterer Wortschwall, etwas leiser. Die Trinker lauschten schweigend, schließlich wollten auch sie wissen, warum Becky anrief.

»Oh, *aye*«, sagte Mickey, den Blick jetzt auf den Städter gerichtet. »Meine Güte, junge Dame, dir entgeht echt nichts, selbst mit deiner verschmierten Brille. Ja, ist er. Schon eine ganze Weile.«

Die Stimme aus dem Handy stellte eine Frage, es klang dringend. »Nee, der ist voll wie 'ne Haubitze.« Mickey bedeckte das Handy und wandte sich direkt an Evan. »Du bist voll wie 'ne Haubitze, stimmts?«

Evan grinste dümmlich und nickte, bevor er sein Glas erhob, nur um traurig festzustellen, dass es leer war.

»So, so. Oh, Scheiße, okay. Ja, ich sags ihm, aber der ist gerade nicht in der Lage, auf einen kleinen Jungen aufzupassen. Paddy hat ihm soeben ein neues Glas eingeschenkt.«

Mit der freien Hand griff er nach der Whiskeyflasche und füllte Evans Glas großzügig wieder auf.

»Meine Fresse, Mickey!«, sagte Grace, aber alle anderen lachten.

Evan nickte, hob das Glas und trank einen großen Schluck.

»*Aye*, außerdem ist der Junge zurückgeblieben und so«, mischte Big Alfie sich ein. »Könnte verdammt in die Hose gehen, wenn der hier auf ihn aufpasst. Sag ihr, sie soll ihn mitnehmen. Zu sich nach Hause am besten. Is sowieso Frauenarbeit, sich um Kinder kümmern, stimmts, Gracie?«

»Leck mich am Arsch, du Flachwichser«, versetzte sie, allerdings fehlte ihr das Feuer. Sie genoss ihren letzten Schluck Whiskey, er glitt ihr die Kehle hinunter und wärmte ihr den Bauch. Mit einem Seufzer wandte sie sich Evan zu, mager, dauernickend.

»Sag Becky, ich bin unterwegs, Mickey«, hörte sie sich sagen. »Ich nehm ihn eine Weile zu mir mit.«

Sie schuckelte von ihrem Barhocker, während Mickey die Nachricht weitergab. Die anderen stießen einander in die Rippen und schüttelten ungläubig den Kopf über diese unerwartete Wendung, aber sie wussten, dass sie besser den Mund hielten.

Als Grace an Evan vorbeikam, dessen Kopf jetzt fast auf der Theke lag, sagte sie zu den anderen: »Sagt ihm Bescheid, wo der Junge ist, ihr Mistkerle, sonst kriegt er einen Herzinfarkt, wenn er wieder nüchtern ist und ihn nicht findet. Und wer es wagt, ihm noch einen einzuschenken, kriegt es mir mit zu tun, ist das klar?«

Mickey Flanders duckte sich weg, aber sie klatschte ihm im Vorbeigehen trotzdem auf den Hinterkopf. Als Paddy zurückkam, händereibend vor sich hin summend, sah er nur noch ihren bunten Mantelzipfel durch die Tür verschwinden.

»Wo will die denn hin?«, fragte er verdutzt ins Publikum, das die kollektive Achsel zuckte. »Sie hat doch nur ein Glas gehabt! Sie trinkt immer zwei!«

»Irgendwer muss sie gekränkt haben«, schlug Mickey Flanders vor, als Paddy hinter ihr herlief, um sie rauszulassen. »Ist ein bisschen empfindlich in letzter Zeit«, rief Mickey, »so ein zartes Seelchen, unsere Grace.« Alle brachen in grölendes Gelächter aus.

»Alles okay, Gracie?«, fragte Paddy, während sie sich den großen Hut über die dichte Mähne schob.

»Ich glaub, ich hab den Verstand verloren, Paddy«, sagte sie im Vorbeigehen. »Den verdammten Verstand verloren.«

Gerade als der die Tür hinter ihr schließen wollte, wandte sie sich noch mal zu ihm um. »Wieder mal«, fügte sie hinzu.

Auf der gegenüberliegenden Straßenseite war Becky, die Maske unterm Kinn, gerade dabei, den Laden abzusperren. Sie zerrte das Rollgitter herunter und ließ die Vorhängeschlösser einrasten. Der Junge tippelte indes an der Bushaltestelle von einem Fuß auf den anderen und sah auf sein Handy.

Grace klopfte ihre Taschen ab, aber das Handy hatte sie natürlich zu Hause gelassen. Das Ding nahm sie nur mit, wenn sie Pakete in die Stadt brachte, wegen der QR-Codes.

Der Junge hatte sie mittlerweile erspäht. Sein Blick wanderte unsicher zwischen ihr und Becky hin und her. Plötzlich war sich Grace bewusst, dass der Hut ihr Gesicht komplett überschattete, daher setzte sie ihn ab und ließ ihn stattdessen am Band von ihrem Arm baumeln.

»Hast du ein Handy, Becky?«

»Klar.«

Das Mädchen wirkte überrascht, holte es aber aus der Tasche, schaltete es ein und drückte es Grace in die Hand. Es war moderner als ihr alter Knochen, aber ihr gelang es trotzdem, eine kurze Nachricht einzutippen, um sie dem Jungen zu zeigen.

Komm mit essen.

Zur Antwort hielt er ihr sein Handy unter die Nase.

Was?

Wie, was?, dachte sie und sah ihn verwirrt an. Er runzelte die Stirn und tippte.

Was essen?

Der kleine Rotzlöffel, dachte sie. Doch dann überlegte sie. Ihr selbst war Essen auch nicht so wichtig, daher hatte sie nicht viel im Haus. Baked Beans? Brot?

Baked Beans+Toast?

Becky sah den beiden zu, die Hände in die Hüfte gestützt.

Luca zog ein angewidertes Gesicht, seine Zunge war klein und dunkelrosa.

»Was ist los?«, mischte Becky sich ein.

»Er mag keine Baked Beans.«

Becky schnaubte und musterte den Jungen genervt. »Moment«, sagte sie, zog die Schlüssel wieder aus der Tasche und setzte die Maske auf. Mit einem Stöhnen schob sie das Rollgitter halbhoch und bedeutete dem Jungen, ihr in den Laden zu folgen. Grinsend duckte er sich unter dem Gitter hindurch und folgte ihr. Grace blieb allein in der Dämmerung zurück.

»Jesses«, sagte sie in die Leere und setzte den Hut wieder auf. Aus unerfindlichen Gründen konnte sie das Bild des mageren, traurigen Männleins an der Bar nicht abschütteln. Sie kannte diesen tiefen Kummer nur zu gut, hatte ihn selbst durchlebt, weswegen sie einen großen Bogen darum machte, um ja nicht in dessen Strudel zu geraten. Wieso stand sie dann trotzdem hier?

Ihr Blick wanderte vom Laden weg die schattenreiche Straße hinab zu ihrem Haus, wo der Hund auf sie wartete. Sie sollte einfach heimgehen, ohne den Jungen, niemand würde sich wundern, dass sie einfach abgehauen war, schließlich galt sie als verrückt. Das war ihr großer Vorteil. Sie hatte komplette Narrenfreiheit.

Doch dann kamen die beiden wieder heraus, und ihre Chance war vertan. Der Junge hielt eine Flasche in der einen

Hand, deren Inhalt im trüben Licht grellgrün schillerte, und ein Plastikpäckchen in der anderen.

»Burger. Haust einfach alles in die Mikro, drei Minuten«, erklärte Becky. »Aber erst die Folie abmachen, okay?«

»Wie viel schulde ich dir?«

Grace gab ihr das Handy zurück und kramte in der Tasche nach dem Kleingeld, von dem sie jetzt schon wusste, dass es nicht reichen würde.

»Nichts. Ich ziehe es ihm vom Gehalt ab«, sagte Becky lächelnd. Auf einmal sah sie hübsch aus, so zufrieden und entspannt.

»Du bist ein gutes Mädchen, Becky Breen«, sagte Grace.

»Verdammt, Grace, ich bin neunundzwanzig!«, entgegnete Becky, immer noch lächelnd. »Bin schon seit zehn Jahren kein Mädchen mehr.« Sie trat näher. »Es ist nichts Schlimmes dabei, das Wort Frau zu benutzen. Findest du nicht, dass wir dafür sorgen müssten, das Wort wieder in unseren Sprachschatz zurückzubringen? Statt ständig ›Mädchen‹ genannt zu werden? Viel zu lange haben wir es zugelassen, dass der Bezeichnung ›Frau‹ ein negativer Beigeschmack anhaftet, wir erlauben den Männern, es wie ein Schimpfwort zu benutzen: ›Setz dich hin, Frau!‹ ›Halt die Klappe, Frau!‹«

»Ganz recht. Halt die Klappe, Frau!« Grace hob die Hand. »Du steigerst dich gerade wieder in irgendwas rein, Mädel. Ich habs dir doch schon mal gesagt, es interessiert mich nicht. Genauso wenig wie dein hipper Buddha-Nonsens.«

Becky lächelte versonnen.

Grace nickte dem Jungen zu, auf gehts!, und die beiden schlenderten davon, als das letzte Licht am Himmel verschwand und das Rollgitter herunterratterte und Becky ihnen »Gute Nacht!« hinterherrief. Der Junge zeigte Grace sein Handy.

Esel auch da?

Sie nahm das Gerät.

Nicht im Haus. Kackt alles voll.

Er lachte sein wunderbares Lachen und steckte das Handy zurück in die Tasche. Als sie so nebeneinander hergingen, nahm er auf einmal ihre Hand. Seine Finger fühlten sich warm und trocken an.

22

Es war schon nach neun, als Grace den Jungen zurückbrachte. Doch im Haus war alles dunkel.

»Hallo?«, rief sie und schob die Tür auf, die wie immer auf halbem Weg stecken blieb und mit einem kräftigen Schulterstoß ganz aufgestemmt werden musste. Der Junge trottete hinter ihr her ins Haus, das von ihr geliehene Buch über *Wirbellose Meerestiere* in der Hand. Die ganze letzte Stunde hatte er darin herumgeblättert und mit immer größeren Augen die vielen exotischen Geschöpfe bestaunt, die, wie sie ihm erklärt hatte, beim Strandspaziergang nur ein paar Meter unter seinen Füßen wimmelten. Er hatte sich zwar geschüttelt und ein ungläubiges Gesicht gezogen, war aber sehr interessiert gewesen, sich das Buch für ein paar Tage auszuleihen.

Evan saß auf der Sofakante im dunklen Zimmer.

Sie knipste das Licht an und nahm den Hut ab, um besser sehen zu können, bevor sie sich direkt vor ihm aufbaute. »Bist du wieder fit genug, um dich um den hier zu kümmern?«, fragte sie laut.

Sein Atem stank. »Ah, Grace, Grace«, murmelte er und grinste bräsig.

»Herrje«, sagte sie laut. »Kaffee.«

Luca hatte schon die Sneaker abgestreift und sich mit geübten Bewegungen in die Hängematte verzogen, wo jetzt sein Handy leuchtete, während er darin herumrutschte, bis er es bequem hatte. Die scharfen Kanten des Buchs stachen unter dem Stoff hervor. Seinen Vater hatte er nicht mal zur Kenntnis genommen.

Grace fragte sich, wie oft das schon vorgekommen war – der Pub, das dümmliche, leere Säufergesicht.

»Machst du das öfter?«, fragte sie ruppig, während sie den Wasserkocher füllte. »Dich volllaufen lassen, meine ich.«

Evan lächelte freundlich. »Nein«, sagte er. »Eigentlich nicht. Nicht mehr. Eine Zeit lang aber schon. O ja, das ging eine ganze Weile so, Gracie, und wie. Aber jetzt nicht mehr. Oder ...«

Der Wasserkocher klickte, und sie wandte sich ab, um zwei Löffel Instantkaffee in einen Becher zu schaufeln und aufzugießen.

Als sie sich wieder umdrehte, hatte er sich die Hand schief über die Augen gelegt. Er hob die Füße, als wollte er sich hinlegen.

»O nein, das tust du nicht!«, rief sie und drückte ihm den heißen Kaffeebecher in die Hand, um ihn am Schlafittchen festzuhalten. Durchs T-Shirt spürte sie seine Körperhitze. »Trink das! Vorsichtig!«, warnte sie, als er wiederum nach hinten zu kippen drohte. »Lass den ja nicht fallen!«

Wieder griente er, umklammerte den Becher aber gehorsam mit beiden Händen und trank einen Schluck.

»Gottogott, was ist dir nur passiert, nachdem ich gegangen bin?«, murmelte sie. »Hatte ich dem Mistkerl nicht verboten, dir noch mehr einzuschenken?«

»Oho!«, sagte Evan albern und zog eine halb leere kleine Whiskeyflasche unter seiner Hüfte hervor, um sie ihr wie ein Geschenk zu präsentieren.

Sie schüttelte den Kopf.

»Wie ich sehe, bist du nicht in der Lage, damit umzugehen«, murmelte sie, entwand ihm ruppig die Flasche und stopfte sie für später in ihre übergroße Manteltasche. Dann sah sie ihm zu, wie er brav seinen Kaffee trank. »Also«, sagte sie, »was sollte diese Scheiße heute?«

Evan verzog das Gesicht, als müsste er seine Gedanken sammeln.

Grace wartete.

»Hab meinen Job gekündigt«, sagte er schließlich langsam, jedes Wort mit Bedacht ausgesprochen.

»Ich weiß, das meinte ich ja. Was zum Teufel hat dich geritten, deinen Job zu kündigen? Hast du einen an der Klatsche? In diesen Zeiten?«

»Hab ihn gehasst.«

»Ach, und das soll ein Grund sein?«

»Hasse vieles.«

Er murmelte wieder vor sich hin. Sie rührte sich nicht vom Fleck.

»Hasse meinen Job, hasse mein Leben, hasse es, dass meine Frau mich rausgeschmissen hat, hasse es, dass mein Sohn anders ist, hasse es ...« Plötzlich weiteten sich seine Augen hinter der Brille, und er schlug sich die Hand vor den Mund, als müsste er sich gleich erbrechen.

»Halt! Warte!«, sagte sie, zog eine Schüssel unter der Spüle hervor und stellte sie neben sein Bein.

»Danke, Grace«, sagte er leise, seine Augen gerötet und tränenfeucht. »Du bist so schräg und doch so lieb. Das ist eine ... Wie sagt man noch ...?« Er runzelte angestrengt die Stirn. »Eine Amonalie. Nee. Eine Namonalie. Nee, auch nicht ...«

»Eine Anomalie, du sabbernder Volltrottel«, sagte sie sanft.

Es sah nicht aus, als würde er die Schüssel brauchen.

»Ja, genau.«

Kopfschüttelnd erhob sie sich, trat an die Hängematte, zog sie auf und bedeutete dem Jungen mit einer sprechenden Geste, dass er sich die Zähne zu putzen hatte. Der gab ein

Stöhnen von sich – Nein! – und zeigte auf das Buch, das er mithilfe der Taschenlampenfunktion seines Handys studierte, die Nahaufnahme einer Gemeinen Strandkrabbe in ihrer ganzen Pracht, wimmelnde Antennen und aufgerissene Scheren inklusive. Zackig entriss sie ihm das Buch, woraufhin er ein seltsames Jodeln von sich gab, Hey!, und sie vorwurfsvoll, aber wenig überrascht anfunkelte. Wieder bedeutete sie ihm, dass er sich die Zähne putzen solle, und blieb vor ihm stehen, während seine Miene eine ganze Reihe von Emotionen durchspielte. Es war, als würde man das Wetter beobachten. Nach einer Weile wandte er sich ab, zuckte die Achseln und machte sich daran, aus der Hängematte zu klettern. Grace trat einen Schritt zurück, legte das Buch demonstrativ auf dem kleinen Tisch ab, wo er es sich abholen konnte, wenn er fertig war. Er schlappte bewusst langsam an ihr vorbei in Richtung Bad, doch sie stoppte ihn und zog an ihrem Hemd, um ihm zu signalisieren, dass er sich einen Schlafanzug anziehen solle. Er verdrehte die Augen und schlappte weiter.

»Bist 'ne gute Mutter«, murmelte Evan vom Sofa. »Hast du Kinder?«

»Nein«, erwiderte sie. Höchste Zeit, hier abzuhauen.

»Meine Tochter ist gestorben, weißt du?«

Sie wirbelte herum. Er hatte das Kinn in die Hand gestützt, sah sie nicht an, sprach offenbar mit sich selbst. »Jepp«, sagte er, immer noch in sich versunken. »Und ich hab se umgebracht. So isses, raus damit, sags ruhig laut. Ich wars.«

Grace ließ sich schwer auf die Sofalehne fallen, ihre Kehle war wie zugeschnürt.

Evan schüttelte bedächtig den Kopf. »Ich hab meine eigene verdammte Tochter umgebracht.« Fette, ölige Tränen liefen ihm über die Wangen. »Das hasse ich am allermeisten. Mehr als alles andere. Jessielein, Jessielein, Jessielein.«

Jetzt weinte er richtig, ein tiefes, ein whiskeygetränktes Schluchzen, rieb sich nachlässig Schnodder von der Nase, verwischte ihn mit den Tränen.

Das war es also, das Leid, das sie in ihm erkannt hatte.

Aus dem Bad drang das Geräusch der Toilettenspülung, gefolgt vom Surren einer elektrischen Zahnbürste. Sie riss einen Wust Küchenpapier von der Rolle neben der Spüle und drückte es dem Mann stumm in die Hand. In ihrem Kopf ging alles durcheinander.

Das war alles nicht für ihre Ohren bestimmt gewesen. Nüchtern hätte er ihr das nie anvertraut. Doch sie konnte ihn hier nicht sich selbst überlassen, allein mit den entsetzlichen Worten, die er gerade gesagt hatte, in diesem einsamen Haus, die Sache mit dem Kajak lag noch nicht lange zurück, und kein Anker, niemand, der ihm zuhörte.

Langsam setzte sie sich wieder auf die Lehne, sah ihn an und wartete. Nach einer Weile hatte er sein Gesicht trocken gewischt, hustete verschleimt und fummelte zwanghaft an dem nassen Packen herum.

»Was ist passiert?«, fragte sie schroff, obwohl sie eigentlich sanft sein wollte, aber Sanftheit war ihr irgendwie abhandengekommen. »Willst du's mir erzählen?«

Er zuckte die Achseln wie ein verstockter Junge, schüttelte den Kopf und starrte in den leeren Kamin.

Da kam der Junge mit glänzenden Wangen aus dem Bad und zupfte sie am Ärmel. Er zeigte fragend auf das Buch. Als sie lächelnd nickte, grapschte er es sich und verzog sich ohne einen Blick auf seinen Vater und dessen Tränen in sein Refugium.

Evan sah ihm nach. »Armer kleiner Mann«, sagte er. »Armer Tropf. Hatte nie 'ne Chance.«

Während er vor sich hin starrte, wünschte Grace, sie hätte

den Hund zum Streicheln dabei, um die Trübseligkeit zu vertreiben, die zwischen ihnen aufgestiegen war.

»Mist, der ist behindert, hab ich gedacht. Lorna auch, hats nur nie ausgesprochen. Nie.« Er lachte bitter auf. »Und dann stellt sich raus, dass er nur nichts hören kann. Die Scheißärzte, Spezialisten, Kliniken, Therapien, beschissenen Spielgruppen. Spielgruppen, im Ernst? Lauter andere Kinder mit 'nem Dachschaden, die in unserem Garten wie die Spastis rumstöhnen. So eine Scheiße!«

»Das ist fies, was du sagst«, rief Grace streng.

»Ich weiß!«, rief er. »Verdammt genau weiß ich das, Grace! Aber so spukt es mir im Kopf rum. Und es macht mich irre!« Es klang wie ein Knurren. Sie wollte sich zum Gehen wenden, doch dann begann er, sich wütend mit den Fingern in die Schläfen zu bohren. »Warum kann ich verdammt noch mal nie einfach sagen, was in meinem beschissenen Schädel vorgeht?«

Bohr, bohr, bohr.

Fasziniert beobachtete sie ihn, genau wie damals den Hund, als der an seinen Fäden rumgenagt hatte, sämtliche Wunden hätte der sich wieder aufgerissen, wenn sie ihn nicht davon abgehalten hätte.

Sie schob sich die Hände in die Taschen, suchte Halt, um ruhig und besonnen zu klingen. »Meine Güte«, sagte sie. »Hast du doch gerade gemacht, du armer Irrer! Reicht dir das etwa nicht? Wenn du noch lange da rumbohrst, verletzt du dich nur selbst, und was hast du dann davon? Außerdem jagst du dem Jungen einen Schrecken ein, wenn er dich so sieht. Also krieg dich wieder ein, verdammt!«

Sie musterte ihn mit ihrem ruhigen Blick, bis er die Hände fallen ließ und sich stumm wiegte, völlig erschöpft. Sie holte ihm ein großes Glas Wasser und drückte es ihm in die

Hand. »Zeit fürs Bett, mein Junge. Trink das und dann ab in die Heia mit dir. Morgen früh kriegst du die Rechnung, du Trottel.«

Ohne sie anzusehen, leerte er das Glas, rieb sich übers Gesicht und zerrte sich nickend einen Schuh, dann die Socke vom Fuß. Seine Haut war perlweiß, der Fuß knochig, die Zehen schlank und elegant wie Finger. »Ich hab meine Jessie umgebracht«, murmelte er leise.

»Ich weiß«, erwiderte sie traurig, nahm den Hut vom Küchentresen und ging zur Haustür. »Ich weiß, Schätzchen.«

23

Als Evan in der Früh die Augen aufschlug, roch es im Haus brackig, irgendwie nach Meer. Rasch vergewisserte er sich, dass der Gestank nicht vom ihm stammte. Zum Glück nicht. Als er vorsichtig den Kopf hob, entdeckte er seinen Sohn am kleinen Küchentisch. Er hatte einen Eimer vor sich, in den er immer wieder langsam die Hand eintauchte. Sachte ließ sich Evan aufs Kissen zurücksinken, zog sich die Decke über den Kopf.

Als er später erwachte, war der Junge weg, der Eimer aber immer noch auf dem Tisch. Es stank nach faulen Eiern, aber das war zweitrangig. Wichtiger war, dass Evan sofort ein Glas Wasser bekam. Mit großer Vorsicht stellte er die Füße auf den Boden, die, wie ihm jetzt auffiel, nackt waren. Na, das war doch schon mal was. Wenigstens hatte er sich Schuhe und Socken ausgezogen. Schön langsam kam er ins Sitzen und verharrte erst mal eine ganze Weile in dieser Position, bis das Zimmer es ihm gleichtat. Als der Durst zu stark wurde, stand er vorsichtig auf und tastete sich millimeterweise bis zur Spüle vor, wo ihn wie ein Messer das durchs Fenster gleißende Licht der Sonne traf. Er drehte den Hahn auf, woraufhin das Wasser laut auf das darunter aufgetürmte Geschirr prasselte. Durch den Dreck und Schleim tastete er nach einem Becher, den er bis zum Rand füllte und in einem köstlichen Zug leerte.

So stand er erst mal eine Weile, die Sonne warm im Rücken, genoss es, wie ihm das kühle Nass den Brand im Magen linderte, als Luca zurückkehrte. Sofort fiel ihm auf, wie braun gebrannt der Junge mittlerweile war, wie gesund er aussah, er hatte Fleisch an den Knochen, ein Grinsen im Gesicht und wirkte an diesem Morgen besonders fröhlich.

Hi, Dad, bist du schon auf? Evan stellte den Becher sachte auf den Küchentresen.

Ja, endlich. Was machst du? Hast du Spaß?

Komm, ich zeig dir was.

Luca trat an den Eimer und ruckelte ein wenig daran, dann spähte er mit breitem Lächeln hinein und zu seinem Vater, der sich langsam näherte.

O Gott, dachte Evan, nicht der Eimer.

Der Gestank, der ihm entgegenschlug, war mit Händen zu greifen, stand im Zimmer wie Giftgas, doch er zwang sich, weiterzugehen, wenn auch zögerlich, schließlich kam es nicht alle Tage vor, dass sein Sohn ihm etwas zeigen wollte. An die Tischplatte geklammert, beugte er sich vor und riskierte einen Blick. In einer Pfütze am Boden des Eimers lag faulender Seetang – nicht so schlimm wie befürchtet, solange er nicht durch die Nase atmete. Er sah seinen Sohn fragend an, der ihn eifrig zur Seite schob und mitten in den Haufen hineingriff. Als er die Finger wieder herauszog, wimmelten auf seiner Handfläche zahlreiche kleine Wesen, die, eingerollt und transparent, aussahen wie abgeschnittene Zehennägel. Unter seinem Blick trockneten die Tierchen ein wenig ab und zappelten noch heftiger. Plötzlich hopste eines wie ein Floh, sprang ihm direkt von der Hand und landete auf dem Küchenboden.

»Wähhh!«

Evan machte einen Satz.

Luca! Was ist das?

Der Junge lachte, sehr zur Freude seines Vaters, verfrachtete die restlichen Wimmelwesen zurück in den Eimer und rannte los, um ein großes Buch zu holen, das er vor Evan auf dem Tisch aufschlagen wollte, mitten in einer mit Seetangfetzen versetzten Meerwasserlache.

»Vorsicht!«, rief Evan und legte das Buch an eine trockene Stelle.

Luca zeigte ungeduldig auf ein Foto am Rand der Seite, auf dem ein nahezu identisches Wimmelwesen zu sehen war. Darunter stand der Name: *Flabellifera*. Evan blinzelte.

»Flabell-ifera?«, fragte er laut.

Die sammelst du?

Der Junge nickte, immer noch breit grinsend.

Die sind cool, stimmts? Davon gibt es ganz viele. Aber sie brauchen eine Menge faulenden Seetang, sonst sterben sie. Das hier stinkt ein bisschen. Die fressen das, wäh. Schau, da stehts.

Evan, der seinen Sohn selten so aufgeregt gesehen hatte, beugte sich über das Buch, um den mit dem Finger markierten Abschnitt laut vorzulesen: »›Die Flabellifera, auch Fischläuse genannt, gehören zur Gruppe der Asseln (Isopoda).‹ Jepp, genau, da haben wir sie, hier auf unserem Küchenboden, eine echte Laus«, sagte Evan. »›Der Körper ist flach und oval, die Augen sind meist groß‹«, las er weiter.

Dann spürte er plötzlich etwas, das er seit langer Zeit nicht mehr erlebt hatte. Luca berührte ganz zart Evans Wange und behielt seine Finger dort. Als kleiner Junge hatte er das oft getan, wenn er beim Vorlesen ganz in eine Geschichte vertieft war, als wollte er erspüren, wie die Worte im Mund entstanden, als könnte er sie beschleunigen, die Information direkt aus den Vibrationen unter der Haut ertasten. Früher hatte Evan ihm vorgelesen, um ihm und sich selbst Ruhe und Geborgenheit zu vermitteln, und obwohl sein Kind die Worte nicht hören konnte, verfolgte es die gedruckten Worte mit dem Finger unter der Zeile. Als er jetzt die warmen kleinen Finger spürte, hielt er kurz inne, bevor er weiterlas, die Hand seines Sohnes noch immer an der Wange.

»Ähm ... ›Die Augen sind meist groß und seitlich angeordnet, sie haben zwei Antennenpaare unterschiedlicher Länge. Ihre Farbe variiert von Blassgrau bis Braun, mit schwarzen Punkten am gesamten Körper.‹«

Der Junge nickte, zog die Hand weg und strahlte seinen Vater an.

Siehst du?

Cool, gebärdete Evan.

Und Grace hat gesagt, ich soll sie malen, bis ich sie ganz genau kenne, danach nehme ich mir die anderen vor, aber noch nicht die Krabben. Vor denen habe ich Angst.

Ihm schauderte sichtlich, doch dann grinste er noch einmal und war schon wieder mit dem Eimer zur Tür hinaus und auf dem Weg, wo nach kurzer Zeit seine schweren Gummistiefelschritte zu hören waren, die wenig später, als er den Kiesstrand erreicht hatte, in ein zunehmend leiser werdendes Schlurfen übergingen. Evan sah ihm nach, die Hand an der Wange, wo Luca ihn berührt hatte. Nach einer Weile machte er sich, immer noch leicht benebelt, daran, etwas Ordnung zu schaffen. Hier und da waren noch die Überreste eines improvisierten Frühstücks zu erkennen – eine milchverkrustete Müslischale samt Löffel, eine Spur aus Rice Krispies auf dem Boden –, also hatte das Kind wenigstens gegessen, während er seinen Rausch ausgeschlafen hatte. Statt sich mit seinen Schuldgefühlen auseinanderzusetzen – die kamen einfach zu oft und waren zu schwer zu ertragen –, riss er alle Fenster auf, um den Gestank seiner Alkoholausdünstungen und des faulenden Seetangs zu vertreiben. Etwas erholter trat er an die Spüle, um Wasser für den Abwasch zu erhitzen.

Doch während er vor sich hin hantierte und der Erinnerung an Lucas Finger an seiner Wange nachhing, vermischte sie sich mit den Geschehnissen des vergangenen Tages, die langsam aus dem Nebel seines Verstands aufstiegen. Immer wieder wallte Hitze in ihm auf, und fettiger Schweiß überlief seinen Körper. Er hatte seinen Job gekündigt. Luca hatte seine Wange berührt und gelächelt. Von den Stunden zwischen gestern und heute Morgen fehlte zwar etwas, aber zwei Dinge wusste er genau: Er hatte seinen Job gekündigt. Sein Sohn hatte sein Gesicht berührt.

»Du lebst also noch, gut.«

Er hatte gerade etwas Bleiche in die Schüssel geschüttet, das schmutzige Geschirr wartete, schief aufgetürmt, auf dem Abtropfbrett. Aus unerfindlichen Gründen stand auf einmal Grace im Haus, unübersehbar in ihren übergroßen Klamotten, heute in Braun-, Beige- und Grautönen gehalten.

Sie war einfach reingeschneit, wie immer.

»Ja, gerade noch.«

Er lächelte sie schwach an, schon wieder brach ihm der Schweiß aus, feucht auf seiner Haut, und jetzt krampfte sich auch noch sein Magen zusammen.

»O Gott, Moment!«, stieß er hervor, ließ die Schüssel fallen und schoss in Richtung Bad davon.

Als er nach einer ganzen Weile wieder herauskam, war das Haus leer. Die Stille zischte, als würde etwas durch ein Loch entweichen. Okay, dachte er, immer schön langsam, eins nach dem anderen. Zuerst nahm er sich einen Kanten Brot und kaute vorsichtig darauf herum, trank dazu Wasser, aber nur winzige Schlucke. Er konnte förmlich spüren, wie ihm der Zucker durch die Blutbahn rauschte und die ausgetrockneten Lebensgeister weckte. Viel besser.

Die Hand schützend über die brennenden Augen gelegt,

tastete er sich zur Haustür vor, um nach Luca zu sehen. Dahinten, am felsigen Teil des Strandes, hatte er sich über einen Tümpel gebeugt. Neben ihm kniete Grace, ohne Hut, denn den hatte sie in den Sand geworfen. Ihre weiten Ärmel waren hochgeschoben, sie hatte den gebräunten Arm ins Wasser getaucht und harrte konzentriert auf Beute. Mit ihrer großen Nase erinnerte sie Evan an einen Adler oder irgendein anderes Raubtier. Lucas vergnügtes Quieken konnte er bis hierher hören, der Junge schlug sich die Hand vor den Mund, vor die Augen, wieder vor den Mund, während er zögerlich in den Tümpel spähte, neugierig, aber auch voller Angst vor dem, was Grace da gefangen haben mochte. Evan musste unfreiwillig lächeln.

Grace zog den Arm heraus, sie hielt etwas zwischen den tropfnassen Fingern, vielleicht einen Krebs. Offenbar nicht besonders groß, aber Luca hielt sich die Augen zu und wandte sich quietschend ab. Evan hörte sie lachen wie ein Kerl, als sie das kleine zappelnde Ding auf ihrem Handteller im Zaum hielt. So gern hätte er selbst miterlebt, wie sein Sohn die Augen öffnete, um das Tier zu begutachten, es vielleicht sogar selbst auf die Hand nahm.

Er würde sich zu ihnen gesellen, ob er nun willkommen war oder nicht.

Also schlappte er über den Kiesstrand, die Meeresluft salzig auf seinen Lippen. Es fühlte sich gut an. Das Wasser stand hoch, das Meer lag still vor ihm, dass es sich bewegte, war nur hin und wieder zu erkennen, wenn es lässig an den Strand schwappte. Es waren keine Vögel zu sehen, nur Evans große Füße knirschten erst laut über die winzigen Kiesel, dann gedämpfter über den Sand. Da war eine seltsame Leichtigkeit in ihm, die er nicht verstand, als hätte sich etwas geöffnet und den Druck abgelassen.

Grace hatte ihn sicher von hinten kommen hören, aber sie wandte sich nicht um, ihre ganze Konzentration galt dem Tier auf ihrer Hand, dunkel, wie er jetzt erkannte, mit feinen, zierlichen Kneifern. Luca, neben ihr, spähte mittlerweile vorsichtig auf Grace' Hand, quiekte aber immer noch. Sie kniete ungerührt im Sand, obwohl ihre Klamotten sicher schon klatschnass waren.

Evan blieb in einiger Entfernung stehen, während Luca die Krabbe beäugte. Neben ihnen säuselte das Meer, die Brise kühlte ihm den Nackenschweiß. Das Tier tippelte immer noch auf Grace' Handteller umher, suchte den Heimweg, aber sie rührte sich nicht, schaute Luca in die Augen, lächelte ihm zu, als er sich Stück für Stück näher wagte. Dann, endlich, wurde sie belohnt, der Junge lächelte zaghaft zurück, bewegte Daumen und Zeigefinger in der Luft, Krabbe, und sie nickte, genau.

»Frag ihn, ob wir sie in seinen Eimer tun sollen«, sagte sie zu Evan, ohne sich umzudrehen.

»O ja, bitte, dann muss er nämlich endlich den stinkenden Seetang ausleeren.« Evan trat neben seinen Sohn, der bei der Bewegung und dem Lichtwechsel den Kopf gehoben hatte. Rasch gebärdete er die Frage.

Doch Luca schüttelte den Kopf.

Das soll alles im Eimer bleiben. Wir lassen die Krabbe in einem kleineren Tümpel frei, beschloss er, ohne Seetang. Dann kann ich sie besser beobachten.

Während Evan Grace die Nachricht übermittelte, hatte Luca ihr Gesicht fest im Blick, um keine Regung zu verpassen, und als sie lächelte und nickte, zupfte er sie am Ärmel – *Dann komm mit* –, damit sie schneller aufstand. Evan bemerkte, dass es sie Mühe kostete aufzustehen, nasse Kleidung und mit der Krabbe in der Hand.

Such einen guten Tümpel und sag uns Bescheid, erklärte er dem Jungen, der aufgeregt davonrannte, während Evan ihren Ellbogen ergriff, um ihr aufzuhelfen.

Sie schüttelte ihn barsch ab und funkelte ihn an. »Ich gehör noch nicht zum alten Eisen!«

»Na, dann gib mir wenigstens die Krabbe«, sagte er sanft. »Luca wird uns nie verzeihen, wenn wir sie jetzt verlieren.«

Grace musterte ihn, sagte aber nichts, sondern ergriff seine Hand und löste seine Finger. Wie stark sie war! Sie ließ das Tier vorsichtig auf seinen Handteller gleiten, und er legte die andere Hand wie einen Deckel darüber. Er spürte die Pikser der spitzen Beine auf seiner Haut. Jetzt, da Grace beide Hände frei hatte, kam sie elegant auf die Füße und schüttelte ihren teilweise durchnässten langen Rock aus. Dann hob sie ihn bis über die Knie an und klopfte sich den Sand von den muskulösen blassen Beinen. Hinter ihnen kletterte Luca wie ein kleiner Affe über die Felsbrocken, um einen neuen Tümpel zu finden. Im Klettern war sein Sohn wirklich talentiert, genau wie der Vater, dachte Evan mit neuem Stolz.

»Ich muss schon sagen, heute Morgen bist du in erheblich besserer Form«, sagte Grace, schüttelte ihren Hut aus und floppte ihn zurück auf ihr aschblondes Haar. »Ich dachte, ich würde dich tot auf dem Sofa vorfinden oder zumindest bewusstlos, so, wie du gestern Abend gezecht hast!«

Er senkte beschämt den Blick. »Ja, tut mir leid. Wirklich. Und danke für ...« Er wies auf Luca. »Es war voll daneben, ich weiß ...«

Sie nickte nur.

»... und wird nicht wieder vorkommen, versprochen. Ich bin fertig damit. Vorbei. Endgültig abgehakt.«

»Tja, schön für dich, aber manche Leute haben zu arbeiten«, erwiderte sie. »Vor Lignacallah sind Makrelenschwärme unterwegs, und mindestens zwanzig Tierchen gehören mir.«

Sie schnalzte, und der Hund, der versteckt oben auf den Felsen gelegen hatte, sprang auf und trottete jetzt voraus, offenbar kannte er eine Abkürzung nach Hause.

»Sag ihm, dass es sich um eine noch ganz junge Samtkrabbe handelt und nicht um eine Gemeine Strandkrabbe«, fügte sie hinzu. »Es ist wichtig, dass er die Systematik lernt, besonders am Anfang. Steht alles im Buch.«

Mit diesen Worten marschierte sie davon. Mit ihrem fleckigen Wollrock, der ihr bei jedem Schritt um die Fesseln schwang, wirkte sie wie aus der Zeit gefallen, so ganz anders, so unbekümmert. Evan sah ihr nach, bis sie auf den Weg geklettert und um die nächste Ecke verschwunden war. Sie warf keinen Blick zurück.

»Nnng!« Luca, auf den Felsen am anderen Ende der Bucht, fuchtelte aufgeregt herum. Offenbar hatte er ein geeignetes Zuhause für die Krabbe gefunden. Das Tier, das sich Samtkrabbe schimpfte und ihm immer noch in die Hand stichelte, fühlte sich alles andere als samtig an, aber er hielt es fest umschlossen und trottete zu seinem Sohn.

Wo geht Grace hin?, wollte Luca wissen.

Evan hob die Deckelhand und machte eine Fischbewegung, was die Krabbe sofort als Ausbruchschance nutzte. Sie baumelte ihm schon vom Finger, als er sie in letzter Sekunde abfing.

»Mist!«, sagte er.

»Naaain!«, rief der Junge. Nicht fallen lassen! Hier! Schnell!

Grace war vergessen, als Evan über die spitzen Felsen krauchte, auf den Ellbogen. Luca strahlte und hüpfte von einem Fuß auf den anderen, er konnte es kaum erwarten, dass sein Vater die Krabbe in den Tümpel setzte.

Evan ging in die Hocke und hielt die flache Hand hinein. Kaum spürte das Tier Wasser unter den Beinchen, tippelte es davon. Luca, im Fersensitz neben ihm, hatte sich so weit vorgebeugt, dass seine Nase fast nass wurde. Die Sonne stand mittlerweile hoch am Himmel, eine einsame Möwe drehte über ihnen ihre Kreise. Es war, als wäre die Zeit stehen geblieben und Evan und Luca würden irgendwo dazwischenhängen, nur sie beide, an diesem Ort.

Sie beobachteten, wie die Samtkrabbe mit ihrem ulkigen Seitwärtsgang von Ufer zu Ufer tippelte, aber es gab keinen Ausweg, zumindest nicht vor der nächsten Flut. Evan empfand ein bisschen Mitleid mit dem Geschöpf, dessen blinde Gefangenschaft ihm leichtes Unbehagen verursachte, daher betrachtete er lieber seinen Sohn. Luca hatte mittlerweile ein paar Sommersprossen bekommen, sie zogen sich wie eine Brücke über seinen Nasenrücken, seine Arme und Beine waren von der Sonne gebräunt. Seine Miene war entspannt und aufgeschlossen, er war völlig auf das Tier im Tümpel konzentriert, die Falte, die sich sonst stets zwischen seine Brauen gegraben hatte und ihn wie einen alten Mann aussehen ließ, war verschwunden. Evan stellte fest, dass sie sich seit Tagen nicht mehr gestritten hatten. Er tätschelte seinem Sohn sanft die Schulter. Luca blickte überrascht auf und lächelte.

Wie viele Beine es hat, sagte Evan.

Der Junge nickte.

Zehn. Aber die vorderen sind so was wie Arme, erklärte er und nickte seinem Vater freundlich zu, bevor sie wieder schweigend das Wasser beobachteten.

Irgendwann knurrte Evan laut der Magen. Wieder berührte er den Jungen an der Schulter.

Hast du Hunger?

Luca schüttelte den Kopf und schuckelte auf seinem Hintern herum, um aus der Hosentasche sein Notizbuch hervorzuziehen, das er sonst für komplizierte Botschaften benutzte oder wenn er neue Worte lernen wollte. Er schlug eine leere Seite auf und positionierte es vorsichtig auf dem Felsen, der kleine Bleistift baumelte von seiner Schnur.

Ich will seine Mundwerkzeuge zeichnen, erklärte er seinem Vater. Wenn ich sie sehe. Grace sagt, diese Krabbe hat zwei.

Luca war offenbar ganz fasziniert von der Komplexität der Meeresfauna, Evan hingegen spürte seine steifen Glieder und nutzte die Gelegenheit, um sich aufzurichten, alle zu lockern und die Ellbogen von spitzen Steinchen zu befreien. Auch er verspürte keinen Hunger, wie immer nach einem Besäufnis, aber er würde trotzdem ein bisschen Speck braten und ihnen ein Sandwich machen, irgendetwas Einfaches, das satt machte.

Als er das dunkle Haus betrat, lag da jemand auf dem Sofa, ein rundliches Mädchen. Sie hatte die Schuhe abgestreift und auf dem Boden verteilt und hielt ein Handy in den Fingern. Selbst im trüben Licht wirkte ihr buntes Kleid auffallend grell, und ihre breiten weißen Beine leuchteten. Als sie Evan im Türrahmen entdeckte, sagte sie aggressiv: »Wer bist du denn?«

24

»Kann ich dir helfen?«, fragte er, weil ihm partout nichts Besseres einfallen wollte.

Das Mädchen setzte sich auf. »Wir haben Lockdown«, gab sie zurück. Sie hatte dichtes gelbblondes Haar, das ihr bauschig um den Kopf wallte. Irgendetwas an der Art, wie sie das gesagt hatte, kam ihm bekannt vor. Er musterte sie genauer.

»Stimmt«, gab er zu.

Die beiden beäugten einander noch eine Weile, das Gesicht des Mädchens war gerötet. »Ich übernachte immer hier, wenn ich zu Besuch bin«, sagte sie schließlich.

Da fiel ihm der Rucksack zu ihren Füßen auf, so einer, wie ihn neuerdings alle als Schultasche benutzten, und eine Reisetasche, bis zum Platzen vollgepackt, an den Seiten traten die Umrisse diverser Objekte hervor. Beides stand wie selbstverständlich zwischen den anderen Dingen, die kreuz und quer über dem Boden verteilt lagen.

»Aber heute nicht«, sagte er sanft. »Momentan wohnen wir hier.«

Sie verzog die Lippen und rutschte auf dem Sofa nach vorn. »Aber wir haben Lockdown«, sagte sie ganz langsam, als wäre er begriffsstutzig.

»Korrekt. Aber ich bin schon vorher hier gewesen und sitze nun hier fest.«

»Ach.« Sie senkte den Kopf und fummelte an ihrem Handy herum. Ihr Kleid war wirklich bemerkenswert, voller orangefarbener Spritzer und roter Flecken auf weißem Hintergrund, wie ein riesiges Strandlaken.

»Bist du die Tochter von Grace?«

»Nichte«, sagte das Mädchen knapp. »Sie hat keine Kinder.«

»Ah.«

Sein Blick war ihr sichtlich unangenehm. »Na, dann geh ich wohl zu ihr«, sagte sie schließlich und zog ihre Schuhe mit den nackten Zehen zu sich heran. Ihre Zehennägel waren in einem eindrucksvollen Lilaton lackiert. »Mal sehen, ob ich da übernachten kann. Mistdreck.«

Sie sprach nicht mit ihm, und in ihrer Stimme schwang eine Leere mit, die ihn anrührte. Sie wirkte nicht älter als sechzehn.

»Grace ist nicht zu Hause, glaube ich«, sagte Evan freundlich, während das Mädchen die Füße in die breiten, flachen Schuhe schob, »aber ich mach uns gerade Mittagessen«, er ging zum Kühlschrank, »ist zwar nur Specksandwich, aber wir haben genug, du bist herzlich eingeladen.«

Hinter ihm herrschte Schweigen, doch als er sich zu ihr umwandte, saß sie immer noch auf dem Sofa, die Füße nach innen verdreht, die Schlaufe ihrer Reisetasche locker in der Hand. Sie blickte durch die Tür hinaus zum Strand, ihr Gesicht wirkte müde. Jetzt sah sie älter aus. Achtzehn, zwanzig?

Sie zupfte an einem kurzen Fingernagel ihrer großen Hand. »Na gut«, sagte sie leise. »Danke.«

Dann hantierte Evan mit dem Essen und der Pfanne herum, klapperte extralaut, um die Stille zu vertreiben. Irgendwann hörte er, wie das Mädchen sich hinter ihm vom Sofa erhob, im Haus herumlief, Sachen in die Hand nahm und sie wieder zurückstellte, seufzte. »Was für ein Verhau hier.«

Evan lachte. »Ja, wir Männer sind echte Luschen, stimmts?«

»Bist du schwul?«, fragte sie. Als er herumfuhr, hatte sie den kleinen Vogelschädel in der Hand.

»Nein!«

»Und wer sollen dann die ›Männer‹ sein?«

Sachte setzte sie den Schädel wieder ab und strich freundschaftlich darüber.

»Ach so!«, sagte er und zeigte dann mit dem Pfannenwender in Richtung Strand. »Mein Sohn. Ich und mein Sohn. Luca. Er ist acht. Wir haben beide hier Zuflucht gefunden, so kann man das wohl sagen.«

Sie musterte ihn aufmerksam. »Ja. Ich auch«, sagte sie dann.

»Willst du ein Spiegelei drauf? Hart? Weich?«, fragte Evan.

»Mmh, lecker, ja bitte. Und ich koch den Tee.« Sie zögerte. »Willst du mich gar nichts fragen?«

»Hab ich doch gerade.«

»Haha, sehr witzig. Ich meinte, wer ich bin oder was ich hier mache.«

»Wollte nicht neugierig sein.« Er grinste sie an und wies mit dem Kinn zur Spüle. »Wäscht dir besser die Hände. Wir wollen doch nicht, dass Becky hört, die neuen Mieter halten sich nicht an die Hygienevorschriften.«

»Ach die. Die macht mich fertig, echt wahr«, sagte sie, wusch sich aber trotzdem die Hände, bevor sie wie jemand, der schon immer in diesem kleinen Haus gewohnt hatte, die Teekanne holte und Teebeutel hervorkramte. Während sie mit ihrem wogenden Riesenkleid barfuß über die Fliesen tappte, summte sie schief vor sich hin, ein fröhlicher Laut, der den trüben Raum sofort freundlicher machte. Das dichte blonde Haar bauschte sich um ihr Gesicht, was Evan dazu animierte, sich vorzustellen, wie ihre Tante wohl mal ausgesehen hatte. Er musste lächeln. Es war, als teilte man sich das Haus mit einem Regenbogen.

Sie arbeiteten eine Weile entspannt nebeneinanderher, bis das Essen schließlich fertig war und der Tisch gedeckt. Dampf kräuselte aus der Kanne, die sie auf ein gefaltetes Geschirrhandtuch auf den Tisch gestellt hatte. Es war schön, Gesellschaft zu haben.

»Ich hole Luca, wenn du den Tee einschenkst«, schlug er vor.

»Ich rufe ihn«, bot sie rasch an, schon Luft holend an der Tür.

»Er wird dich nicht hören.« Evan zögerte. »Er ist taub.«

Mit unnötiger Wucht knallte er die Teller auf den Tisch.

»Ist bestimmt nervig, den Leuten das ständig auf die Nase binden zu müssen«, sagte sie über ihre Schulter hinweg. »Keine Sorge, ich geh ihn holen.«

Überraschend flink war sie losgezogen, dorthin, wo der Junge kauerte. Evan folgte ihr an die Tür, um nachzusehen, wie Luca reagieren würde. Luca war nicht gut auf Fremde zu sprechen, seine Befangenheit wurde ihm oft als Überforderung ausgelegt, gelegentlich sogar als Dummheit. Er sah das Mädchen über den Strand schreiten, ihre weichen Schultern bis zu den Ohren hochgezogen. Die bunten Farben ihres Kleides hatten Lucas Aufmerksamkeit erregt, er verharrte im Fersensitz und verfolgte ihr Näherkommen wie ein Vogel, der sein Nest bewacht. Sein Gesicht war blass und angespannt.

O Gott, dachte Evan nervös, gleich haben wir den Salat.

Als das Mädchen auf ihn zutrat, brach Luca in Tränen aus.

»Meine Güte«, murmelte Evan, und sofort überlief ihn vor lauter Scham der kalte Katerschweiß. Doch diesmal mischte er sich nicht ein. Hatte einfach keine Lust. Stattdessen schaute er von der Tür aus zu, während der köstliche Speckgeruch seinen Magen in Wallung brachte.

Das Mädchen ließ sich nicht aus der Ruhe bringen, es schlang ihr Kleid enger um sich, ploppte neben Luca auf den Felsen und streckte mit einem breiten Grinsen die Hand aus. Der musterte sie langsam von Kopf bis Fuß, offenbar beeindruckt von ihrer Größe, sein Gesicht glänzte feucht, und dann, ganz langsam, legte er ihr ein dunkles, flaches Objekt in die Hand. Dabei schüttelte er den Kopf, und als sie beide darauf hinabblickten, verlor er erneut die Fassung. Mit schwesterlicher Güte schlang sie einen Arm um seine mageren Schultern und wischte ihm mit dem Kleiderzipfel die Tränen ab. Sie beugte sich tief zu ihm vor, lächelte und reckte ihren Daumen in die Höhe. Sie zeigte auf das Ding in ihrer Hand, tippte sich ein paarmal an die Stirn und bewegte den Finger vor seiner Nase.

Ich kenn mich mit den Dingern aus, keine Sorge.

Sie bedeckte es mit einer Hand und tat, als würde sie zaubern. Dabei strahlte sie den Jungen erneut an.

Es war sein Handy, wie Evan jetzt erleichtert feststellte. Luca hatte nur wegen seines Handys so emotional reagiert und führte sich nicht etwa wie ein schüchterner Zweijähriger auf, nur weil ihn ein fremdes Mädchen ansprach. Es ging ihm ums Handy. Der kleine Dummkopf hatte das Ding offenbar fallen lassen oder so, genau wie Evan es ihm vorausgesagt hatte, das kam davon, wenn man es unbedingt an den Strand mitschleppen musste und zu allem Überfluss auch noch halb aus der Hinterntasche raushängen ließ. Natürlich war er aufgelöst.

Das Mädchen hatte ihm keine Angst eingejagt. Ganz und gar nicht. Evan musste lachen. Sie hatte ihn sogar in die Arme geschlossen.

Jetzt zeigte sie aufs Haus und machte eine rasche Kopfbewegung, komm schon! Sie stand auf, Luca folgte ihr, ergriff sogar bereitwillig ihre Hand, so eifrig war er, zum Haus zurückzukehren, um zu sehen, ob sie ihm tatsächlich helfen könnte. Evan verzog sich ins Innere, wartete, bis ein Schatten über den Eingang fiel und sie beide hereinstürzten.

Dad. Mein Handy ist rausgefallen, aber okay. Das Mädchen hier sagt, sie kann das reparieren. Sei nicht böse.

Evan setzte eine strenge Miene auf. Ist dein Handy, gebärdete er. Hab ich dir nicht immer gesagt, dass das passieren würde?

Das Gesicht des Jungen verfinsterte sich, es war, als hätte sich die Sonne hinter eine dunkle Wolke verzogen, dann trottete er ins Bad, um sich die Hände zu waschen. Evan kam sich vor, als hätte er einen jungen Hund getreten. Seufzend wandte er sich ab, nahm die Milch aus dem Kühlschrank und schenkte dem Jungen ein Glas ein.

Das Mädchen hatte sich bereits niedergelassen und sich den Teller mit dem saftigen Sandwich geangelt, zwei weiche, knusprige Brotscheiben mit Beckys bestem Speck und einem Spiegelei, das wie eine weiße Lippe über den Rand flappte. Evan setzte sich auf den Stuhl gegenüber. Hätte er doch nur ihren Appetit. Beim Anblick des Essens wurde ihm schlecht. Er atmete tief durch, während das Mädchen ihren Becher mit Tee füllte und dann großzügig Milch und Zucker dazugab. Als sie seinen Blick bemerkte, lächelte sie und schenkte ihm auch einen Becher ein. Auf sein Nicken schüttete sie etwas Milch hinein, rührte um und schob ihm den Becher herüber. Er umklammerte ihn wie ein Kranker und trank einen Schluck. Der heiße Tee tat ihm gut, er fühlte sich sofort besser, konnte sich fast vorstellen, sein Sandwich zu essen. Aber nur fast. Um nicht essen zu müssen, griff er nach dem zerbrochenen Handy, das neben dem Mädchen auf dem Tisch lag. Es sah nicht gut aus, das Gehäuse war kaputt, das komplizierte Innenleben ungeschützt. Er sah sie fragend an.

»Kein Problem«, nuschelte sie mit vollem Mund. »Das ist mein Job. IT. Ist im Nu wieder ganz.« Sie schleckte sich Ketchup von den Lippen, schüttelte sich die Wallemähne aus dem Gesicht und aß weiter, die Ellbogen auf die Tischplatte gestützt, die Konzentration voll aufs Sandwich gerichtet.

Luca kam aus dem Bad an den Tisch und glitt auf seinen Stuhl. Sein Blick galt dem Handy, jetzt in den Fingern seines Vaters. Aus den Augenwinkeln beobachtete Evan, wie sein Sohn an seinem Essen herumpickte, und es machte ihn wütend, doch er blieb stumm. Er fragte sich, ob das Mädchen die angespannte Atmosphäre bemerkte, ob sie sich an ihrem langen Schweigen störte. Heute brannte alles, kratzte, fühlte sich unangenehm an, er fühlte sich unwohl in seiner Haut. In ihrer Anwesenheit spürte er dies nur umso intensiver, umso bedrückender. Nur ihre Kaugeräusche waren zu hören und das gelegentliche Klirren des Bechers, wenn er an den Teller stieß.

Innerhalb kürzester Zeit hatte das Mädchen ihr Riesensandwich inhaliert und die Ketchup-Lache mit dem restlichen Brot vom Teller gewischt. Als sie genüsslich ihren Tee trank, fiel ihr offenbar auf, dass der Junge sein Sandwich noch nicht mal angerührt hatte, denn sie tippte ihm auf die Hand, damit er sie ansah, und zeigte dann mit gerunzelter Stirn auf seinen Teller. Luca schüttelte den Kopf, keinen Hunger, vermittelte er ihr mit finsterer Miene und diesem verschlossenen, verstockten Blick, der Evan so richtig auf die Palme brachte, bis er fies wurde. Aber das Mädchen ließ sich davon nicht beeindrucken.

Mit theatralischer Geste stellte sie ihren Becher auf den Tisch, lehnte sich zurück, verschränkte demonstrativ die Arme. Sie hatte Lucas volle Aufmerksamkeit. Seine Augen waren tellergroß. Sie zeigte auf sein Sandwich. Dann tippte sie auf das kaputte Handy und verschränkte die kräftigen Arme erneut. Sie nickte knapp, hielt dem Blick des Jungen aber stand, bis er wegsah.

Evan sah beeindruckt zu, wie Luca einen kleinen Bissen von seinem Sandwich aß. Das Mädchen beobachtete ihn ebenfalls und nickte ihm ermutigend zu. Sie ließ ihn nicht aus den Augen, bis er fast die Hälfte aufgegessen hatte. Dann wies sie auf seine Milch. Zögerlich legte Luca sein Sandwich ab, trank einen Schluck. Wieder nickte das Mädchen zufrieden. Noch zwei Bissen aß er vom Sandwich, kaute das Brot mit grimmiger Entschlossenheit. Danach war Schluss, er schüttelte den Kopf – mehr geht nicht. Ihre Miene wurde weicher. Die Sonne kam wieder hervor.

Sie tätschelte ihm die Hand. Braver Junge.

Jetzt das Handy?, fragte er mit einem Fingerzeig.

Sie lachte, ja, ja, nahm es vom Tisch und schob den Stuhl zurück. Schwupps stand der Junge neben ihr.

»Du hast Brüder«, bemerkte Evan.

Wieder lachte sie. »Ja, drei. Aber ich bin der Boss.«

Während Evan das Geschirr spülte, hörte er, wie sie mit dem Jungen sprach, ihm Dinge erklärte und zeigte. Luca hatte sich über sie gebeugt, verstand zwar nichts, verfolgte aber gebannt jeden ihrer Handgriffe. Als sie ihn mittels Evan als Dolmetscher um eine Nadel bat, sauste der Junge los, um sie ihr zu bringen. Als sie Klebeband brauchte, war er sofort damit zur Stelle, das Ende bereits freigeknibbelt, um ihr beim Abrollen zu helfen.

Die Sonne spitzte mittlerweile übers Dach und schickte die ersten Strahlen des Nachmittags durchs Küchenfenster. Evan lehnte an der Spüle, trocknete sich die Hände und beobachtete die beiden. Die Stimme des Mädchens hatte eine beruhigende Wirkung, und plötzlich bemerkte er, wie müde er war. Als sich bei ihr eine Haarsträhne löste und den Blick auf das kleinteilige Innenleben des Handys versperrte, schob Luca sie ihr einfach wieder hinters Ohr und beugte sich noch dichter zu ihr hinab. Sie nahm gar keine Notiz davon.

»So«, sagte sie schließlich und startete das Handy. Das Display leuchtete auf, und die Software fuhr hoch. Abgesehen vom Klebeband, das die auseinandergebrochene Hülle zusammenhielt, war das Gerät wieder wie neu. Sie befeuchtete ihre Fingerspitze und las damit etwas von ihrem Kleid. Ein winziges silbriges Ding.

»Keine Ahnung, wie und warum, aber am Ende bleibt immer was übrig«, sagte sie, klatschte in die Hände und beförderte es so auf den ohnehin schon verdreckten Boden. »Aber das Ding funktioniert, also ist alles im grünen Bereich.«

Der Junge schnappte sich grinsend seinen Schatz, rannte zur Hängematte und igelte sich darin ein.

»Ach«, sagte das Mädchen mit Blick auf den verblichenen Stoff. »Wie habe ich das Ding geliebt, als ich so alt war wie er. Jetzt würde ich vermutlich damit von der Decke krachen.«

Weil Evan nicht wusste, was er dazu sagen sollte, fragte er: »Wie heißt du überhaupt?«

»Haha, stimmt. Ich bin Abbie. Und du?«

»Evan.« Grinsend hob er den Ellbogen, sie tat es ihm gleich, aber sie berührten einander nicht. »Luca kennst du ja schon.«

»Genau.« Sie lachte leise. »Netter Kerl, nur das mit den Ohren ist blöd. Kann man da nichts machen?«

Das wurde er ständig gefragt.

»Ach, wir haben schon so viel ausprobiert. Bei seiner speziellen Problematik funktioniert das nicht, leider. Man könnte ihm ein Implantat einsetzen, aber das ist eine radikale Maßnahme. Eine Operation. Seine Mum will noch abwarten, bis er etwas älter ist. Momentan geht es ihm gut, sagt sie.«

»Ach du Schande«, erwiderte Abbie. Dabei klang sie fast wie ihre Tante. »Wozu warten? Ich würde es ihm sofort einsetzen. Ich mein, jetzt gleich. Scheiße, wer lässt bitte sein Kind taub aufwachsen, wenn es auch anders geht?«

Auf einmal fand Evan sie noch sympathischer. Er grinste, sagte aber nichts. Lorna hatte ihm stets das Gefühl vermittelt, er sei ein Unmensch, der bei seinem Kind einen Schaden ausmerzen wolle. So sagte sie das, »ausmerzen«, immer mit implizierten Gänsefüßchen und eiskalter Stimme. Als wäre es unmenschlich, sich für sein Kind Normalität zu wünschen. Als wäre er ein Verbrecher oder schuld an der Misere, weil er ihn nicht so akzeptierte, wie er war.

»Wo ist Grace überhaupt?«, unterbrach Abbie seine Gedankenspirale.

Evan trat an die Tür und machte eine Kopfbewegung Richtung Strand. »Irgendwo gibts Makrelenschwärme«, sagte er. Sie nickte. »Ich glaube sogar«, er hatte die Hand schützend über die Augen gelegt, »dass sie dahinten herumschippert.« Mittlerweile hatte er einen sehr genauen Blick für die Bewegungen des Wassers entwickelt und konnte kleine Auffälligkeiten und Veränderungen rasch erkennen.

Abbie trat neben ihn und spähte ebenfalls hinaus. Dahinten, in der Ferne, war ein kleines schwarzes Boot zu sehen, still auf dem Wasser, eine längliche Gestalt am Ruder, ein breiterer Fleck am Bug. »Ah, Hund ist auch dabei«, rief Abbie entzückt.

»Du magst die Töle?«

»Aber klar doch!« Sanft schob sie sich an ihm vorbei, schuckelte sich zum Sitzen an der kleinen Gartenmauer hoch und sah hinaus aufs Meer. Beim Anblick ihres Hinterteils, das auf seiner Seite herunterhing, sah Evan rasch weg. »Ich hab mir immer Sorgen um sie gemacht, so allein, und sie hatte ewig keinen Hund, bis sie den hier gefunden hatte. Karnickel, ja, die hatte sie, aber das ist nicht dasselbe.«

»Karnickel?«

Abbie lachte. »Ja, schräg, oder? Irgendwann waren es fünf, hoppelten überall durchs Haus. Süße kleine Viecher, ganz handzahm, aber die leisten einem keine echte Gesellschaft, im Gegensatz zu Hunden.«

»Und zur Abschreckung sind sie auch nicht geeignet.«

»Haha! *›Einbrecher von Karnickel zu Tode gemümmelt‹*.«

Sie brachen in Gelächter aus.

Evan lehnte sich an den Türrahmen. »Aber sag mal ... die Leute hier erzählen, Grace wär ein bisschen, tja ...«

»Plemplem?«

Unter ihrem direkten Blick überlief ihn eine Welle der Scham.

»Sie ist nicht verrückt, okay?« Plötzlich lag da eine Schärfe in Abbies Stimme. »Sie ist einfach anders.« Dann schwieg sie, doch bevor Evan sich entschuldigen konnte, hatte sie wieder das Wort ergriffen. »Kann doch niemand genau definieren, was normal ist. Das Wichtigste ist, dass man glücklich ist, stimmts?« Sie wandte sich wieder dem kleinen Boot zu. »Ich will genauso sein wie sie. Hier leben, fischen, Quilts nähen, alles. Von schräg zu exzentrisch aufsteigen, machen, was und wie ich will, scheiß auf die anderen.«

Sie klang traurig, verloren.

»Also, ich finde dich grandios«, sagte Evan, was ihm ein schwaches Lächeln einbrachte.

»Ehrlich?«

Er nickte. »Wie du mit Luca umgegangen bist. Das können nicht viele. Er kann sehr ... schwierig sein.« In diesem Wort steckte viel Schmerz, und es reichte nicht aus, um seinen Kummer zu beschreiben.

»Ich mag schwierig«, sagte das Mädchen. »Leicht kann jeder.«

Sie standen eine Weile schweigend da, einträchtig, zufrieden mit dem Tag.

»Sie wurde entführt, weißt du, in London«, sagte Abbie nach einer Weile.

Er dachte zuerst, er hätte sich verhört, so leise hatte sie gesprochen.

»Sie redet nicht viel darüber. Wenn doch, dann sagt sie, man hätte sie festgehalten, aber für mich klingt das nach einer Entführung. Okay, sie war wohl schon immer ein bisschen schräg, auch bevor sie nach London gegangen ist, wenn man meiner Mum glauben kann, aber danach ... Sagen wir mal so: Es hat lange gedauert, bis sie sich wieder auf ihr ganz normales Wahnsinnsniveau eingependelt hatte.«

»Oh. Mist.«

Er schaute aufs Meer, als könnte ihm Grace' Anblick die Sache begreifbarer machen. Sie hatte die Angelschnur aus dem Wasser gezogen und ruderte bereits zurück an Land. Immer wenn sie sich vorbeugte, schien das kleine Boot zu verharren, um dann bei ihrer Ruderbewegung vorzuschnellen. Evan sah den Hund am Bug auf und ab wippen, aufrecht wie ein Kapitän.

»Ja. Meine Oma hat sie zurückgeholt«, knüpfte das Mädchen nahtlos an die Unterhaltung an. »Die war echt eine Nummer. Ist in ihrem Leben nie aus ihrem Dorf rausgekommen, aber als das mit Grace passiert ist, ist sie, ohne mit der Wimper zu zucken, losgezogen, um sie zu suchen. Mit dem Bus, Schiff und Zug von Ballybrady bis nach London ist sie gefahren, im Sonntagsstaat. Ist so lange geblieben, bis sie sie gefunden hatte, und hat sie dann heimgebracht.«

Abbie schilderte das alles sehr sachlich, wie eine oft erzählte Geschichte.

»Wow. Ihr Entführer hat sie einfach ... gehen lassen?«

Für Evan klang das eher nicht nach Entführung. Wieso hatte niemand die Polizei eingeschaltet?

»Er hat sie die ganze Zeit rausgelassen, das war es ja. Einkaufen und so was durfte sie, er hat ihr immer aufgetragen, was sie zu holen hatte. Und ihr gleichzeitig damit gedroht, was passieren würde, wenn sie nicht sofort wiederkäme oder irgendwas falsch machte, also ist sie immer brav zurück, auch als es schlimmer wurde. Er hat sie schlecht behandelt, glaube ich, ihr wehgetan. Deswegen hat sie ihm gehorcht.«

Es kam ihm so vor, als würde Abbie sich erst im Erzählen Klarheit über das verschaffen, was damals geschehen war.

»Mum meinte, das wäre Gehirnwäsche gewesen. Kannst du dir das vorstellen? Bei Auntie Grace? Offenbar war sie überzeugt, dass sie bei ihm bleiben müsste, nachdem sie erst mal ... du weißt schon. Wusste es wohl nicht besser. Oder er hat es ihr ständig eingeredet, ihr eingebläut, dass sie jetzt ihm gehört, bis sie es selbst geglaubt hat. War ja auch niemand da, der sie vom Gegenteil überzeugt hätte. Sie war ganz allein in der großen Stadt. Damals, in den Achtzigerjahren, da war das alles anders, Irland und England, da lagen Welten dazwischen.«

Sie musterte ihn. »Damals warst du ...?«

»In den Achtzigerjahren war ich noch ein Kind und hatte keine Ahnung, was lief.«

Abbie nickte, danach herrschte wieder Schweigen, aber Evan war sicher, dass ihr die Geschichte noch im Kopf herumging. Das Boot war mittlerweile hinter dem Felsvorsprung verschwunden, auf dem Weg zur kleinen Bucht vor Grace' Cottage. Das Mädchen redete mit sich selbst, und diesmal war ihre Stimme so leise, dass er vortreten musste, um sie im langsam anschwellenden Rauschen der steigenden Flut zu verstehen.

»Danach war sie total verstört, hat sich nicht getraut, den Mund aufzumachen, ist mit gesenktem Kopf durchs Dorf geschlichen und hat Selbstgespräche geführt. Mum meinte, es wäre herzzerreißend gewesen, bei ihrem Anblick hätte man heulen mögen. Hat sich die Haare ausgerissen, so Scheiß. Kannst du dir das vorstellen?«

Evan schüttelte den Kopf.

»Sie haben sie ständig irgendwo aufgelesen, halb tot, zu den unmöglichsten Zeiten.«

»Um Himmels willen.«

»Ich weiß, armes Ding. Manchmal sieht man es noch in ihrem Blick. Deswegen komm ich oft her. Einmal ist sie dahinten vom Felsen gesprungen, ist nicht so gut ausgegangen.«

Sie deutete auf den Küstenabschnitt links der Bucht. Die Felswand erhob sich dunkel, steil und schroff, darunter lag nur das offene Meer.

»Gottogott.«

»Ich weiß. Hat sich alle Knochen gebrochen, aber gestorben ist sie nicht, offensichtlich. Und danach hat sie noch lauter anderen Blödsinn angestellt. Am Ende haben sie sie in die Klapse gesteckt und ihr mit Elektroschocks das Hirn gebraten. Ich glaube, deshalb ist ihr Haar so fisselig.«

Ohne sich der Ironie bewusst zu sein, schob Abbie sich das eigene krause Haar hinters Ohr.

»Grace hat ihre Versuche nie so richtig vorausgeplant und durchgezogen. Das wär mir nicht passiert. Ich plane immer alles ganz genau. Deswegen glaube ich, dass sie es eigentlich nicht tun wollte.«

»Nur ein Ruf nach Hilfe?«

Abbie zuckte die Achseln. »Ja. Nur blöd, dass sie keine annimmt.«

Mehr gab es nicht zu sagen.

Sie schauten noch eine Weile aufs Meer, als Luca sich hinter ihnen aus der Hängematte kegelte und mit seinen besockten Füßen geräuschvoll auf dem Boden aufkam, kurz danach knisterte die Kekspackung – ein tauber Junge, der sich um Verstohlenheit bemühte.

Evan spielte mit, drehte sich nicht um, ignorierte das Knistern und wenig später auch das Mampfgeräusch aus der schaukelnden Hängematte.

25

Grace hievte den schweren Eimer aus dem Boot auf den nassen Sand. Hund schnappte derweil schon wieder nach seinem Stummelschwanz. Heilfroh, wieder an Land zu sein, flitzte er quietschvergnügt auf sie zu, die schiefen Zahnreihen gebleckt, wirbelte aber im letzten Moment abrupt herum und haute wieder ab, als würde sie ihn jagen, und rollte sich schließlich auf den Rücken und zappelte wild, um sich im rauen Sand zu kratzen und abzutrocknen. Sie hielt das auf und ab wippende Boot an der Bordwand fest, sah dem Tier beim Glücklichsein zu und wünschte, ihr Leben wäre auch so einfach.

Der Mann aus der Stadt. Der war auch nicht glücklich. In seinen Augen lag etwas so Finsteres, das mit ihren tiefsten Abgründen korrespondierte und Dinge ans Licht zerrte, die sie lieber vergessen hätte. Es wurde langsam wirklich zur Belästigung. Normalerweise hatte sie keinerlei Interesse an Menschen, aber er, sein scheuer kleiner Junge und jetzt auch noch das tote Mädchen drängten sich ständig in ihre Gedanken und färbten sie grau.

Sie riss sich zusammen und konzentrierte sich wieder auf ihre Arbeit. Das Boot musste aus dem Wasser gezogen werden, das war der beschwerlichste Teil des Unterfangens. Es war störrisch, bockte wie ein widerspenstiger Ackergaul, sträubte sich mit aller Macht dagegen, das Wasser zu verlassen. Der heutige Tag war besonders aufreibend gewesen, und Grace fluchte bitterlich, als die Wellen sie mitsamt dem Boot wieder hinauszogen und ein Schwall kaltes Meerwasser über die Bordwand klatschte.

Da tauchte neben ihr auf einmal etwas Buntes auf, ja, es war Abbie, auf der anderen Seite des Boots, dieses liebe Gesicht, das helle Haar, das strahlende Lächeln, der Saum ihres wunderschönen Kleids achtlos im Wasser, diese starken, vertrauten Hände, die jetzt das Boot ergriffen, hilfsbereit.

»Du lieber Gott!«

»Nee, ich bins nur, liebe Tante.«

Grace musste grinsen. Sie war darauf gefasst gewesen, das Mädchen monatelang nicht wiederzusehen. »Was machst du denn hier?«

»Dir helfen – offensichtlich gerade rechtzeitig. Die alte Dame wär dir fast abgehauen. Los, rutsch rüber, damit ich Platz hab, dann ziehen wir sie raus.«

»Ich hatte das bestens im Griff, Madam Neunmalklug!«

»Halt den Rand und pack an!«

Gemeinsam war es ein Klacks, das Boot an Land zu ziehen, und schon bald schlummerte es aufgeräumt unter den Grasfransen am Wegesrand, brav wie ein Lämmchen. Jetzt mussten nur noch die Fische ausgenommen werden.

»Hast du ein Messer hier, oder soll ich schnell eins holen?«

Die liebe Abbie, so aufmerksam und hilfsbereit. Grace gab ihr das größere Messer mit dem Holzgriff, das die Arbeit leichter machte.

»Wo ist das kleine? Du weißt doch, dass ich das lieber habe.«

»Ach, du bist jetzt eine Stadtbewohnerin und hast keine Ahnung. Das kleine ist nur für Expertinnen, nix für solche wie dich, die mit den anderen Trotteln in der City wohnt.«

Sofort verfinsterte sich die Miene des Mädchens, sie nahm das größere Messer, schnappte sich den Eimer und trat zum

Ausnehmen an den vorgesehenen Steinblock. »Ja. Darüber möchte ich bei Gelegenheit mal mit dir reden.«

Grace rieb sich den Rücken, auf einmal herrschte wieder Trübnis. Jetzt auch Abbie? Diese neue Traurigkeit griff ja regelrecht um sich. Niemand war mehr sicher, wenn es sogar Abbie erwischt hatte. Es schien fast, als wäre die Trübseligkeit mit diesem neuen Virus ins Land gekommen, als stiller Vorbote, der einen seelisch aufmischte, angreifbar und wehrlos machte, damit das Virus leichtes Spiel hatte. Als Grace sich neben ihre Nichte stellte und wortlos einen Fisch ergriff, scholl der Ruf des Esels über die Felsen, hallte schwermütig und einsam über Strand und Meer. Eine ganze Weile arbeiteten die beiden Frauen schweigend nebeneinander und ließen den düsteren Gedanken ihren Lauf. Nur die sanft säuselnde Dünung und das Gezeter der angelockten Möwenschar waren zu hören, als die Dinge des Lebens, normalerweise im Dunkeln verborgen, ans Licht gezerrt wurden, dunkelrot und grau, braun und gelbstichig weiß, Fischinnereien, fettsatt und metallisch stinkend.

»Sie nennen mich Sofa«, sagte Abbie leise, während sie den seidigen Fischbauch aufschlitzte, nicht zu tief, die Eingeweide durften nicht verletzt werden, denn sonst wäre das Fleisch versaut.

Grace bestätigte das Gehörte lediglich mit einem Nicken, schnitt und kratzte weiter. Was Abbie da erzählte, ergab für sie keinen Sinn, aber sie verstand ohnehin nicht, wie die Menschen tickten und was sie zu ihren unzähligen Grausamkeiten inspirierte.

»Dabei dachte ich immer, die anderen würden mich gar nicht bemerken.« Sie klang, als würde sie sich schämen, als hätte sie etwas verbrochen.

»Aber du bist doch die Beste in deinem Jahrgang?«

»Ja, vielleicht ist das der Grund. Jedenfalls gehe ich nicht zurück, wenn sie wieder Präsenzunterricht erlauben.«

Auch das quittierte Grace lediglich mit einem Nicken. Nicht ihre Angelegenheit. Erneut legte sich Stille auf den Tag.

Am Ende, als sie die Innereien an den Strand kippten und eine kreischende Schar weißer Bälger, grauer Flügel, gelber Schnäbel darauf niederging, fragte Abbie: »Kann ich hierbleiben, bei dir?«

»Klar. Aber bei mir im Haus, das andere ist vermietet.« Grace sah ihre Nichte scharf an. »Kannst dir mit Hund das Körbchen teilen.«

Als sie den schweren Eimer hob, entfuhr ihr ein Stöhnen, doch Abbie kannte ihre Tante zu gut, um ihr Hilfe anzubieten. Während die beiden einträchtig über den Strand stapften, ging Grace das Wort »Sofa« immer wieder durch den Kopf, bohrte sich in ihre Gedanken, scharfkantig wie ein Stein im Schuh. Auf dem Weg stellte sie den schweren Eimer neben dem Grasstreifen mit dem Ampfer ab und klatschte in die mit Schuppen und Schleim verschmierten Hände, um sie ein bisschen zu reinigen.

»Hier«, sagte Grace zu Abbie, vier sauber geputzte Filets in der Hand, die sie in ein großes, breites Ampferblatt wickelte. »Die bringst du runter zu meinen Mietern, die haben keine Ahnung, was schmeckt, die beiden. Vielleicht bringen wir den kleinen Kerl dazu, eine gute Makrele zu essen. Er ist wahnsinnig dünn.«

Abbie wischte sich die Hände am feuchtglänzenden Gras ab. »Luca heißt er«, sagte sie lächelnd. »Sie haben mich zum Mittagessen eingeladen. Nett, die beiden.«

Sie streckte die Hand aus. Grace gab ihr das Päckchen und schnaubte verächtlich.

»Also, ich fand sie wirklich nett«, beharrte Abbie. »Und du

teilst deinen Fisch mit niemandem sonst, liebe Tante. Was ist los? Hast du etwa Freundschaften geschlossen?«

»Wohl kaum.« Grace schnaubte erneut. »Der hat was. Der Vater, meine ich. Das ist alles.«

»Ja, einen fetten fiesen Kater«, sagte Abbie. »Grundgütiger, hatte der eine Fahne, wäh! Schlimmer als du früher an deinen schlechten Tagen.«

»Tja. Aber er meinte, er wär jetzt durch damit.«

»Womit?«

»Mit dem Saufen.«

»Aha, verstehe.«

Sehr zu Grace' Ärger musterte Abbie sie jetzt mit prüfendem Blick. Dem Mädchen entging nichts.

»Mach dich vom Acker, auf gehts, junge Dame«, zischte sie. »Ich pack dir ein bisschen Stroh in Dollys Stall. Und pass auf, dass du dir mit deiner scharfen Zunge nicht den Mund verletzt.«

Jetzt schnaubte Abbie, machte sich aber mit dem Päckchen auf den Weg. Grace verjagte Hund, der versuchte, im Eimer herumzuschnüffeln, und sah dem Mädchen hinterher.

Sofa.

So ein schönes Kind. So ein hübsches Kleid. So eins hätte sich Grace auch angezogen, für einen Ausflug in die Stadt. Und ihr wunderbares Haar, goldig und dicht. Diese Apfelbäckchen, frisch und prall. Ihr raumgreifender, schwingender Gang. Vielleicht zu raumgreifend für die Leute aus der Stadt. Da kriegten sie gleich Angst, diese blöden, fiesen Weicheier.

Sofa.

Wenn sie die Wichser in die Finger kriegte, würde sie sie mit ihrem Messer massakrieren.

Hund winselte aus sicherer Entfernung. Wahrscheinlich hatte sie wieder vor sich hin geknurrt. Grace ließ das Messer zuschnappen, schob es zurück in ihre Tasche und schleppte sich und den Eimer heimwärts.

26

Es erschien Evan noch sehr früh, als Luca neben seinem Bett stand und ihm den Finger in die Rippen bohrte. Im beengten Zimmer war es dunkel und stickig. Luca hatte ihn aus dem Tiefschlaf gerissen, noch halb im Traum schlug er die Augen auf, alles war im Nebel verschwommen, aber der Junge hatte schon die Brille parat und versuchte jetzt, sie ihm auf die Nase zu schieben, wobei er ihm ins Auge stach. Evan richtete sich auf und schob ihn sanft weg.

Hör auf! Wie spät ist es? Warum weckst du mich?

Kann ich angeln gehen?

Was? Im Ernst? Stöhnend ließ er sich wieder aufs Kissen fallen, doch der warme, schützende Schlafkokon war bereits zerrissen. Evan schloss die Augen. Vielleicht später, lass mich in Ruhe, es ist noch zu früh.

Stups, stups, stups. Ein kleiner Finger an seiner Schulter.

»Donnerwetter noch mal! Was?«, rief Evan und richtete sich erneut auf. »Was willst du denn, Luca? Ich geh nicht in aller Herrgottsfrühe mit dir angeln, zum Teufel.«

Nicht du. Die Dicke. Sie hat gesagt, wir können mit dem Boot raus. Wenn du es erlaubst.

Evan rieb sich die Augen. Nenn sie nicht die Dicke, gebärdete er langsam. Sie heißt Abbie.

Der Junge zuckte die Achseln. Darf ich?

Warte kurz. Lass mich aufstehen. Wo ist sie?

Er wirkte gehetzt. Sie ist schon losgegangen an ihren Strand, zum Boot. Schnell! Darf ich? Darf ich?

Evan schüttelte sich wach, schwang die Beine über die Kante des Betts, das laut knarzte und unter ihm schwankte wie ein Schiff auf stürmischer See. Seit der Junge hier war, hatte er sich ans kleine Schlafzimmer gewöhnt und fand die Geräusche und das Kratzen in der Nacht beinahe schon behaglich.

Jetzt legte er die Stirn in Falten. Warte, bedeutete er seinem Sohn. Nur kurz. Lass mich überlegen.

Der Junge wippte jammernd auf den Fußballen, schon kurz vorm Heulen, die Nerven waren gespannt, der Frust stieg.

Evan sah ihn streng an. Reiß dich zusammen, Luca! Ich meins ernst. Sonst gehst du gar nicht.

Als er sah, dass sich der Junge auf die Lippe biss, um seine Gefühle in Schach zu halten, drückte Evan ihm den mageren Arm.

Du brauchst eine Weste. Eine besondere, fürs Meer, damit du nicht ertrinkst.

Da lächelte Luca schwach, bückte sich und holte eine orangefarbene Rettungsweste hervor, mit der er triumphierend herumwedelte. Hat ihr gehört, als sie so alt war wie ich. Deswegen sieht die so abgenutzt aus.

Evan lachte. Sie schien die richtige Größe zu haben, soweit er das beurteilen konnte. Warte, wiederholte er. Ich will schauen, wie's auf dem Meer aussieht.

Er ging ins Wohnzimmer, der Junge folgte ihm aufgeregt, trat neben ihn ans große Fenster, durch das bereits die Morgensonne strahlte. Das Meer war spiegelglatt, die stille Sommerluft hüllte alles ein, die prallköpfigen rosa Tupfen auf den Felsen bewegten sich nur leicht in der Brise.

Hol mir das Handy.

Mit einem Seufzer schlappte Luca zum Tisch und drückte Evan das Gerät in die Hand, der den Wetterbericht aufrief. Sonnig, leichte Brise.

Tapp, tapp, tapp, ein Finger an seiner Hand. Schau, sagte der Junge und hielt ihm sein eigenes Handy unter die Nase. Ein Wellen-Icon, Zahlen und Kurven. Die Gezeiten sind auch günstig.

Evan sah seinen Sohn erstaunt an. Du kannst das entziffern?

Der Junge nickte stolz und stopfte sich das Handy in die Hosentasche. Die Dick... Abbie hats mir gezeigt. Es bedeutet, dass sich das Wasser nur langsam bewegt, der Tidenhub ist nicht hoch. Okay? Kann ich jetzt gehen?

Okay, okay, gebärdete Evan seufzend. Ich komme mit und rede mit ihr.

Als Luca vor Begeisterung quiekte, hob Evan warnend die Hand.

Auf dem Boot muss man Ruhe bewahren. Das Meer ist gefährlich.

Verbittert dachte er an sein eigenes Abenteuer. Aber der Junge war schon an der Tür, hüpfte von einem Fuß auf den anderen, als wäre der Boden glühend heiß, schob die Arme durch die Öffnungen der Rettungsweste, die ihm an den Seiten herunterhing, ein Gurt baumelte ihm zwischen den Beinen herum. Evan schnappte sich ein paar Äpfel und eine Banane aus der Schale am Fenster, ein Handtuch von der Stuhllehne und eine kleine Jacke vom Sofa, dann folgte er ihm hinaus in den sonnengelben Tag. Es war noch früh, aber die Seevögel widmeten sich bereits ihrem hektischen Treiben, die ganze Sommerwelt war schon seit Stunden auf den Beinen.

Als sie über den Schotter knirschten, drückte Evan seinem Sohn die Banane in die Hand. Iss. Evan sah zu, wie der

Junge die Banane mit ein paar hungrigen Bissen verschlang, die Schale ins Gebüsch warf und gleich weiterrannte. Ständig vergaß er zu essen. Doch an seinen mageren Beinen traten jetzt sehnige Muskeln hervor, und auch seine lockeren Bewegungen waren neu.

In der Bucht vor Grace' Cottage lag das kleine Boot bereits einsatzbereit am Strand, es sah aus, als würde es auf dem Sand segeln. Abbie saß mit ausgestreckten Beinen daneben und werkelte mit einem Eimer und einem Faden herum. Heute trug sie Lila mit weißen Streifen, hatte ihr Haar aber unter einem Schal zusammengefasst, damit es ihr bei der Arbeit nicht ins Gesicht fiel. Als sie die beiden kommen hörte, blickte sie auf und lächelte.

»Morgen!«, rief Evan. »Bist du sicher, dass das gut geht?«

Sie hielt eine kleine Rute in der Hand, der Faden stellte sich als Angelschnur heraus, die sie an der Rute befestigte und in regelmäßigen Abständen mit silbrigen Streifen markierte. Luca setzte sich neben sie und schaute interessiert zu. Als seine Hand vorschoss, zog Abbie rasch die Rute weg und hob warnend einen Finger.

Vorsichtig schob sie einen bereits befestigten Silberstreifen zur Seite und zeigte ihm, dass sich darunter ein scharfer Haken verbarg. Der Junge wich zurück, als hätte er sich daran verletzt, doch Abbie zuckte nur die Achseln. Luca sah sie fragend an. Ist das für die Fische?

Sie verstand und nickte, öffnete den Mund weit und schloss ihn wieder, zeigte mit dem Finger auf die Hakenspitze. Evan, der etwas entfernt wartete, sah, wie seinem Sohn langsam dämmerte, was passieren würde. Als Luca sich sehr zu seiner Freude zu ihm umwandte, sein Gesicht eine offene Frage, voller Zweifel, gebärdete er: »So fängt man Fische, Luca. Und töten musst du sie auch.«

Er sagte es laut, damit auch Abbie es hören konnte.

» ... und aufschlitzen, um die Innereien rauszuholen«, fügte sie eifrig hinzu, doch das gab Evan nicht weiter.

Luca wandte sich Abbie zu, die ihre Arbeit wieder aufgenommen hatte, dann sah er erneut zu seinem Vater. Wie töten?

Evan wusste es nicht. »Wie tötet man die Fische, Abbie?«

Grinsend wie ein Bösewicht aus dem Film zog sie einen Gummihammer aus dem Eimer. An seiner Spitze klebten noch ein paar Schuppen, die jetzt in der Sonne glitzerten. Luca machte große Augen, er starrte auf den Hammer und dachte angestrengt nach. Evan war nicht sicher, ob sein Sohn jetzt noch rausfahren wollte, doch dann ging auf einmal ein Strahlen über sein schmales Gesicht.

Kann ich das mit dem Hammer machen, Dad? Frag sie!

Als Evan lachte, sah Abbie ihn fragend an.

»Er will wissen, ob er das mit dem Hammer machen darf«, sagte er, woraufhin Abbie ebenfalls lachte, aber den Kopf schüttelte.

»Sag ihm Nein. Er kann angeln und still sitzen und sich benehmen, oder wir kommen schnurstracks zurück. Und erklär ihm, er soll nicht rumhüpfen, das Boot ist klein, und ich bin groß.«

Als sie das sagte, errötete sie leicht und beugte sich tiefer über die Angelschnur. Evan lächelte mitfühlend, dann gab er die Botschaft an Luca weiter.

Im Boot darfst du nicht rumhampeln, Luca. Auch wenn du einen Fisch fängst, okay? Gib Abbie die Angel, sie holt ihn für dich rein.

Luca zog ein gelangweiltes Gesicht und verdrehte die Augen.

Die Rute war vorbereitet, Abbie hielt sie ihm hin. Er grapschte nicht danach, offenbar hatte er die winzigen Haken nicht vergessen. Abbie lächelte und tippte sich unters Auge, schau her. Ohne sich zu bewegen, die Füße mit den kirschrot lackierten Zehennägeln noch breit im Sand, warf sie sich die Angel langsam über die Schulter, die Schnur mit den kleinen Schleifchen hing locker herab, ein Blei am Ende hielt sie gerade. Mit einer geschickten Handbewegung warf sie die Schnur aus, ließ sie in hohem Bogen durch die Luft pfeifen. Als das Blei mehrere Meter weiter mit einem leisen Ploppen im Sand landete, streckte Luca quietschend und aufgeregt zappelnd die Hand aus, er wollte auch mal, doch Abbie zog die Rute von ihm weg und sprach über seinen lockigen Kopf hinweg mit Evan.

»Keine Sorge, das mache ich für ihn, er kann sie dann halten und jiggen, ist ja seine erste Tour.«

Evan nickte und setzte sich auf einen Stein, um zuzusehen, wie sie dem Jungen die Angel aushändigte und ihm die Hand führte. Sie zeigte ihm, wie man den Schnurfangbügel umklappte, die Kurbel bediente und die Schnur einholte, wie man alle drei Umdrehungen kurz innehielt und die Rute leicht hin und her schwenkte, damit die silbrigen Streamer die ruckartigen Bewegungen der Sandaale nachahmten und die Fische köderten. Ein vertrockneter Seetangfetzen hatte sich im Haken verfangen, Luca holte ihn ein und hielt die Schnur hoch, sodass er sich in der Brise drehte.

»Juchhe!«, rief Abbie und klatschte in die Hände. »Du hast was gefangen! Du bist ein Naturtalent!«

Lucas Wangen glühten, als er seinem Vater den Fang präsentierte. Seine Zähne strahlten weiß in seinem gebräunten Gesicht, die Streamer glitzerten in der Sonne. Plötzlich war da ein Schmerz in Evans Brust. Es war warm, ein perfekter Tag. Der Junge war gesund und glücklich und aufgeregt. Alles war perfekt. Perfekt. Evan hielt kurz den Atem an, um das Gefühl in sich zu behalten. Es war fast so scharf wie Schmerz.

»Perfekt«, sagte er laut.

Er wagte kaum, sich zu bewegen. Zu atmen. Spürte nur das Glück und die Erleichterung in seiner Brust herumspringen wie einen zappelnden Fisch. Plötzlich fühlte er sich geerdet. Stand fest und sicher auf dem weichen Sand, mit seinem Sohn, diesem Lächeln, der warmen Sonne auf den Schultern, zufrieden. So sollte es für immer bleiben.

Abbie kam auf die Füße und riss ihn aus seiner Verzückung. »Wir fahren nicht weit raus«, sagte sie. »Aber er braucht eine Jacke oder so was. Draußen auf dem Wasser ist es kühler.«

Grinsend drückte Evan ihr die mitgebrachte Jacke in die Hand.

Abbie zog Luca hoch und machte sich daran, die Rettungsweste zu verzurren. Weil der Reißverschluss hakte, musste sie es ein paarmal versuchen. Luca begann zu zappeln. Lachend zerrte sie an der Jacke herum, bis ihm der Kopf wackelte. Evan blieb in Sichtweite.

Halt still, du Zappelfisch, gebärdete er, und der Junge gehorchte.

»Hilfst du mir, das Boot zu Wasser zu lassen?«, fragte Abbie mit Blick auf Evans Sneaker. »Am besten barfuß. Und kremple die Jeans hoch.«

Auch Luca schlüpfte aus seinen Sandalen und tanzte wild über den Strand, ein grellorangefarbener Derwisch. Als er sich beruhigt hatte, gab Abbie ihm die Angelrute und den Eimer, aus dem der Hammer ragte. Damit bewaffnet, tanzte er weiter, bis Evan ihm an die Schulter tippte und ihn streng ansah.

Sei vorsichtig, gebärdete er.

Zu seiner Überraschung setzte der Junge beides sachte auf dem Sand ab und musterte ihn mit einem fast erwachsenen Ausdruck der Ungeduld. Ich bin es so satt, dass die Leute mir ständig diese Anweisung geben, erwiderte er betont langsam.

Evan traute seinen Augen nicht.

Hier ist alles anders als zu Hause, fuhr der Junge wütend fort. Du musst mir nicht ständig predigen, dass ich vorsichtig, vorsichtig, vorsichtig sein soll. Hier bin ich sicher.

Er stemmte die Hände in die Hüfte und funkelte seinen Vater an, während Abbie sich taktvoll am Boot zu schaffen machte, die Dollen einsetzte und Dinge verstaute. Als Evan auf seinen Sohn hinabblickte, wurde er sich auf einmal sehr bewusst, dass da hinter ihnen das offene Meer lag, mit hohen, tückischen Klippen, dass sein Sohn mit messerscharfen Angelhaken hantieren würde, in einem sehr kleinen Boot, und da musste er plötzlich lachen. Sie waren tatsächlich weit entfernt von zu Hause und den vielen Regeln und Einschränkungen. Was konnte hier schon passieren?

Du hast recht. Es tut mir leid, sagte er, was Luca mit einem abrupten Nicken quittierte, Angel und Eimer ergriff und ohne einen Blick zurück ans Wasser marschierte. Mit einem reumütigen Kopfschütteln wandte Evan sich Abbie zu, die am Boot wartete. Sie hatte ihren weiten Rock gerafft, und ihre massigen, starken Beine wirkten im Sonnenlicht sehr blass, sie stand völlig entspannt da und wartete auf seine Hilfe.

Evan verharrte noch lange im seichten Wasser und sah dem Boot hinterher, das langsam, aber zielstrebig aufs offene Meer hinausglitt, Luca aufrecht am Bug, den Blick gen Horizont gerichtet. Erst als ihn etwas Seetang an den Füßen kitzelte, erwachte er aus seiner Trance. Das Wasser fühlte sich angenehm an auf seiner Haut, unter ihm bewegte sich mit den kleinen Wellen der Sand, ansonsten herrschte Stille, eine alles umfassende Ruhe. Wieder fiel ihm auf, wie sehr er mit sich im Einklang stand. Er dachte darüber nach, konnte diesen Zustand aber nicht genauer benennen. Die Angst fehlte, stattdessen herrschte Frieden und ein großes Freiheitsgefühl, das langsam von ihm Besitz ergriffen hatte, seit er sich in Ballybrady aufhielt, in dem kleinen Haus, im Lockdown. Becky kannte garantiert den genauen Namen dafür, dachte er grinsend.

Er blieb noch eine Weile stehen, sah das Boot immer kleiner werden, spürte das Wasser an seinen Waden wallen, ließ sein Herz schlagen, bis ihm sein Innerstes Hunger meldete und er sich zum Gehen zwang, den Strand hinauf zum Haus, wo er mit großem Appetit sein Frühstück genießen würde.

Das Wohnzimmer wirkte besonders dunkel, als er aus dem gleißenden Sonnenlicht ins Haus trat, und der Laptopmonitor tauchte die Küche in bläuliches Licht. Luca hatte vorher offenbar darauf etwas gespielt. Als er nach dem Aus-Knopf tastete, fiel ihm auf, dass er eine neue Nachricht hatte.

Hi Evan, tut mir leid, dass ich mich nicht früher gemeldet habe, aber hier ist es zugegangen wie im Affenstall, du kannst dir das nicht vorstellen. Diese Stadt ist manchmal echt entsetzlich. Wohin man sieht, Menschen mit Masken, keiner spricht, alle verschanzen sich in ihren Wohnungen und glotzen einander aus dem Fenster an oder verstecken sich in ihren Gärten. Ich musste mich um die Versorgung mit Masken und Schutzkitteln kümmern. Kannst du dir vorstellen, dass die kleine Handtaschenmanufaktur, über die wir uns mal lustig gemacht haben, jetzt für uns Masken näht,

weil ich sie darum gebeten habe? Und unsere Plastikvisiere kommen jetzt aus einer Fabrik im Süden, die ich ausfindig gemacht habe. Die haben uns das Leben gerettet, sag ich dir.
Es ist sehr anstrengend, ehrlich, du kannst es dir nicht vorstellen.
Nein, so war das nicht gemeint. Natürlich kannst du dir das vorstellen. Du hattest genau denselben Druck auf der Arbeit, bevor Jessie gestorben ist.
Da, ich habs gesagt. Sie ist gestorben.
In Wahrheit hätte ich trotz Arbeit Zeit gehabt, dir zu schreiben. Ich gebe zu, dass ich das Alleinsein genossen habe. Es genutzt habe, um nachzudenken und das alles zu verarbeiten. Bevor ich weiterschreibe, möchte ich mich entschuldigen. Es fällt mir nicht leicht, alles zu Papier zu bringen, aber ich schiebe es schon seit Wochen vor mir her, und jetzt mache ich es endlich. Also.
Ich habe dir das nie erzählt, aber an jenem Abend, als ich vom Restaurant heimgekommen bin, habe ich euch beide schlafend im Sessel gesehen und dich wider besseren Wissen nicht geweckt. Ich hatte solche Angst, Jessie würde wach werden, wenn ich sie ins Babybett trage, ich hatte schon ein paar Gläser Prosecco intus und war todmüde, deshalb habe ich es einfach gelassen. Ich habe dich nicht geweckt. Hatte einfach keine Lust.
Stattdessen hab ich mich aufs Sofa gesetzt und Jessie betrachtet, wie sie da friedlich schlummerte, an deine Schulter gekuschelt. So haben wir sie nicht oft gesehen, zufrieden schlafend, oder? Und so süß war sie, so klein, so warm, so geborgen. Ich

hab die Decke vom Sofa genommen und euch vorsichtig darin eingehüllt, sie dir unter den Arm geklemmt, dafür gesorgt, dass ihr Gesichtchen frei blieb. Zumindest glaube ich das. Ich weiß es nicht, Evan. Ich kann mich nicht genau erinnern. Vielleicht saß die Decke nicht richtig, vielleicht lag sie über ihrem kleinen Mund oder ist in der Nacht verrutscht, ich weiß es nicht, ich erinnere mich nicht, es geht mir nicht mehr aus dem Kopf. Ständig grüble ich darüber nach. Wenn ich dich doch nur geweckt hätte, wenn ich mich doch nur nicht in unser großes, weiches, leeres, stilles Bett gelegt und euch allein gelassen hätte. Du hast mich nie danach gefragt. Nie hast du wissen wollen, wieso da eine Decke war. Als die Sanitäter kamen und alle hektisch herumliefen, unsere Jessie von einem zum anderen weitergereicht wurde und alle durcheinanderredeten, weißt du noch, wie entsetzlich das war? Und du hast die ganze Schuld auf dich genommen, trägst sie seither ganz allein. Ich habe dir die Schuld gegeben, das tut mir leid. Aus Egoismus habe ich dich dafür verantwortlich gemacht, und das quält mich zutiefst. Als hättest du das alles geplant, als hättest du es so gewollt, und das war nicht fair.
Ich will ehrlich sein, Evan. Ich habe dir die Schuld an Jessies Tod gegeben, weil ich dir auch schon die Schuld für Luca gegeben hatte. Nicht für seine Behinderung natürlich, nein, ich habe dich verurteilt, weil du ihm gegenüber so kalt warst, wegen der Art, wie du ihn ansiehst, wenn du dich unbeobachtet glaubst, als wäre er falsch, kaputt,

als würde er nicht zu uns gehören. Damit hätte ich dich selbstverständlich schon vor Jahren konfrontieren sollen, aber ich glaube, das hätte auch nichts geändert. Vielleicht ist eure gemeinsame Zeit also etwas Gutes. Oder hast du ihm schon die Gurgel umgedreht? Nein, das hätte ich sicher erfahren ;-) Andererseits bist du immer so verschwiegen, du sagst mir nichts, siehst mich nur auf diese bestimmte Art an, du weißt schon.
Ich hoffe wirklich, es geht ihm gut. Hoffentlich geht es euch beiden gut.
Ach, jetzt habe ich so viel geschrieben, aber es ist einfach aus mir rausgeflossen. Tut mir leid, wenn Tippfehler drin sein sollten, ich musste das einfach loswerden, wie es kam, vielleicht verstehst du jetzt, wo ich stehe, wie es um uns beide steht, warum ich brauche, was ich brauche. Warum wir nicht einfach da weitermachen können, wo wir aufgehört haben.
Jedenfalls haben sich die Dinge hier wieder etwas beruhigt. Ich komme vorbei und nehm dir Luca ab, du kannst sicher eine Pause gebrauchen, und er muss den Sommer über für die Schule lernen, sonst kriegt er im neuen Jahr Probleme, du weißt ja, wie er ist. Ich hatte vor, am Wochenende zu kommen.
Bis bald, L X

Evan atmete geräuschvoll aus und las die Mail erneut.

Schließlich erhob er sich und trat ans Fenster. Das kleine Boot war nur noch als winziger Fleck zu erkennen, die Personen an Bord waren nicht mehr auszumachen. Er sah Lorna vor sich, ihr Haar, wie es ihr ins Gesicht fiel, wenn sie morgens auf ihm saß, im Dämmerlicht des Sonntagmorgens. Ihr

Geruch, wenn sie frisch von der Dusche an ihm vorbeiging, züchtig in ein Handtuch gewickelt. Ihr scherenzackiger Gang in ihrem engen Businessdress, schlank, glatt, fit. Ihr wutverzerrtes Gesicht am Tag seines Abschieds. Das fassungslose Kopfschütteln, immer wenn er einen Vorschlag machte, der ihren Sohn betraf. Ihre glattweißen Zähne beim Biss in einen Apfel. Die scharfkantige Schulter, die sie ihm nachts zeigte. Der kühle Blick, mit dem sie ihn im Badezimmerspiegel fixierte. Lorna.

Schon ihre ersten Worte hatten die friedliche Ruhe vom Strand vertrieben, stattdessen spürte er wieder das vertraute Brennen. Er hatte keinen Appetit mehr. Er war nicht müde, er hatte keinen Durst.

Scheiß drauf, dachte er, als vor seinem Fenster langsam die Flut auflief, ich muss dem was entgegensetzen, diesem Brennen ihrer Schuldzuweisung und ihrer Ablehnung und ihrer Trauer. Einen kurzen, heftigen Schock. Ich geh schwimmen.

27

Grace stand an ihrem Aussichtspunkt auf der Anhöhe hinter dem Weg und sah den Wanderfalken beim Jagen zu. Schon dreimal hatte sie beobachtet, wie die beiden, gerade noch entspannt herumflatternd, plötzlich in einem eindrucksvollen Steilflug hinabgeschossen waren, aber die flinken kleinen Schwalben waren natürlich auf Zack und ließen sich nicht erwischen. Sie wusste, dass die Raubvögel nur eine Show abzogen, wie gelangweilte Pöbler, die auf dem Spielplatz auf dicke Hose machten. Sie warteten auf ihre eigentliche Beute, die trägen, tranfunzeligen Tauben, die irgendwann klatschenden Flügelschlags aus dem windzerzausten Wäldchen kommen und, flugs gefangen, den hungrigen Jungen zum fedrigblutigen Fraß dienen würden.

Die beiden Wanderfalken waren Grace ans Herz gewachsen, weil sie vor ein paar Jahren die Drohne eines Stadttrottels in der Luft zerlegt hatten. An jenem Sommertag hatte das Falkenmännchen seiner Gattin den Angriff überlassen, und die hatte das Gerät wieder und wieder mit ihren fiesen Krallen attackiert, bis das Ding unkontrolliert herumgeschlackert und schließlich wie die Flügelnuss eines Ahorns ins Meer hinab getaumelt war. Darüber konnte Grace noch heute lachen. Hoffentlich hatte das Ding richtig viel Geld gekostet. Die Vorstellung, dass der dämliche Drohnenpilot die Zerstörung seines Schatzes live mitverfolgt hatte, ohnmächtig, wutentbrannt, fluchend, vielleicht puterrot angelaufen, während auf seinem bescheuerten Display alles in Nahaufnahme zu sehen gewesen war, die Krallen des Weibchens, das rasch näher kommende Meer und das finale Eintauchen ins Wasser, erfüllte sie auch jetzt noch mit Schadenfreude. Grandios!

Als sie das Fernglas senkte, hob der Hund den Kopf und winselte. Unten trat ihr Mieter aus dem Haus, in ein Handtuch gewickelt, barfuß in seinen Joggingschuhen, die Schnürsenkel offen.

»Geht nur schwimmen, beruhig dich wieder«, sagte sie leise zum Hund. »Hoffen wir nur, dass er das besser beherrscht als das Kajak, dieses Mal hab ich nämlich kein Boot, um ihn wieder rauszufischen.«

Mit diesen Worten hob sie das Fernglas erneut an die Augen und suchte das kleine Gefährt auf dem Meer, der wahre Grund für ihre Spähaktion, den sie ihrer Nichte natürlich niemals verraten würde, denn die würde die Sorge ihrer Tante schlicht als Beleidigung empfinden. Völlig zu Recht, denn Abbie machte das prima, kein Wunder angesichts der vielen Stunden, die Grace damit verbracht hatte, ihr zu zeigen, wie man die trügerischen Querströmungen in diesen Gewässern umschiffte. Der Junge machte sich auch nicht schlecht, die Angel in der Hand, ruhig und konzentriert beim Jiggen, den Blick immer wieder auf Abbie gerichtet, um keine Anweisung zu verpassen. Er war schon mindestens eine Stunde da draußen, aber von Langeweile keine Spur.

Unter ihrem Fernglas musste Grace lächeln. Er hatte zwar noch keinen Fisch an der Angel gehabt, aber Abbie hatte die Jig Line im Griff und schon ein paar gute Exemplare gelandet. Jedes Mal hatte der Junge sich diebisch gefreut, war aber schön sitzen geblieben, als sich die Fische silbrig glänzend aus dem Wasser wanden. Braver Kerl.

Als sie das zweite Mal durchs Fernglas spähte, meinte sie zu erkennen, dass er den Hammer übernahm und ihn wie ein Rachebeil herabsausen ließ. Wie das wohl gelaufen war – der knirschende Aufprall auf dem weichen Fisch, das wilde Zucken, das Blutvergießen, die hervorquellenden Augen?

Da ihr bereits der Magen knurrte, beschloss sie, ein paar neue Kartoffeln von ihrer sorgfältig abgezählten Ration abzuzweigen, sie zusammen mit dem frischen Fang noch am Abend zu servieren und sich dabei von Abbie erzählen zu lassen, wie der Ausflug verlaufen war, welche Abenteuer sie erlebt hatten, ob es befremdlich gewesen war, die ganze Zeit über miteinander zu schweigen.

»Es ist schön, sie hierzuhaben, ehrlich«, sagte sie zu dem Hund. »Nichts für ungut, Töle, aber als Gesprächspartner bist du manchmal ein bisschen einsilbig.«

Der Hund stupste mit seiner krummen Schnauze gegen ihren Ellbogen, und sie tätschelte ihm abwesend den Kopf, ihren Mieter hatte sie auch ohne das Fernglas im Blick. Er war an ihrem Strand, nicht an seinem, barfuß trotz der Kieselsteine. Vermutlich wollte er den Jungen bei seiner Rückkehr empfangen. Er und sein Sohn hatten neuerdings einen entspannteren Umgang miteinander.

»Oho, jetzt gehts los«, murmelte sie entzückt, als er ans Meer trat, mit seinem Handtuch rumfummelte und es schließlich über einen Felsbrocken nah am Wasser drapierte.

»Das holt sich die Flut, ist doch auflaufendes Wasser, du Trottel.« Wieder hob Grace ihr Fernglas. »Hoffentlich keins von meinen.«

Sie sah zu, wie er sich langsam das T-Shirt über den Kopf zog, es mit großer Sorgfalt zusammenlegte, sich dann ein paarmal gemächlich umblickte, als könnte er ihren Blick auf seinem entblößten Oberkörper spüren.

»Nicht gerade enthusiastisch, der Mann«, bemerkte sie zufrieden. »Er zögert es raus, Hund. Im Haus legt er nämlich nichts zusammen, kein einziges Wäschestück, so siehts aus.«

Sie kicherte in sich hinein und hielt weiter drauf, obwohl sie wusste, dass sie ihm an dieser Stelle seine Privatsphäre gönnen sollte.

Er war lang und dünn, hatte aber schon ein wenig Hüftgold angesetzt. Die Statur eines Marathonläufers, irgendwann war er wohl mal athletisch gewesen, aber das lag offenbar schon eine Weile zurück. Unter der blassen Haut waren seine Schultermuskeln noch immer gut definiert und die Rückenmuskeln ebenfalls, wie sie feststellte, als sie den Blick weiterwandern ließ, hinunter bis zu den beiden Grübchen am unteren Rücken, kurz vor dem verdrehten Gummiband seiner Badeshorts.

»Grace, du böses Mädchen! Schäm dich!«, flüsterte sie grinsend, und der Hund stupste sie erneut an. Dieses Mal ignorierte sie ihn. Evan stand bereits mit den Zehen im Wasser, jetzt gings ans Eingemachte. Als er sich die nackten Arme rieb, vermutete Grace, dass er am ganzen fahlen Körper Gänsehaut hatte, vom kühlen Nass und der am Ufer stets auffrischenden Brise.

»Ich wette, der zieht den Schwanz ein«, murmelte sie, woraufhin der Hund seufzte und den Kopf auf die Pfoten bettete.

Evan wagte sich Zentimeter um Zentimeter vor, bis er bis zu den Knien drin war, dann er harrte aus, während das Wasser seine Unterschenkel umspülte, eiskalt.

»Warts ab!«, sagte sie zum Hund. »Gleich spritzt er sicher rum wie ein Gestörter, verliert den Mut, und das wars dann.«

Sie spürte eine Leerstelle neben sich, aber der Hund stellte nichts Schlimmes an, schnupperte nur an der Hecke, bevor er sie anpieselte, also ließ sie ihn gewähren und widmete sich wieder der Kinovorstellung am Strand. Es war fast so weit, gleich würde sich zeigen, ob der Mann Eier hatte. Hatte das Wasser die nämlich erst mal berührt, war meist Schluss mit lustig. Dann gab es schmerzverzerrte Gesichter, manchmal qualvolles Aufstöhnen. Die meisten kamen sofort raus, und zwar schneller, als sie reingegangen waren, seltsam o-beinig, die Lippen fest zusammengepresst.

Aber dieser Mann hier war anders. Er machte es wie sie, denn wenn man schon reinwollte, ging man am besten gleich ganz rein, nur so weit vorwaten, bis es tief genug war, dann *platsch* und losgeschwommen, die Brust unter Wasser, den Kopf schön gereckt, erst mal ein bisschen japsen und panisch nach Luft schnappen, den Kaltwasserschock hinter sich bringen, schnell, schnell, die Haut brennt, innen läuft alles auf einen Punkt zu, wie ein herrlicher Rausch, der beste Teil und der schlimmste, beides gleichzeitig.

Sie selbst hatte den Atem angehalten und stieß ihn jetzt wieder aus. Sah wunderbar aus, das Wasser, wie Seide auf seiner Haut.

Da – jetzt schwamm er doch tatsächlich. Na, sieh an, der machte das gar nicht schlecht, dachte sie und verfolgte seine Bewegungen, obwohl sie wusste, dass sie ihn nicht ausspionieren sollte. Etwas ungelenk wirkte er schon, den Kopf wegen der Brille hoch in der Luft. Seine kreidebleichen, froschartig gespreizten Beine mit der blauen Badehose leuchteten im Wasser, seine Schultermuskeln spannten sich an, er wippte auf und ab, auf und ab. Jetzt hatte er sich beruhigt und seinen Rhythmus gefunden. Der Schmerz in den Händen und Füßen hatte vermutlich etwas nachgelassen. Das Wasser war relativ warm, dreizehn Grad, als sie das letzte Mal nachgesehen hatte.

Er wirkte souverän da draußen, und es machte Spaß, ihm zuzusehen.

Grace ließ sich von einem liebevollen Windhauch streicheln und sich beruhigen von den regelmäßigen Zügen des Schwimmers.

Doch dann kam er plötzlich aus dem Rhythmus. Er hielt inne und trat Wasser, als würde er etwas beobachten. Sie senkte das Fernglas, um zu erkennen, ob etwas weiter draußen seine Aufmerksamkeit erregt hatte, sah aber nur den dunklen Umriss eines Kormorans vor der Felsgruppe, der Vogel wippte in der sanften Dünung auf und ab.

»Was ist da los?«, fragte sie laut. »Wadenkrampf?«

Sie spähte wieder durchs Fernglas, auch der Hund kam näher, er spürte ihre Anspannung.

Doch der Mann schwamm schon wieder weiter, auf den großen schwarzen Vogel zu. Er bewegte sich vorsichtig, offensichtlich war er unsicher. Als er den Vogel erreicht hatte, war Grace überrascht, dass der Kormoran nicht einfach abtauchte und wie von Zauberhand verschwand, sondern einfach weiterwippte, nicht mal wegpaddelte, selbst als der Mann noch näher kam. Er sollte aufpassen, denn er war schon weit genug draußen und schwamm immer noch weiter. Der Vogel harrte still aus, sehr ungewöhnlich, und als Grace ihn genauer ins Visier nahm, erkannte sie, dass der schlanke Hals des Vogels seltsam verrenkt war und er den Mann mit seinem roten Auge von der Seite her beobachtete.

»Der hat sich irgendwo verfangen«, sagte Grace. »Wie hat er das gesehen, der bebrillte Hornochse?«

Der Mann war so nah dran, dass er das Tier fast berühren konnte, er trat Wasser, nicht sicher, ob er es wagen sollte. Als er sich zur Küste umdrehte, erkannte Grace den überraschten Ausdruck auf seinem Gesicht. Offenbar hatte er nicht gemerkt, wie weit er bereits rausgeschwommen war.

»Komm, mach schon«, sagte sie leise.

Er kehrte nicht um.

»Trottel«, sagte sie, musste aber lächeln.

Stattdessen streckte er langsam die Hand nach dem Vogel aus, der sich immer noch nicht wegduckte, nicht davonschwamm, sondern ihn mit verrenktem Hals im Blick behielt, den großen prähistorischen Schnabel auf ihn gerichtet, bereit zum Angriff. Jetzt hatte er die Hand auf seinen Federn, seinem Rücken, zog ihn zu sich heran, und das Tier unternahm einen schwachen Versuch, auf ihn einzuhacken, aber Evan hatte den Vogel fest im Griff, und das Tier konnte den Hals kaum bewegen, auch die Flügel waren gefangen.

»Den kriegst du niemals frei da draußen«, murmelte sie. »Vorher verfängst du dich selbst, und wenn's 'ne Langleine ist, kommst du in Teufels Küche. Los, Hund!«, sagte sie laut und richtete sich auf. »Lass uns runtergehen, mal schauen, was der Flachkopf dahinten anstellt. Unser letzter Rettungseinsatz ist ja auch ein paar Tage her, der ist schon wieder fällig.«

Rasch war sie am Strand, die Hand schützend über die Augen gelegt, um zu erspähen, was da draußen vor sich ging. Evan hatte den Vogel wieder sich selbst überlassen und trat in der Nähe Wasser, ob er nachdachte oder eine Verschnaufpause einlegte, konnte sie nicht erkennen. Kurzerhand schlüpfte sie aus ihrer Jacke und zog ihr Taschenmesser heraus. Nachdem sie sich ihrer Schuhe entledigt hatte, zögerte sie einen Moment, doch dann zog sie sich die Hose aus und marschierte in T-Shirt und Schlüpfer ins Wasser, das Taschenmesser in der Hand. Sie schwamm los, spürte den herrlichen eiskalten Griff, so belebend, und hielt auf den Mann zu, der noch immer Wasser trat, unentschlossen, aber nicht bereit, die arme Kreatur ihrem Schicksal zu überlassen.

Grace war eine starke, geschickte Schwimmerin, innerhalb kürzester Zeit hatte sie ihn erreicht. Bei ihrem Anblick zuckte er zusammen und blinzelte ein paarmal überrascht.

Aus der Nähe erkannte sie, dass er bereits ziemlich durchgefroren war, schließlich war er nicht abgehärtet, und außerdem bewegte er sich kaum. Ohne ein Wort wandte sie sich dem Vogel zu und tastete sich vor. Er wehrte sich nicht.

»Langleine«, bestätigte sie über ihre Schulter hinweg.

Evan schwamm jetzt neben ihr, keuchte.

»Bleib weg!«, rief sie streng. »Die Scheißleine kann überall sein, du willst dich nicht auch noch verheddern, verdammt!«

»Wa-was solln wir t-tun?«, fragte er zähneklappernd.

»Wir schneiden ihn frei und nehmen ihn mit an Land, da können wir ihn besser untersuchen.«

Sie ertastete die dünne Schnur, die vom Fuß des Vogels unter Wasser weiterlief.

»K-können wir s-seinen H-Hals nicht auch befrei-eien?«

»Klar, damit er mir den ganzen Weg zurück die Hand zerhackt, gute Idee«, witzelte sie, während sie mit einem entschlossenen Schnitt die Schnur durchtrennte und zufrieden bemerkte, dass der Vogel frei war. Das Tier spürte es auch und begann zu zappeln, doch die Schnur hatte sich um seinen Kopf und Schnabel gewickelt. Er war vermutlich bei der Jagd unter Wasser darauf zugeschossen, ein Glück, dass er es noch bis an die Oberfläche geschafft hatte.

»Schwimm zurück!«, befahl sie. »Du bist schon viel zu lange im Wasser.«

Evan nickte dankbar und schwamm los, sie folgte, den Vogel im Schlepptau, zunehmend besorgter, als die Bewegungen des Mannes langsamer wurden, seine Züge schwächer. Sie blickte sich um, vielleicht war Abbie schon auf dem Rückweg und könnte ihn reinschleppen, aber inmitten der kleinen Wellen konnte sie das Boot nirgends ausmachen.

Also schwamm sie schneller, bis sie mit ihm gleichauf war, und warf ihm einen raschen, fragenden Blick zu.

»Alles gut«, prustete er. »Keine Sorge.« Er lächelte verkniffen, bemüht, kein Wasser zu schlucken. »Du musst mich nicht schon wieder retten, ehrlich, ich schaff das.«

»Gut«, entgegnete sie scharf, kraulte aber ermutigend neben ihm weiter, seitlich, denn sie hatte nur eine Hand frei und musste kräftiger mit den Beinen treten. Da vorn trieb sein Handtuch sanft in der Brandung, gefolgt von seinem weiß leuchtenden T-Shirt, beides von der Flut hinausgetragen. Mittlerweile keuchten sie beide, aber jetzt spürte Grace den Sand unter den Zehenspitzen. Der Mann, ein bisschen größer, stand bereits, hastete schlotternd an Land. Sie schwamm weiter, bis sie leichtfüßig an Land waten konnte, dann wandte sie sich dem Vogel zu, nahm ihn sanft auf den Arm, er war leicht, nur Federn, Luft und hohle Knochen, halb tot. Sie streckte sich vor, erwischte das klatschnasse Handtuch mit dem Zeigefinger und zog es ebenfalls an Land. Ja, eins von ihren, klarer Fall.

Als sie aufschaute, stand der Mann am Strand und glotzte sie an, bis auf die Knochen durchgefroren, schlotternd, als hätte er einen Anfall. Sie schüttelte resigniert den Kopf. Wenn der von hier bis nach Hause lief, würde er an Unterkühlung draufgehen.

»Geh hoch zum Cottage«, sagte sie zu ihm. »Hinter dir. Die Tür ist offen. Beeil dich!«

Er nickte dankbar, die Zähne zusammengebissen, trabte er über den Strand, die blauen Shorts klebten ihm an der aschfahlen Haut, seine Bewegungen wirkten abgehackt und unkontrolliert. Sie folgte ihm mit dem Vogel, schaute schon mal nach, wo sich die Schnur verknotet und verfangen hatte.

»Herrje«, sagte sie sanft, als sie den nassen Fußabdrücken durch die offene Tür ins warme Haus folgte. »Als ob eine lahme Ente retten nicht genug wäre, jetzt hab ich zwei an der Backe.«

28

So nackt wie unter ihrem musternden Blick hatte er sich noch nie gefühlt. Sämtliche Glieder wurden von einem unkontrollierten Muskelzucken erfasst, der verzweifelte Versuch seines Körpers, sich wieder aufzuwärmen. Er brachte kein Wort hervor, aber sie schien sein Unbehagen kaum wahrzunehmen, ihre Aufmerksamkeit galt dem Vogel, den sie jetzt ins große helle Wohnzimmer trug. Die Haustür schloss sie mit einem Tritt. Er betrachtete ihre bleichen Beine, stark und sehnig, und das klatschnasse, eng an ihrem Körper klebende T-Shirt, die kleine Unterhose, die dunklen Schatten an den Oberschenkeln. Ihre Brüste waren klein und rund, sie hatte einen länglichen Oberkörper, nicht wie Lorna. Er senkte den Blick. Seine Füße waren grau wie die einer Leiche.

»Handtücher sind im Trockenschrank auf dem Flur«, sagte sie. »Bad ist daneben. Erst kalt duschen, sonst tuts höllisch weh, dann langsam wärmer.«

Er widersprach nicht. Es stand völlig außer Frage, mit diesen Schmerzen würde er es nie und nimmer bis zu seinem Haus zurückschaffen. Und deshalb musste er sich damit abfinden, dass sie ihn schon wieder gerettet hatte, dass er ihr wieder zur Last fiel, dummer Idiot, der er war, tropfnass auf ihrem Läufer, man sollte ihn an die Wand stellen.

»Danke«, stieß er hervor und zuckelte schaudernd davon, zog ein paar harte bunte Handtücher vom sauber gefalteten Stapel und öffnete mit zitternden Fingern die Badezimmertür. Es war minimalistisch eingerichtet, aber geräumig und blitzsauber. In der Ecke war die Dusche. Hastig drehte er das Wasser auf, ließ es laufen, bis es dampfte, dann betrat er die Kabine. Sofort brannten ihm Hände und Füße wie die Hölle, unerträglich, sein Körper erbebte.

»Meine Fresse!«, rief er und sprang zurück auf den bunten Wollteppich. Also ließ er das kalte Wasser laufen und wagte einen zweiten Versuch. Besser, wie sie gesagt hatte.

Er wartete, bis sein Körper sich langsam erwärmte und das grässliche Zittern nachließ. Nachdem er das Wasser abgedreht hatte, stand er noch einen Augenblick unter dem tropfenden Duschkopf, die Stirn an die Fliesen gelehnt.

Kurz danach schlüpfte er in die klatschnasse Badehose, setzte sich die Brille auf die Nase und fühlte sich gleich besser, weniger nackt, weniger lächerlich. Er schlang sich ein Badehandtuch um die Hüfte, ein zweites um die Schultern, um den letzten Zuckungen entgegenzuwirken, und verweilte kurz mit der Hand auf der Klinke, holte tief Luft und trat, in eine Dampfwolke gehüllt, ins Wohnzimmer, bereit, ihr unter die Augen zu treten, nur mit Handtüchern bekleidet, darunter die peinlichen Simpsons-Shorts, eigentlich eine Unterhose, die ihm Lorna vor zwei Jahren zu Weihnachten geschenkt hatte, damals, als sie noch was zu lachen hatten.

Fast wäre er über ein dickes, weiches Bündel gestolpert, das sie ihm zusammengefaltet vor die Tür gelegt hatte. Als er sich bückte, erkannte er den übergroßen Poncho, den sie ihm bei der letzten Rettung überlassen hatte. Ernsthaft?, dachte er mit einem trockenen Lächeln, aber natürlich war dieser Poncho genau das, was er gerade brauchte. Dankbar schlüpfte er hinein und spürte sofort dieselbe kratzige Umarmung wie damals im Boot, das Teil reichte ihm bis zu den Knien. Die benutzten Handtücher warf er brav in den Wäschekorb hinter sich, dann machte er sich, schwingenden Ponchos, mit fast wiederhergestelltem Selbstvertrauen und auf dem warmen Holzboden allmählich auftauenden Füßen daran, sie zu finden.

Sie war noch immer im Wohnzimmer, in einen wunderschönen, in den staubigen Farben der Wüste gestalteten Kaftan gehüllt, ihr feuchtes Haar hatte sie zu einem lockeren Knoten auf dem Kopf zusammengebunden. Als sie sich über den Kormoran auf dem Tisch beugte, lösten sich ein paar Strähnen und fielen ihr ins spitze konzentrierte Gesicht, das mit seinen scharfen Konturen dem großen Vogel nicht unähnlich sah.

»Schalte den Wasserkocher an, da drüben, und mach Kaffee«, sagte sie, ohne aufzusehen.

»Danke für den ... die Klamotten.«

Sie schenkte ihm ein unerwartetes Lächeln, das ihr Gesicht gleich etwas weicher wirken ließ. »Für den Poncho muss ich dir bald Leihgebühren abknöpfen.«

»Ja«, sagte er. »Tut mir leid.«

Sie hatte eine Schere in der Hand und geduldig an der Schnur herumgeschnippelt, die den reglosen Vogel gefangen hatte, aber jetzt hielt sie inne und sah ihn an, ja, da war definitiv etwas von dem Vogel in ihrem Blick, wie sie den Kopf schief legte und ihn musterte.

»Das hast du gut gemacht«, sagte sie. »Dass du dieser armen Kreatur geholfen hast. Nicht wie das letzte Mal, das war reine Selbstzerstörung. Das hier war nützlich, würde ich mal sagen. Also mach dir keinen Kopf.« Mit einem abrupten Nicken begab sie sich wieder an die Arbeit. »Hör auf, dich fertigzumachen, den Scheiß kannst du gut anderen überlassen, die erledigen das schon für dich.«

Er lächelte schwach. »Ist es schlimm? Kannst du ihn befreien?«

Als er näher trat, bewegte sich der Vogel nervös, und er sah, dass Kopf und Schnabel noch immer verzurrt waren. Hinter ihm brodelte der Wasserkocher, und das finale Klicken löste einen letzten Schauder bei ihm aus. Ja, ein Kaffee wäre höchst willkommen.

»Ein ganz schöner Mist«, sagte sie, während sie zielsicher weiterschnippelte. Die dünne Schnur hatte sich nicht nur um die Schwungfedern und die Beine gelegt, sondern eigentlich um den ganzen Balg. Neben ihr lagen die abgeschnittenen Schnurreste, darunter auch ein paar spitze Haken. Er suchte nach Kaffee, Becher und Milch, alles war leicht zu finden, also goss er das Pulver auf, rührte um und trug die dampfenden Becher an den Tisch. Der Duft stieg ihm in die Nase. Wiederum zuckte der Vogel zusammen, als er sich näherte.

»Kuchen«, sagte Grace, den Kopf bis zum Tisch gebeugt, um den Bauch des Tieres nach versteckten Haken oder verhedderter Schnur abzusuchen. »Abbie hat eine Biskuittorte gemacht, da, unter der Schüssel.«

Rasch hatte er sie gefunden, eine große, schiefe Torte voller Buttercreme und Marmelade, und schnitt zwei großzügige Stücke ab. Nach einer kurzen Suche fand er auch Teller, auf die er die Stücke rutschen ließ. Gabeln. Brachte alles an den Tisch, woraufhin Grace sich mit einem Seufzer setzte und die Schere ablegte.

»Mindestens einer pro Jahr«, sagte sie mit traurigem Blick auf den armen zerrupften Vogel.

In diesem hellen, mit Büchern gefüllten Raum wirkte sie so viel leichter, entspannter. Obwohl sie schon eine Menge Schnur entfernt hatte, sah der Vogel noch verdrillter aus als vorher. Während Evan die köstliche Torte verspeiste und regelrecht spürte, wie der Zucker seine Lebensgeister weckte, nahm er das Tier genauer in Augenschein. Nach einem guten

Schluck heißem Kaffee ging es ihm gleich viel besser. Als er sich vorbeugte, um ihr bei der Arbeit zuzusehen, stieg ihm Meeresgeruch in die Nase, der Gestank von Fisch und Salzwasser umgab den Vogel wie eine Aura. So aus der Nähe betrachtet, wirkte er riesig mit seinen dunklen, glatten Federn und der in ihm schlummernden Kraft.

Evan war froh, dass er das Tier gerettet hatte. Selbst wenn er deswegen selbst zum Rettungsopfer geworden war. »Backen kann sie, die Abbie«, sagte er.

»Das Mädchen kann so vieles, du wärst überrascht«, bekam er zur Antwort. »Sie ist viel mehr als Blümchen und Blödelei.«

Er grinste in sich hinein und genoss die Torte.

Grace hatte wieder die Schere in der Hand und schwieg, nur gelegentlich, wenn sie eine besonders verknotete Stelle entdeckt hatte, schnalzte sie empört. Evan bewunderte ihre Hände, stark, gebräunt, mit kurzen Nägeln. Geschickt hob sie die winzigsten Federn an und tastete sie nach Haken ab, zerschnitt die Schnur, vergewisserte sich, dass alles in Ordnung war. Jede Bewegung war effizient, behutsam, präzise. Ihm fiel ein, dass Abbie erwähnt hatte, Grace sei Schneiderin, sie nähe Quilts oder so. Es sah jedenfalls aus, als wäre sie gut in derlei Kleinstarbeit mit viel Fummelei. Als sie die Schere erneut mit einem Seufzer zur Seite legte, bemerkte sie, dass er sein Stück Torte schon verdrückt hatte.

»Hier, ich geh mir die Hände waschen. Du bist dran. Bevor du ziehst, musst du schauen, ob sich irgendwo ein Haken verfangen hat, okay? Du tastest dich daran vor bis zum nächsten Haken. Langsam und vorsichtig, das ist der Trick.«

Er nickte zweifelnd.

»Und den Kopf erst zum Schluss befreien, der Schnabel ist fies. Hat noch ein bisschen Kampfgeist in sich, der Bursche.«

Sie lächelte dem Tier zu, dann schob sie ihren Stuhl sachte vom Tisch, um es nicht aufzuschrecken. Nach einem kurzen Zögern setzte Evan sich auf ihren noch warmen Platz und blinzelte ein wenig, bevor er den Vogel vorsichtig berührte. Er fühlte sich an wie aus Wolken und Zweigen gemacht. Entgegen seiner Erwartung waren die Flügel nicht glatt und fettig, sondern trocken und leicht. Unsicher sah er sich nach Grace um, doch die war verschwunden. Im Bad rauschte Wasser.

Evan beugte sich weiter vor, um zu erkennen, wo er ansetzen könnte. »Verzeih mir, Vogel!«, sagte er. Jetzt hörte er Grace im Nebenzimmer herumlaufen, sie summte leise vor sich hin.

Er tastete sich an der locker vom Flügel hängenden Schnur entlang zum Äquivalent der menschlichen Achselhöhle, wo er auf einen tief ins Federkleid getriebenen Haken traf. Die Erinnerung an die fiesen Haken an Abbies Angelschnur stieg vor ihm auf. Er zog nicht daran, sondern versuchte vorsichtig, den Haken durch Seitwärtsbewegungen zu lösen. Das Vogelauge starrte ihn an, unheimlich. Wieder wackelte er an dem Haken, und diesmal löste er sich, zusammen mit etwas Schnur. Er atmete aus.

»So«, sagte er und griff nach der Schere.

Grace kehrte zurück und setzte sich stumm neben ihn. Kurz riss ihn das Klirren von Geschirr und Gabeln aus der Konzentration, dann vergaß er alles um sich herum und vertiefte sich in die komplexen Wirrungen. Es war wie ein Geduldsspiel, der feinen Schnur in die zarten Federn zu folgen, immer auf der Hut, dem armen Tier keine Verletzung zuzufügen. Er wusste instinktiv, dass ein Schnitt ins Federkleid für den Vogel fatal wäre, und nach dem ganzen Aufwand wünschte er sich aus tiefstem Herzen, das Tier retten zu können, es vielleicht sogar in Freiheit davonschwimmen zu sehen. Während er still vor sich hin arbeitete, spürte er nicht nur den Kaffee und die süße Torte durch seine Adern rauschen und ihn von innen wärmen, sondern auch die Wärme von Grace, die neben ihm saß und ihm zusah. Gelegentlich zeigte sie auf etwas, das ihr aufgefallen war, oder mahnte ihn zu warten, bevor sie ihm unter einem Federbüschel einen weiteren Haken präsentierte. Er nahm die Stille und Behaglichkeit des Hauses wahr, die ihn umgebende Ruhe, die regelmäßigen Atemzüge der Person neben sich – und es fühlte sich gut an.

»So«, wiederholte er nach einer Weile. »Bis auf den Kopf sind wir hier fertig, glaube ich.«

»*Aye*, den Rest erledigen wir unten am Wasser«, stimmte sie zu und umschloss den sich stoisch in sein Schicksal ergebenen Vogel. Offenbar hatte er noch nicht gemerkt, dass er fast frei war.

»Kormorane sind nicht besonders schlau«, bemerkte Evan, während er Grace und ihrem bunt flatternden Kaftan zur Tür folgte.

»Wenn sie Schmerzen haben, verharren sie in einer Art Schockstarre. Jemand muss sie befreien, selbst schaffen sie das nicht.«

Nach der kuscheligen Wärme im Haus war es draußen auf einmal unangenehm kühl, und auf dem Weg zum Wasser rieb er sich die Arme. Ganz hinten, wo Bucht in Himmel überging, entdeckte er das kleine Boot mit Luca darin, es schaukelte heimwärts. Der Ponchosaum kratzte ihn an den Beinen.

»So, Wattehirn, jetzt gehts hinaus aufs Meer«, sagte Grace, als sie den Vogel direkt am Wasser auf die Kiesel setzte und neben ihm mit der Schere in die Hocke ging. Als das Tier die Wellen unter seinen Füßen spürte, begann es zu zappeln, aber Hals und Kopf waren immer noch gefangen. Evan hielt etwas Abstand, um ihr ein bisschen Zeit zu lassen, doch sie wandte sich zu ihm um und sagte: »Du bist der Vogelretter, komm schon. Du darfst die Schnur durchtrennen.«

Grinsend hielt sie ihm die Schere hin, er bückte sich ungelenk, die Füße verdreht, unangenehm nackt auf den scharfen Kieseln. Sie zeigte auf die Schnur, die den Vogel in seine unnatürliche Kopfhaltung zwang. »Da«, sagte sie leise.

Er positionierte die Schere und warf ihr noch einen fragenden Blick zu, doch sie nickte lächelnd. Ihr Atem roch nach Kaffee. Plötzlich wirkte der Vogel riesig, der Schnabel grau und spitz. Evan tat nichts. Wieder nickte Grace ihm zu, und da sah er das helle Leuchten in ihren Augen, sie war genauso aufgeregt wie er, empfand dasselbe tiefe Glücksgefühl. Kaum hatte er die Schnur durchtrennt, ergriff sie sie und löste die letzten Wirrungen, vorsichtig, um dem Schnabel keine Angriffsfläche zu bieten und die Kopffedern nicht zu verletzen. Der Vogel reckte den überraschend langen Hals, schüttelte sich heftig, sperrte den Schnabel weit auf. Er spreizte die Flügel, flatterte ungeschickt damit herum, bewegte sie vor und zurück, und schon war er auf dem Weg, watschelte auf seinen flachen Füßen über die letzten Kieselsteine ins glitzernde Wasser, ließ das Hinterteil herunterhängen, die Schwanzfedern unansehnlich gesträubt.

»Die sind 'n bisschen wackelig auf den Tollpatschbeinen«, bemerkte Grace, doch in ihrer Stimme schwang viel Liebe mit.

Kaum hatte sich der Vogel mit zwei Watschelschritten ins Wasser bewegt, glitt er davon wie ein Motorboot, den Hals schwanengleich gebeugt, und hatte den Kopf schon bald ins Wasser getaucht, um da unten gleich mal die Gegend zu erkunden.

»Wäscht sich die Augen aus«, sagte Grace. Evan starrte sie an und brach in Gelächter aus, doch sie behielt den Vogel fest im Blick.

Von einer Sekunde auf die nächste war er abgetaucht und verschwunden, pfeilschnell unter Wasser davongeglitten, und Evan lachte erneut auf, überrascht und voller Freude, als alles wieder still wurde und der Vogel endgültig seinem Schicksal entkommen war.

Grace lächelte nun ebenfalls, ihr Blick war aufs Wasser gerichtet und auf das Boot in der Ferne.

»Schau genau hin«, sagte sie. »Der kann über eine Minute unter Wasser bleiben, irgendwo taucht er dann wieder auf.«

Also standen sie da und warteten und schauten, wie das Boot mit seinen komischen Trickfilmbewegungen heranzuckelte, bis, tatsächlich, der Vogel wieder aus dem Wasser ploppte, in beachtlicher Entfernung, den Blick stur nach vorn gerichtet.

29

Grace wartete doch nicht, bis das Boot angelandet war. Plötzlich ging ihr Evans neugieriger Seitenblick auf die Nerven, genau wie alles, was er tat, er störte sie in ihrer Ruhe. Er sagte nichts, als sie sich abrupt abwandte und zum Cottage zurückstapfte, doch das reizte sie nur noch mehr.

Im Haus fiel ihr Blick auf die offene Tür zu ihrem Arbeitszimmer, ein stummer Vorwurf. Sie schnitt sich ein weiteres dickes Tortenstück ab und ging zögerlich damit hinein. Der Laptop stand aufgeklappt mit dunklem Bildschirm auf dem kleinen Tisch in der Ecke. Sie funkelte das tote Display böse an, dann wandte sie sich ab, ließ sich schwer auf den Stuhl vor ihrem Arbeitstisch fallen und strich über den dort ausgebreiteten gelben Stoff. An der nicht versäuberten Kante zupfte sie seufzend einen hellen Faden heraus. Die Farben und das Durcheinander brachten ihr diesmal keinen Frieden, auf einmal hatten sie keine Anziehungskraft wie sonst immer.

Stattdessen machte sie sich über den Kuchen her, fettig und süß, und blickte durchs gegenüberliegende Panoramafenster hinaus auf die Felsen und den schweifenden Strandhafer.

»Huhu! Kannst du uns mit dem Boot helfen?«

Es war Abbie, die durch die Tür rief, wieder zurück an Land mit dem Jungen, der ihr beim Boot-über-den-Strand-Schleppen keine große Hilfe wäre. Ja, Grace sollte rausgehen. Doch sie blieb, wo sie war.

»Lass einfach liegen«, rief sie über die Schulter hinweg. »Höher steigts eh nicht.« Dann stocherte sie weiter im Tortenstück herum, starrte aus dem Fenster.

Es herrschte wieder Stille, und Grace ging davon aus, dass Abbie rausgegangen war, um die Ruder und Dollen aus dem Boot zu holen und es umzudrehen. Sie sollte ihr wirklich helfen, das Ding bis zum Weg hochzuschleppen, wo es sicher wäre, aber sie konnte sich einfach nicht dazu aufraffen. Wollte sich nicht bewegen. Da knarzte hinter ihr ein Dielenbrett, Abbie war die ganze Zeit da gewesen, ausnahmsweise mal still. Jetzt setzte sie sich an den Tisch.

»Was ist los?«, fragte sie.

Grace funkelte sie an. »Was soll los sein?«

Abbie zog ihr genervtes Gesicht, sie hob die Brauen, verschränkte die Arme, lehnte sich zurück und sah Grace durchdringend an, als könnte sie ihre Gedanken lesen.

»Wenn du so glotzt, siehst du aus wie deine Mutter«, bemerkte Grace niederträchtig.

Abbie lachte, ein knapper, runder Laut. Weiße gerade Zähne, ein Grübchen in der Wange. »Wow, du bist ja richtig in Form heute. Was ist passiert, als wir weg waren?«

»Kann ich in meinem eigenen verdammten Haus nicht in Ruhe gelassen werden? Ohne neugierige Fragen oder Störungen?«

Sie wollte aufstehen und abhauen, doch als Abbie mit einer selten zärtlichen Geste ihre Hand ergriff, konnte Grace nicht anders, als sitzen zu bleiben. Sie sah ihre Nichte kurz an und wandte sich ab, den Mund verkniffen.

»Ach, Tante Grace«, sagte Abbie leise. »So kenne ich dich gar nicht.« Sie zog die Hand weg, behielt Grace aber im Blick. »Bin ich dir im Weg? Ist ja auch schon ein paar Wochen her. Soll ich gehen?«

»Nein«, sagte Grace. »Nein«, wiederholte sie leiser. »Es ist nur ...« Sie suchte nach einem Grund. »Ich schaff meine Arbeit nicht, das ist alles.«

Abbie wartete.

»Ich fühle mich alt und ausgemustert. Alt, ausgemustert, zu nichts mehr zu gebrauchen. Mehr ist nicht, Schätzchen.«

Abbie runzelte besorgt sie Stirn. »Du liebes bisschen! Du bist erst fünfzig, nicht hundertzehn, hörst du dir eigentlich mal selbst zu?«

Grace schüttelte nur langsam den Kopf. »Ach, mein Herz, du hast das wirklich toll gemacht mit den Websites und wie du mir alles gezeigt hast, aber ich schaffe das nicht allein. Geht nicht. Jeden Tag treffen neue Bestellungen ein, jetzt, wo wir im Lockdown sind, und ich komme einfach nicht hinterher.«

Sie seufzte, halb erleichtert, denn darin lag zumindest teilweise das Problem, und es war gut, das mal laut vor ihrer Nichte ausgesprochen zu haben.

Abbie fummelte mit einer aussortierten Swatch herum, drehte sie zigmal in ihrer Hand, als läge darin die Lösung. »Vielleicht könnte ich bleiben«, sagte sie leise, ohne den Blick zu heben, »nach dem Lockdown, nach dem Sommer, meine ich. Ich könnte mich um die Bestellungen kümmern und so, dann kannst du in Ruhe nähen.« Sie strich über die bunten Stoffstücke auf dem Arbeitstisch. »Und die Online-Verkäufe könnte ich auch übernehmen, wenn du willst. Wir wären Geschäftspartnerinnen.«

Grace sah sie überrascht an. »Und was ist mit der Uni?«

»Ach, wozu soll der Mist gut sein?«, stieß ihre Nichte bitter hervor. Mit einem energischen Rockrascheln stand sie auf und trat ans Fenster. »Was lerne ich im Studium über Technik und Ingenieurswissenschaften, das ich nicht schon längst weiß oder mir locker selbst beibringen kann? Hast du einen Abschluss in Meeresbiologie? Oder Textilkunde? Wohl kaum.« Sie schnaubte missmutig. »Außerdem haben sie gemeint, die meisten Vorlesungen wären ab jetzt sowieso online. Ich könnte das also alles von hier aus machen – im Pub vielleicht, da gibts WLAN, wenn nötig.«

Sie wandte sich zu Grace um, die sich auf einmal so erleichtert fühlte, als hätte Abbie ihr eine Last abgenommen. Sie überlegte kurz. »Hast du dein Auto noch?«

Abbie nickte. »Oben im Dorf geparkt. Dieselbe alte Mühle, aber sie läuft immer noch. Allemal besser als dein Quad.«

Sie lehnte sich mit dem Hinterteil ans Fensterbrett, so aufgeregt sah sie auf einmal viel jünger aus.

»Du könntest die Sachen in der Stadt erledigen«, sagte Grace langsam. »Und die Mails beantworten?«

Abbie nickte grinsend und biss sich auf die Lippe. Eine Weile herrschte Stille, sie dachten nach, und Grace spürte, wie eine neue Energie den Raum erfüllte. »Du musst deiner Mutter Bescheid geben. Zumindest wegen der Online-Sache, die Vorlesungen.«

Abbie nickte rasch.

»Sonst kriegt sie einen Anfall. Die Gute will unbedingt den nächsten Bill Gates aus dir machen. Schauen wir mal, was sie sagt.«

»Darauf muss ich nicht warten, Tante Grace«, sagte Abbie, die sich wieder an den Tisch gesetzt hatte und jetzt eifrig vorbeugte. »Sie denken sich ständig neue fiese Namen für mich aus. Keiner redet mit mir.« Sie senkte den Blick. »Es war entsetzlich«, flüsterte sie. »Ich schwörs dir ... Wenn ich da hätte bleiben müssen und nicht zu dir hätte kommen können, hätte ich eine Dummheit begangen.«

Als sie Grace anschaute, hatte sie Tränen in den Augen,

sie sah aus wie früher, wenn sie als kleines Mädchen hier die Ferien verbracht hatte, erst sieben oder acht Jahre alt, aber schon im Dauerstreit mit ihrer Mutter. Abbie blinzelte die Tränen weg und sagte munter: »Ich hatte ja keine Ahnung, dass du so viele Aufträge hast, sonst wäre ich glatt früher gekommen. Du bist erfolgreich! Zeig mir einfach, wie weit du mit den Bestellungen bist, dann mache ich da weiter.«

Sie tätschelte Grace die Hand. So oft wie in diesen letzten Minuten hatten sie einander seit Jahren nicht berührt, und der ständige Hautkontakt irritierte sie langsam. Sie zog ihre Hand weg.

Abbie schien das gar nicht aufzufallen. »Morgen fange ich an, okay? Das wird toll! Okay, Partner?«

Grace stand rasch auf. »Abgemacht«, sagte sie nickend. »Danke, Abbie.«

Für einen Moment herrschte Stille im Zimmer, und Abbie lächelte scheu.

»So, und jetzt ists Zeit für meinen Abendtrunk«, sagte Grace.

Auf dem Weg ins Dorf kam sie an dem kleinen Boot vorbei, es lag einfach zur Seite gekippt am Strand, die Ruder noch in den Dollen, aber Grace, bockig wie ein Kleinkind, schob die Hände in die Taschen und ging weiter. Am Hügel klimperte sie mit den Münzen, genoss die Anstrengung in Beinen und Kreislauf, ihre Gedanken kreisten um ihre Nichte und die Dinge, die sie tun könnte, um sich nützlich zu machen.

Abbie könnte in dem anderen Haus wohnen, dann wäre sie unabhängig. Es wäre gut, diese Stadtmenschen endlich loszuwerden, dachte sie mit besonderem Nachdruck, als sie oben angekommen war und vor sich die dunkle Anhäufung der Gebäude sah. Brachten nur Umstände und Störung, genau wie alle anderen. Das aufkeimende Bild von dem Mann, der noch vor kurzer Zeit verzweifelt neben ihr im Wasser gekämpft hatte, japsend, aber lächelnd, verdrängte sie rasch. Sie konnte sich weiß Gott Besseres vorstellen, als ständig Menschen zu retten, morgens, mittags, abends, nachts.

»Sieht nach Regen aus«, sagte sie zu Brendan Curran, als der sie einließ.

»Gerade rechtzeitig. Bald haben wir wieder Touristen überall, heißt es«, erwiderte er missmutig, während Paddy sich hinter der Bar nach der Flasche streckte und sie ihr schon mal auf den Tresen stellte.

»Letzte Runde, meine Herren«, rief er. »Ach, und Damen. Guten Abend, Grace.«

»Der letzte Rest vom John Powers«, sagte Mickey Flanders ehrfürchtig.

»In ein, zwei Wochen ist der Lockdown sowieso vorbei«, sagte einer der alten Knallchargen. Man konnte sie kaum auseinanderhalten.

»Na, in Sachen Lockdown würdest du nicht mal den Trostpreis gewinnen«, sagte Mickey. »Statt zu Hause in den Sessel zu furzen und Gott um einen leichten Tod zu bitten, wie es sich in deinem Alter gehört, hockst du jeden Abend hier rum.«

»Musst du gerade sagen«, kam die erboste Antwort. »Du hängst doch tagtäglich an der Bar, schlimmer als Maggie Gill in der Kirchenbank, hab ich recht, Paddy?«

Paddy wandte sich schweigend ab und fummelte die schwere Flasche zurück in die Halterung.

»Tja, nun, bei mir hat man Alkoholismus diagnostiziert«, sagte Mickey stolz. »Ich habe ein Recht, hier zu sein, aus medizinischen Gründen.«

Grace trank ihren Whiskey und ließ sich von der unaufgeregten Neckerei einlullen, behaglich wie eine Kuscheldecke. Die Welt da draußen war krank und dunkel und einsam, aber hinter dieser Tür herrschte Stabilität und Kameradschaft mit den Menschen, die sie schon von Kindesbeinen an kannte, die Gesichter waren zwar mit den Jahren erschlafft und aufgedunsen, aber das warme Licht der Bar wirkte wie ein Weichzeichner. Niemand sprach sie direkt an. Sie waren ihre Art gewohnt, erkannten an ihrer Schulterhaltung, dass sie keine Lust auf Plaudereien hatte, und trotzdem fühlte sie sich geborgen, ein Teil der Gemeinschaft. Ohne sich einzumischen, ließ sie die Zeit verstreichen, und als sie den letzten Tropfen ihres zweiten Glases getrunken hatte und die Wärme wie eine Zauberschlange durch ihre Glieder kroch, war sie eigentlich noch nicht bereit für den Heimweg.

Wenigstens wartete Abbie bei ihr zu Hause, die hatte sicher schon das Abendessen vorbereitet, dachte sie, als sie vom Barhocker glitt und sich für den Aufbruch rüstete.

»Heimweg, Grace?«

Paddy sah sich stets bemüßigt, das Offensichtliche in Worte zu fassen. Sie reagierte nicht mal mit einem Nicken, sondern schob sich an den gekrümmten Rücken auf den anderen Barhockern vorbei ins dunkle Hinterzimmer, wo ihr Hut feierlich auf dem Haken neben der Toilette hing.

»Man munkelt, der Mann aus der Stadt hätte sich ein neues Hobby zugelegt«, sagte Paddy leise zu ihr. »Schwimmen.«

Sie funkelte seinen schmalen Rücken an, als er sich an ihr vorbeidrängte und die Türriegel zurückschob.

»Ach, tatsächlich?«

Grace nahm ihren Hut und knallte ihn sich auf den Kopf.

»Gott sei Dank ist der Lockdown bald vorbei, dann können sie dahin abhauen, wo sie hingehören«, sagte er, als sie hinaustrat.

»Wird Zeit, dass du unsere liebe Becky heiratest und deinen übergroßen Riechkolben zur Abwechslung mal in deine eigenen Angelegenheiten steckst, findest du nicht?«, bemerkte Grace, ohne sich umzudrehen.

Auf dem Weg den Hügel hinab fiel ihr ein lautes Knurren auf, doch sie war nicht sicher, ob das Geräusch von ihr stammte, echt war oder eingebildet, also hielt sie den Atem an, bis wieder Ruhe herrschte. Endlich regnete es, erfrischend nach der langen Zeit der Trockenheit, sanft auf ihrer Haut, ein Segen. Der Whiskey hatte ihre Gedanken angenehm in Watte gehüllt, sie ließ sie einfach schweifen, schlenkerte entspannt über den Asphalt, der schon bald in den schmalen Schotterweg überging. Sie dachte an Abbie als kleines Mädchen, ihr wildes, ungezügeltes Kreischen, wenn sie aus dem glänzenden Auto ihrer Eltern direkt auf Grace zugerannt war, die Arme weit ausgestreckt. Der einzige Mensch, den Grace je umarmt hatte, das war Abbie. Sie dachte an Hund und seine übersinnlichen Instinkte, wie er sich an ihre Launen anpasste, als wäre er ein Teil von ihr. Sie dachte an ihre Schwester Marcella, Abbies Mutter, in der Großstadt, eine reiche Witwe, todunglücklich, egal, wie oft sie das Gegenteil behauptete, die ihre Kinder den ganzen Tag mit ihren Karrierevorstellungen drangsalierte.

Und sie dachte an den Mann in London, der sie gefangen gehalten hatte und vermutlich schon längst tot war, wie schön das wäre, zu wissen, dass es ihn nicht mehr gab. Grace dachte an ihre Verflossenen, flüchtige, seltsame Liebeleien, ein kurzes Rumpeln und leises Fluchen, bevor sie wieder heimkehrten zu ihren Frauen und sie danach keines Blickes mehr würdigten.

An ihren Mieter Evan dachte sie erst, als er um die Ecke gesaust kam, völlig aufgelöst und verzweifelt, und da wusste sie, dass sie ihn wieder an der Backe hatte.

»Hast du ihn gesehen? Luca?« Er hatte die Hände in die Hüfte gestemmt, um wieder zu Atem zu kommen, sah sich aber die ganze Zeit hektisch um.

Grace schüttelte den Kopf.

»Er ist verschwunden. Scheiße! Er ist weggelaufen, verdammt.«

TEIL DREI

30

Schon war Evan weitergejoggt, den Hügel hinauf aufs Dorf zu, sah dabei nach rechts und links, als würde ein intelligenter Junge allen Ernstes irgendwo im Regen hinter einem Felsbrocken warten, bis man ihn gefunden hatte. Hier gab es zig Möglichkeiten, sich zu verstecken. Das wusste Grace aus eigener Kindheitserfahrung. Sie sah ihm nach, bis er hinter der Kurve verschwunden war. Unter der Wolkendecke war die Sonne eine fahlgelbe Zitronenscheibe.

In einer Stunde, wenn er völlig durchnässt war und zu frieren begann, würde Luca schon zurückkehren.

Sie marschierte weiter über den knirschenden Schotter und versuchte, an ihre frei schweifenden Gedanken anzuknüpfen, die sie so genossen hatte, aber irgendwie war die Whiskeyseligkeit verschwunden. Jetzt schaute sie auch schon blöd in der Gegend rum, genau wie ihr dämlicher Mieter. Nur zur Sicherheit. Hätte ihn fragen sollen, was der Junge trägt. Als sie am vermieteten Haus vorbeikam, schloss sie kurzerhand die im aufgefrischten Wind auf- und zuklappende Tür. Drinnen brannte wegen des regnerischen Wetters schon das Licht, doch davon wurde das Haus auch nicht heller. Es war immer schon ein düsterer, fieser Ort gewesen, den sie jetzt rasch hinter sich ließ.

Abbie würde bei ihr wohnen, das stand für Grace fest. Sie fragte sich, was ihre Nichte zuvor mit »eine Dummheit begangen« gemeint hatte. Hoffentlich nicht ... das. Meine Güte, diese Verzweiflung war doch hoffentlich nicht erblich?

Als sie die letzte Kurve vor ihrer Bucht und ihrem Cottage mit den hell erleuchteten Fenstern umrundet hatte, blieb sie abrupt stehen.

Das Boot lag nicht mehr am Strand.

Ungläubig blickte sie auf die leere Stelle auf den Kieseln oben am Strand. Auch dort, wo es eigentlich hingehörte, umgedreht wie eine grüne Schildkröte am Rand des Fußwegs, war es nicht.

Sie ging über den Strand bis dahin, wo das Boot noch vor so kurzer Zeit gelegen hatte. Entsetzen beschleunigte ihr den Puls, eine unheimliche Ahnung beschlich sie, als würde das Ding irgendwo grinsend hinter einem Felsen lauern und sie beobachten.

Natürlich hatte Abbie es weit genug hochgeschleppt, dass es vor der Flut sicher wäre, aber eben nur gerade so und nicht richtig weit weg vom Wasser. Wann war Hochstand gewesen, vor einer Stunde? Aber es hatte keine Gefahr bestanden, sie hatte es selbst gesehen, auf dem Weg zum Pub. In ihrer Erinnerung sah sie die Ruder, wie ein V in den Dollen. Das Boot war nicht leicht, aber sein Liegeplatz war abschüssig gewesen, der Strand fiel ab, zum Meer hin, das es anheben, hinaustragen und für sich behalten würde, mit allem, was sich darin befunden haben mochte.

Grace schaute über die Bucht. Die schaute zurück, unschuldig und leer. Kleine Wellen zipfelten an der Oberfläche, aber es herrschte kaum Dünung, noch nicht.

Sie wandte sich ab und rannte los. »Abbie!«, brüllte sie, noch bevor sie überhaupt in Hörweite kam. »Abbie!«

Das Mädchen erschien an der Haustür, im gepunkteten Dress, den Pfannenwender in der Hand. Der Hund kam hinterdrein angewetzt, beglückt über die neu gewonnene Freiheit, und scharwenzelte ihr um die Beine.

Zuerst brachte Grace keinen Ton heraus, vielleicht lag es am Rennen oder am Schreck, sie wusste es nicht.

»Das Boot!«, stieß sie schließlich hervor, nachdem sie sekundenlang blöd dagestanden hatte.

Abbie schaute alarmiert an ihr vorbei zum Strand und runzelte besorgt die Stirn, als sie sah, dass er leer war. »Aber ich habe es hochgezogen, weit weg vom Flutsaum! Ich schwörs dir! Der Kleine hat mir geholfen.«

Abbie trat barfuß auf dem Weg und verrenkte sich wie Grace zuvor den Hals. Vielleicht hatte sich jemand einen Scherz erlaubt?

»Er hat noch ewig dringesessen und rudern geübt, bevor er es umgedreht hat und mit seinem Fang heimgegangen ist.«

»Der Junge ist auch weg.«

Abbies Miene entgleiste. »Ach du Scheiße!«, sagte sie leise. Nun ließ auch Abbie den Blick über das Meer in der Bucht schweifen, doch da war nichts zu erkennen. Voller Angst wandte sie sich an Grace. »Was sollen wir tun? Was?«

Grace schob sich an ihr vorbei in die Küche. »Ich ruf die Küstenwache. Hol deine Schuhe und such Evan. Er ist hoch zum Dorf, um dort nachzusehen. Sag ihm Bescheid. Er soll herkommen. Und alarmiere alle Nachbarn. Wir brauchen sämtliche Hilfe, die wir kriegen können.«

Abbie rannte aus dem Haus, als Grace die Nummer der Küstenwache wählte. Sie zwang sich zur Ruhe, als es zwei-, dreimal klingelte, dann war endlich jemand von der Leitstelle dran. Man stellte ihr lauter Fragen – Alter, Kleidung, Ort des Verschwindens, Art des Wasserfahrzeugs –, und Grace gab sich alle Mühe, sie zu beantworten, wünschte, sie hätte genauer darauf geachtet. Was hatte er getragen?

Es würde jemand kommen, versicherte man ihr. Die Leute seien schon auf dem Weg. Sie würden sich kümmern.

Kaum hatte sie aufgelegt, kam Evan hereingerauscht, außer Atem. »O Gott, o Gott!«, keuchte er, wirbelte herum und starrte zur Bucht, wo das Wasser sich bereits schmuddelgrau verfärbt hatte, aber immerhin nur leichter Wellengang herrschte. »Ich fasse es nicht«, sagte er, sank wie ein verbogener Winkel auf die Türschwelle, raufte sich die Haare. »Jetzt hab ich noch eins verloren. Er ist da draußen? Allein in dem Boot? Du liebe Scheiße! Ich habe sie beide verloren!«

»Jetzt mach hier nicht auf Drama Queen, dazu haben wir keine Zeit«, versetzte Grace. »Hat er die Rettungsweste mitgenommen?«

Evan starrte sie an. In seinem dunklen Haar glänzten Regentropfen, sein Gesicht kalkweiß, die Lippen grau. »Scheiße. Die Rettungsweste.« Gesagt, gerannt.

Der Junge war nicht blöd, überhaupt nicht. Er hatte die Weste garantiert mitgenommen, aber jetzt war es wichtig, seinen Vater zu beschäftigten. Das war das Schlimmste, dachte sie, hier rumzustehen mit leeren Händen und sich selbst beim Atmen zuzuhören. Nichts tun zu können. Keine Ahnung, keinen Plan zu haben. Wie der Blitz wäre sie rausgerudert, um nach ihm zu suchen, wenn er das verdammte Boot nicht selbst genommen hätte. Plötzlich hatte sie das alte Kajak vor Augen, aber das würde nicht funktionieren. Die Verhältnisse waren ungünstig, außerdem war das Ding eine miese Sau, also blieb Grace, wo sie war, und dachte nach.

Am Kenterpunkt war die Strömung am stärksten und würde ein kleines Boot wie eine Nussschale herumwirbeln und direkt in die Irische See treiben. War der Junge ein bisschen später losgerudert, wenn die Strömung sich wieder beruhigt hatte, hatte er vielleicht eine Chance. Sie trat hinaus auf den

Strand und hielt einen angefeuchteten Finger in den Wind. Südwest. Mistdreck. Das war nicht hilfreich. Überhaupt nicht.

Oben am Hügel tauchte ein großer weißer Jeep auf, der letzte Wendepunkt, bevor die Straße endete, und zwei Leute in roten Overalls stiegen aus. Grace sah, wie sie herumzeigten und losliefen, kurz darauf tauchten sie auf dem Pfad zu ihrem Cottage auf, Abbie kam direkt dahinter ums Eck, rannte, im Schlepptau Maggie und Frank, Eamon und Carmichael, Paddy und Becky. Die beiden hielten Händchen, wie Grace auffiel, aber auch sie beeilten sich, rannten auf die leere Bucht zu, die leere See. Rasch bugsierte Grace den widerspenstigen Hund ins Schlafzimmer und knallte ihm die Tür vor der hässlichen Schnauze zu.

Die beiden von der Küstenwache waren eindrucksvolle Leute. Ein Mann und eine Frau, beide trugen Maske und weigerten sich, ins Haus zu kommen. Sie nahmen die Bucht in Augenschein und ließen sich von Grace zeigen, wo das Boot gelegen hatte. Interessiert nahmen sie zur Kenntnis, dass das verschwundene Kind taub war und eine einst orangefarbene, jetzt ausgeblichene Rettungsweste trug. Dann versuchten sie, mit ihren Geräten ein Signal zu orten, doch sie hatten keinen Empfang. Grace erklärte ihnen die Gezeitenlage – Flutstrom, Ebbestrom – und wies auf den ablandigen Wind hin, worauf die beiden nickten. Schließlich gab die Frau nach und kam ins Haus, um das Telefon zu benutzen, da traf Evan ein.

»Ich bin sein Vater«, sagte er zu dem Mann. »Wenigstens hat er die Rettungsweste mitgenommen. Was tun wir nun?«

»Die *Hinch*, unser Rettungsschiff, wurde bereits entsendet«, erklärte der Mann, der sich ruhig Notizen in ein schwarzes Buch machte. »Ist schon unterwegs. In der Zwischenzeit organisieren wir Suchtrupps und gehen die Steilküste ab.«

»Steilküste? Wieso das?« Evans Gesicht war vor Panik verzerrt, aber Grace wusste, dass er schon verstanden hatte.

»Evan.« Sie legte ihm die Hand auf den Arm, damit er nicht gleich wieder losrannte. »Du warst selbst da draußen in der Strömung unterwegs. Es steht zu erwarten, dass er schon im Wasser ist, vielleicht irgendwo entlang der Küste.«

Als er fluchte, drückte sie seinen Arm, damit er zuhörte. Inzwischen hatten sich die Dorfbewohner versammelt, knöpften ihre Jacken zu, zogen sich Warnwesten an und setzten Helme auf, es herrschte gedämpftes Gemurmel.

»Er trägt eine Rettungsweste«, sagte sie leise. »Er wird im Wasser treiben und gut zu erkennen sein. Es ist noch eine Weile hell.«

Evan nickte eifrig, nahm alles gierig in sich auf wie ein Kind, glaubte alles, was sie sagte. Sie nickte den Leuten zu, die sich hinter ihm versammelt hatten. Weitere Gruppen kamen den Hügel hinab, die Nachricht hatte sich verbreitet.

»Auf gehts, wir müssen los. Es ist nicht das erste Mal, viele Leute helfen uns bei der Suche.«

Evan schluckte und riss sich sichtlich zusammen, richtete sich auf und nickte ein paarmal. Grace hoffte inständig, dass er vergessen hatte, wie eiskalt das Wasser war. Um ihn abzulenken, kramte sie aus ihrem Mantel ein zerknittertes Taschentuch hervor. War nicht ganz sauber, aber egal.

»Wisch dir die Brille ab, du brauchst eine klare Sicht.«

Er nahm das Taschentuch und gehorchte. Mittlerweile hatte sich seine Haut grünlich verfärbt, er stand sichtlich unter Schock.

Der Mann von der Küstenwache hatte gewartet, jetzt kehrte seine Kollegin zurück, zog die Maske ab und begann das Briefing.

»Der Helikopter aus Dublin ist auf dem Weg«, sagte sie,

worauf die kleine Menge mit Zustimmung reagierte. Das war ihnen vertraut. Das war gut. Sie wollten helfen. Als Grace in ihre Gesichter blickte und sah, wie konzentriert sie alle den Anweisungen lauschten, empfand sie eine so tiefe Liebe, dass ihr die Augen feucht wurden. Das hier waren ihre Leute, ihre Familie. Man würde den Jungen finden. Es würde ihm nichts geschehen. Sie blickte gen Himmel, wo dichte Regenwolken aufzogen, und lauschte der ruhigen Stimme der Frau von der Küstenwache. Dreierteams, zunächst in einer großen Gruppe, die die unmittelbare Umgebung absuchte, dann sollten sie sich aufteilen und vor Einbruch der Dunkelheit so viele der unzähligen Meeresarme und Buchten zu beiden Seiten des Cottages absuchen wie möglich. Die Rettungsdienste und andere Einsatzkräfte seien verständigt und auf dem Weg, aber man habe keine Zeit zu verlieren.

»Sie brauchen Taschenlampen, mindestens eine pro Gruppe«, sagte sie, woraufhin sich einige Hände hoben und ihre Taschenlampen präsentierten. »Ferngläser, sofern vorhanden«, auch diese wurden präsentiert, man war erfahren hier im Dorf. »Trillerpfeifen sind nützlich, wenn vorhanden, aber nur, bis die Hunde eintreffen. Ich heiße Jade, und dieses Cottage« – sie wandte sich um und zeigte auf Grace' Haus – »ist unsere Einsatzzentrale. Fragen oder Erkenntnisse tragen Sie bitte so schnell wie möglich an uns heran, oder Sie rufen an, falls Sie Empfang haben.«

Grace hörte das alles nicht zum ersten Mal. Der Mann hatte in der Zwischenzeit direkt hinter ihr einen Tisch aus dem Haus getragen, ihr kleiner Laptoptisch, und sie fragte sich, ob der Mann zuvor alle Zimmer danach durchsucht hatte. Zur Orientierung breitete er eine Karte aus, die über die Kanten reichte und im Wind flatterte. Mehrere Stellen markierte er mit einem Bleistift, dabei murmelte er leise vor sich hin, während Regentropfen das Papier benetzten. Abbie, blass und still, bat ihn ins Haus, zog mit ungeübten Fingern die von ihm angebotene Maske über, nahm seine Tasche und seinen Mantel, während er den Tisch wieder hineintrug, froh, doch aus dem Regen ins Trockene zu kommen. Gruppen fanden sich zusammen, immer drei Leute, murmelnd und mit ernsten Gesichtern, und hinter ihnen, vom Hügel her, kamen stetig mehr Leute, Unbekannte in Mänteln, mit Wanderstöcken und Rucksäcken und Regenkleidung.

Als Becky Grace' verwunderten Blick sah, rief sie: »Es ist auf Facebook, Grace – es werden noch viel mehr helfen kommen.« Sie setzte eine zuversichtliche Miene auf, geborgen an Paddys Seite.

Jetzt nahm die Frau von der Küstenwache sie beiseite, als wäre Grace sehr krank oder zartbesaitet, sprach leise mit ihr. Sie bemühte sich vergeblich zuzuhören. Jan oder Jane spähte unter Grace' breiten Hut, direkt in ihr Gesicht. Grace musste die Luft anhalten, damit die Frau ihre Whiskeyfahne nicht roch, aber sie rang sich ein verkniffenes Lächeln ab, konzentrierte sich auf das sympathische junge Gesicht der Frau, um die Panik in Schach zu halten. Nicht an die graue See hinter ihnen denken, das kleine Boot da draußen, irgendwo, wo es nicht sein sollte, mit dem kleinen Jungen drin, der vielleicht über die Bordwand späht, mit halb erfrorenen Fingern, hilflos, die Ruder verloren, im Wasser auf und ab schaukelnd.

Moment mal. Plötzlich war sie wieder ganz da. Die Frau erzählte ihr, sie solle hier beim Cottage bleiben und nicht mit den anderen den Küstenstreifen absuchen. Wie bitte?

Sie solle keine Gruppe anführen wie die zig Male zuvor.

Sie solle ihnen nicht zeigen, wo Lignabaw oder Crushkeen lagen oder die anderen Meeresarme, in die mit der Flut auch lauter Müll und Gerümpel gespült wurden.

Sie solle schön hierbleiben wie eine alte Oma, ihr Haus und die Außengebäude gründlich absuchen, während mehrere andere Gruppen ausgesandt wurden, dasselbe im Dorf und auf den nahe gelegenen Anhöhen und Felshängen zu tun.

Sie lauschte den Anweisungen mit wachsendem Groll. Niemand kannte diese Küste so gut wie sie. Niemand.

Abbie hüstelte, um ihre Aufmerksamkeit zu erregen. Sie stand hinter der Frau, hob warnend die Brauen und hielt den Finger an die Lippen. Die Küstenwache hatte hier das Sagen. Sie wollten Hilfe, nicht wahr? Also schön den Mund halten, Tante, kommunizierte sie stumm.

Grace schwieg, brummte und nickte. Sobald die ganzen Idioten weg wären, würde sie den verdammten Hund rauslassen und ihr Ding durchziehen. Der Junge musste gefunden werden, und zwar schnell.

»Hier, ich zeige Ihnen, wo Sie Tee kochen können«, rief Abbie den beiden von der Küstenwache zu. »Ich kann eine Kaffeestation und Proviant anbieten, für die Freiwilligen. Würde das helfen?«

War ja klar, dass du ans Fressen denkst, dachte Grace gehässig und schämte sich sofort. Es war alles falsch. Sie hatte Angst. Die Frau lächelte Abbie zu und sagte, sie hätte gern eine Tasse Tee, während sie auf die anderen wartete – sie habe vorher schon einen Einsatz gehabt und seit dem Frühstück keinen Bissen mehr gegessen. Abbie bot ihr ein Stück Kuchen an, das die Frau dankbar annahm, als wären sie hier bei einem Scheißkaffeeklatsch, als würde da draußen auf dem Meer kein Kind ertrinken, jetzt, in diesem Augenblick.

Grace drängte sich ruppig an ihnen vorbei und duckte sich durch die enge Tür, um den Hund rauszulassen. Als er an ihr vorbeipeste, um die fremde Frau zu beschnuppern, die einen

Satz machte und kreischte, trat Grace in ihr Schlafzimmer, sah in ihrem Kleiderschrank und unter ihrem Bett nach – all die lächerlichen Verstecke, die kleine Kinder so mochten. Auch im Bad sah sie nach, im Arbeitszimmer, in der Waschküche, im Gästezimmer, alles wurde gründlich abgesucht, wie geheißen. Das Haus war leer. Hier war er nicht. Natürlich war er das nicht, verdammter Blödsinn. Er war immer noch draußen auf hoher See, im grünen Boot, wartete immer noch darauf, dass das bescheuerte Rettungsschiff kam, immer noch weg war er, immer noch verloren. Grace richtete die Aufmerksamkeit wieder auf die Frau von der Küstenwache, die mit knappen Sätzen ins Telefon sprach, einen dampfenden Becher in der Hand. Abbie kramte gerade den alten Kaffeespender hervor und Sachen für Sandwiches, aber ihr Gesicht war angespannt und blass. Sie verarbeitete das alles auf ihre eigene Weise. Abbie war ein gutes Mädchen. Immer schon gewesen.

Grace schnalzte ungeduldig mit der Zunge. Sie musste nur noch draußen nachsehen, dann konnte sie abhauen und tun, was sie wollte. Ihr war ungefähr klar, wohin die Strömung ihn getrieben haben musste, wenn er noch im Boot saß. Wichtig war, dass sie so schnell wie möglich auf die Felsnase kam, ihn in der Bucht erspähte und seine Position an das Rettungsschiff weitergab, falls das je hier eintreffen sollte. Vielleicht könnte sie dem armen Wurm etwas zurufen, ihm versichern, dass Hilfe unterwegs war. Manchmal reichte das schon, damit sie ums Überleben kämpften. Sie zupfte ihren Regenmantel vom Haken an der Hintertür und schnappte sich Taschenlampe und Fernglas vom Regal daneben. Das kleine schwarze Handy hing still am Ladekabel und sah sie freundlich an, also stopfte sie es sich auch noch in die Tasche, wo es nicht nass werden würde. Draußen blieb sie im kühlen Regen stehen und zählte zehn langsame Atemzüge. Das Getöse des Helikopters waberte in der Luft, es wurde zunehmend lauter. Sie vertrödelte Zeit, doch sie verharrte noch kurz, um sich zu fassen.

»Du hast Angst, Gracie, mehr ist das nicht«, murmelte sie. Zu ihren Fersen jaulte der Hund. »Du machst das, was du immer tust, wenn die Dinge außer Kontrolle sind, dabei weißt du genau, dass der Scheiß nicht funktioniert. Lass es einfach, du Tranfunzel, und tu endlich, was zu tun ist. Außerdem solltest du mit den Selbstgesprächen aufhören, sonst halten sie dich nicht nur für alt, sondern auch für verrückt.«

Sie rammte die Arme in den Regenmantel, zog den Reißverschluss zu und versicherte sich ein letztes Mal, dass alles sicher in den Taschen verstaut war.

»Auf gehts, Hund.«

Der war allerdings schon losgewetzt und schlenzte jetzt mit aufgeregt zuckendem Stummelschwanz vor ihr her, während sie quietschenden Schritts übers nasse Gras zu den Außengebäuden marschierte, dem Schuppen und dem Stall, um dort nach dem Jungen zu suchen, obwohl der auf dem Meer verschollen war.

31

Hund bellte und wirbelte so plötzlich herum, dass sie einen Satz machte.

»Himmelarsch!«, rief sie.

Evan stand hinter ihr, außer Atem, das Gesicht entschlossen und verbittert. Er beugte sich vor und tätschelte dem Hund abwesend den Kopf, worauf der mit dem Stummel zuckte.

»Grace, die zwingen mich, das verdammte Haus zu durchsuchen«, sagte er. »Das ist eine reine Beschäftigungsmaßnahme, damit ich ihnen nicht im Weg bin. Aber ich kann hier nicht rumhängen. Darf ich mitkommen? Du kennst die Küste besser als jeder sonst.«

»Aber mich haben sie auch hier festgesetzt«, sagte sie. »Ich soll den Stall und so durchsuchen, weil ich scheißalt und scheißnutzlos bin. Ich schau kurz nach, dann mache ich mein Ding.«

»Gut so.« Er nickte und joggte ans Schuppentor, um es aufzuziehen. Es klemmte, ratschte übers lange Gras.

»Verdammte Zeitverschwendung«, sagte sie, als sie neben ihn trat. »Der Kleine kriegt das Ding doch gar nicht auf. Scheiße, sogar Herkules hätte damit Probleme.«

Evan antwortete nicht, sondern half ihr mit dem Tor. Sie betraten den Schuppen. Es war trocken und still und roch nach Tieren, ein reichhaltiger Duft, den sie immer gemocht hatte. Alles war an seinem Platz, ordentlich und unberührt, wartete auf sie, und sie kannte jedes kleine Ding, jeden Stock, jedes komplizierte Werkzeug. Der Boden war mit Staub und Erde bedeckt.

»Siehst du? Nur meine Stiefelabdrücke«, sagte sie. »Sonst keine. Keine Kinderspuren.«

Evan antwortete nicht. Er hatte den Kopf schief gelegt und lauschte. Das Flappen des Helikopters über ihnen. Sie wusste, dass er verzweifelt war, da draußen suchen musste. Sie zog das hervor, was sie eigentlich hier gesucht hatte, ein langes Seil, das sie sich über die Schulter warf.

Plötzlich ertönte ein außerirdisches Röcheln, das Evan so erschreckte, dass er die Taschenlampe fallen ließ. »Was zur Hölle!«

Er starrte sie mit aufgerissenen Augen an. Kriegte der Mann bei allem einen Schrecken? Was war das nur für ein Leben, wenn man ständig in Habachtstellung war? Eine Welle des Mitgefühls überkam sie, spülte längst vergessene Erinnerungen hoch, ihre eigene Erfahrung des andauernden Schreckens.

»Das ist Dolly«, erklärte sie. Zu jedem anderen Zeitpunkt hätte sie jetzt gelächelt. »Esel. Der Stall ist nebenan, sie hört mich. Na komm, weiter.«

Er nickte eifrig und folgte ihr ins Freie, sein Gesicht vom Stress zerfurcht. Das Tor ließen sie offen stehen, um zu signalisieren, dass hier bereits alles abgesucht war. Grace zögerte, bevor sie sich bückte und ein Büschel Gras ausriss, bevor sie den knirschenden Riegel des oberen Flügels der Stalltür zurückschob. Evan wartete hinter ihr, ungeduldig von einem Fuß auf den anderen tretend. Da war das weiche, samtige Eselsmaul, ein rascher Trost, den sie in diesem Moment dringend brauchte, und der kleinere Umriss des griesgrämigen alten Ziegenbocks ganz hinten, nur ein Rascheln im Stroh.

»Ach, Dolly«, sagte sie und hielt ihr das Gras hin, doch als der Esel den Regen auf den Nüstern spürte, zog er den Kopf rasch zurück.

»Der hat Angst vor dem Regen«, erklärte Grace und ließ das Büschel drinnen auf den Boden fallen, aber nur der Hund hörte zu.

»Jetzt beeil dich«, sagte sie zu sich selbst und verriegelte den oberen Flügel wieder. Hund war schon weit voraus, einem dringenden Geruchssignal hinterher. Vielleicht hätte sie irgendein Kleidungsstück vom Jungen mitnehmen sollen. Möglicherweise hätte der Hund seine Fährte aufnehmen können. Womöglich war die Töle doch zu was zu gebrauchen.

»Ich brauche Netz.« Evan blieb abrupt stehen und glotzte auf sein Handy. »Habe seine Mutter noch nicht informiert.«

»Gut«, sagte Grace. Die Salzluft brannte ihr in der Lunge, als sie hügelan marschierte. »Lass es.«

»Was?«

»Wir finden ihn, gesund und munter, schon bald, da musst du sie nicht aufregen. Du hast es offenbar krampfhaft darauf abgesehen, dich in die Scheiße zu reiten. Dir Kummer einzuhandeln.«

Das waren klare Worte, doch sie hatten wohl gefruchtet, denn er steckte das Handy wieder ein, und seine Gesichtsfarbe wirkte etwas frischer.

Danach schwiegen sie und nutzten ihre Puste für den Anstieg. Wieder fragte sie sich, wie seine Tochter gestorben war und wie sich so etwas anfühlen mochte. Sie konnte sich nichts Vergleichbares vorstellen. Wie würde es sein, wenn er auch seinen Sohn verlöre? Davon hatte sie eine ungefähre Vorstellung, denn sie wusste noch genau, wie es ihr ergangen war beim Anblick des bootlosen Strands: ein klaffendes, brennendes Loch in der Brust und eine atemlose Angst. Das Gefühl war noch da, direkt unter der Haut, zusammen mit der Hoffnung, dass sie ihn entdecken würden, wenn sie erst oben waren und einen freien, weiten Blick übers Meer hatten. Ob es ihrer Mutter auch so ergangen war? Hatte sie den brennenden Schmerz empfunden und die verzweifelte Hoffnung, als sie die Straßen Londons nach ihrer Grace abgesucht hatte, vor all den Jahren? Der Gedanke war seltsam tröstlich, aber eine Ablenkung, daher schob sie ihn beiseite. Lass ihn uns nur finden, dachte sie und spürte diesen Wunsch tief in sich, als sie die letzten Meter des steinigen Abhangs bewältigte, rutschig vom Regen.

Um zu Atem zu kommen, stemmte sie die Hände in die Hüfte und hielt Ausschau nach allem, das ihr verraten würde, ob der Junge noch irgendwo im Wasser trieb. Sie graste die graue Weite nach einem rosa Fleck ab, der Rettungsweste, nach den schwarzen Balken der Dollborde. Beides waren gute Farben, die sich deutlich von der grauen, mittlerweile kabbeligen See abheben würden. Doch sosehr sie auch spähte, systematisch, vom Horizont zur Küste, sie fand nichts. Da war das Meer, eine überwältigende Wassermasse in Grau, zunächst schwindelerregend, dann einfach da. Ihr fiel nichts anderes ins Auge.

Als Nächstes hob sie das Fernglas.

»Irgendwas? Kannst du was sehen? Ich sehe nichts«, brabbelte der Mann heiser neben ihr, doch sie schob das alles beiseite und konzentrierte sich auf die beiden Röhren, die winzigen Ausschnitte in den Linsen.

Evan schwieg, während sie langsam von rechts nach links über die silbrige Fläche scannte. Eine dunkle Regenwolke zog langsam über den Himmel, lange Schwaden hingen wie Rauchfäden von ihrer Unterseite. Wenn der Junge noch im Boot säße, wäre er mittlerweile völlig durchnässt und ausgekühlt, aber wenigstens wäre er nicht unter Wasser. Hoffentlich war er nicht ins Meer gesprungen, um zurückzuschwimmen – doch Grace hatte das dumpfe Gefühl, dass er genau das getan hatte.

»Luca!«, rief Evan heiser. Dass der Junge ihn nicht hören würde, verkniff sich Grace. »Lucaaaa! Lucaaa!«

Der Hund bellte und wedelte aufgeregt mit dem Stummel.

In der Ferne sah sie den Helikopter, er suchte das Meer in östlicher Richtung ab, das Geräusch der Rotorblätter war durch den aufkommenden Wind kaum zu hören. Grace senkte langsam das Fernglas. Da war kein Junge im Wasser – und auch kein Boot.

»Lucaaa! Lucaaa!«

Evans Gesicht war aufgerissen wie eine Wunde, sein Schmerz quoll als Schrei hervor.

Sie legte ihm die Hand aufs nasse Bündchen seines Pulloverärmels und drückte fest zu, bis er still war. Grace dachte nach. Soweit sie erkennen konnten, war alles leer, kein Boot, kein Junge, doch es huschten Seehexen übers Wasser und wirbelten es auf, und die schnellen Strömungen an der Steilküste waren von hier aus deutlich zu sehen. Das Wetter schlug um. Sie mussten weitersuchen und ihn finden, schnell.

Als sie sich umwandte, leuchteten am östlichen Küstenabschnitt lauter helle Punkte auf, gelb und rosa, überall suchten Menschen nach dem Jungen. So viele Helfer! Unten schwankte ein rotes Rettungsschiff. Das entspannte sie ein wenig. Es gab noch viele andere, die sich auskannten, die wussten, was sie taten.

»Komm schon«, sagte Grace und zerrte Evan am Arm. »Wenn er aus der Bucht getrieben ist, ist er in Lignabaw gelandet, das ist nicht weit.«

Er nickte, und sie hasteten los.

Wenn man etwas im Meer verloren hatte, wirkte es auf einmal überwältigend. Alles andere war so klein und der Junge das Allerkleinste. Auf diesem Abschnitt des Küstenwegs war der Boden uneben, voller Löcher und Mulden, im Winter von den Schafen auf der Suche nach süßem Gras aufgewühlt und nun unter den Sommergräsern verborgen. Es war schwierig, auf diesem Pfad entlangzuwandern und gleichzeitig Ausschau zu halten. Einmal stolperte Grace heftig, und Evan packte sie geistesgegenwärtig am Arm, damit sie nicht stürzte. Sie löste sich wortlos aus seinem Griff und konzentrierte sich auf ihre Füße.

Da war kein Punkt, kein bunter Fleck, nicht mal ein vor der Küste aufragender Seehundkopf. Es war, als suchte man auf einem Blatt Papier nach einer unsichtbaren Botschaft. Grace jedoch war sicher, dass sie mit dem nächsten Ort richtiglag. Es hatte ablaufendes Wasser geherrscht, das Boot wäre also rasch aus der Bucht und um die Felsnase herumgetrieben und hoffentlich in einer Spalte an der Steilküste gelandet.

Der Weg war so schmal, dass sie hintereinandergehen mussten, Evan ließ Grace den Vortritt. Das Rettungsschiff klatschte weiter unten gegen die Wellen, es arbeitete zusammen mit dem Helikopter, doch Grace kannte sich hier besser aus.

»Ich verstehe das einfach nicht, Grace.« Evan hatte sich offenbar wieder in seiner Gedankenspirale verfangen. »Ich hab ihm nur gesagt, dass seine Mum ihn abholt, das war alles. Sie will am Wochenende herkommen, hab ich dir das erzählt? Sie vermisst ihn.«

»Hör auf zu quatschen, du brauchst deine Puste«, sagte Grace scharf.

»Sie sind so innig verbunden, das kannst du dir nicht vorstellen. Die beiden gegen den Rest der Welt, so kommt mir das manchmal vor. Und gegen alle anderen.«

Er redete, sie marschierte weiter. Lignabaw lag direkt vor ihnen. Sie hatte Angst, enttäuscht zu werden, doch sie lief weiter, konzentrierte sich auf ihre Schritte und auf das, was sie als Nächstes zu tun hatte. Es war abschüssig hier, jedes Jahr erodierte die Küste mehr.

»Ich kapiers nicht.« Der Mann laberte immer noch. »Er hat mich entgeistert angeschaut. Nicht erfreut, so viel war klar. Hat nicht mal gelächelt. Mich nur blank angestarrt.« Evan lachte leise. »Kleiner Teufel.«

Er war offenbar gestolpert, denn Grace hörte hinter sich ein lautes Aufstöhnen, und dann herrschte endlich Ruhe.

»Wir müssen ein ganzes Stück runterklettern«, warnte sie ihn. »An manchen Stellen gibt es Überhänge, wir müssen weiter runter, damit wie ihn nicht übersehen, falls er da unten angespült wurde.«

»Früher bin ich geklettert«, sagte Evan hinter ihr. »Felswände. Als ich jünger war.«

Sie schnaubte. Daher hatte der Junge also seine Affengene. Kurz schaute sie nach dem Helikopter, der weiter draußen die Bucht im Tiefflug systematisch absuchte.

Regen tropfte ihr von der Hutkrempe. Sie schüttelte sich und ging weiter.

»Wie lang würde man überleben? Im Wasser, meine ich.«

Offenbar war auch Evan aufgefallen, dass der Helikopter sein Suchmuster verändert hatte.

»Du warst doch vorhin drin, was meinst du?«, erwiderte Grace knapp.

»O Gott! Der dumme kleine Kerl.« Seine Stimme klang jetzt wieder schrill und ängstlich. »Mann, warum hat er nicht einfach mit mir geredet? Musste er weglaufen, als wäre ich ein Monster? Hätte mir doch sagen können, was ihm nicht passt. Ich hätte zugehört. Meinst du nicht, dass ich zugehört hätte?«

Statt zu antworten, legte sich Grace das aufgerollte Seil quer über die Schulter, damit es beim Klettern nicht im Weg war. Am Rand des Meeresarms war das Seegras schütter und glitschig vom Regen, an manchen Stellen, wo durch Erosion Erde weggebröckelt war, hing es lang herab.

»Hier gehts runter«, sagte sie, legte ihren Hut ins Gras und die Jacke obendrauf. Sie wollte, dass sie den Jungen fänden, dann könnten sie ihn bei der Rückkehr darin einwickeln. Mit dem Gesicht zum Felsen kletterte sie den glitschigen Abhang hinunter, dabei hielt sie sich am langen Gras fest. Evan rührte sich nicht.

»Lass mir ein bisschen Platz, bevor du folgst. Bald kommt ein Vorsprung. Trampelpfad, Schafe. Der Rest ist abgebrochen und ins Meer gestürzt, aber der wichtigste Teil ist noch da.«

Sie grinste trotz der dramatischen Lage, trotz des Wetters und ihrem vor lauter Sorge flauen Magen. Dies war ihr Herzensort.

Evan spähte über ihren Kopf hinweg auf das weit unten schwappende Wasser und nickte schweigend. Die schwarze Felswand war mit Vogelkot bespackert, lange helle Flecken. Die Seevögel beäugten sie misstrauisch aus ihren kleinen Nischen und Winkeln, trippelten mit ihren hellorangefarbenen Füßen. Der Hund stand dicht an der Kante und jaulte, aber Grace ignorierte ihn und konzentrierte sich auf jeden Schritt, immer erst mit den Zehen festen Halt finden, bevor es weiterging. Unter ihr schlappten sanft die Wellen ans Steilufer, ein freundliches Geräusch. Da schlug nichts, kein Holzboot knirschte am Felsen, aber vielleicht waren sie einfach noch zu weit oben.

»Und?«, sagte sie, den Blick in die Höhe gerichtet, wo Evan sich als Silhouette gegen den Himmel abzeichnete.

»Wir sind immer mit Seil geklettert«, sagte er knapp, bevor er die Ärmel aufkrempelte und ihr folgte.

Der erste Abschnitt war am schwierigsten, Klassiker, doch Grace gefielen Evans Kletterkünste, er war vorsichtig, ohne zu trödeln. Schweigend stiegen sie weiter hinab, Stück für Stück. Nur ihr gemeinsamer Atem war zu hören. Nach einer Weile traf Grace auf den alten Pfad, den die Schafe in den überhängenden Grasstreifen getrampelt hatten, und auf die exponierten Felsnasen, auf denen sie wieder stehen konnten. Sie wartete auf Evan. Als er sie erreicht hatte, nickte sie nur knapp und übernahm erneut die Führung, ging jetzt den schmalen Pfad hinab, wobei sie sich mit einer Hand stets im Gras festhielt. Zu ihrer Linken klaffte der schwindelerregende Abgrund. Es gefiel ihr, dass Evan ihr ohne viel Gerede vertraute, nichts hinterfragte, sondern einfach still folgte.

»Am besten nicht runterschauen«, sagte sie über ihre Schulter hinweg. »Lohnt sich nicht, kannst sowieso nicht ganz runtersehen. Hoffentlich ist er da irgendwo. Wenn wir weiter unten sind, haben wir einen besseren Überblick.«

Es kam keine Antwort.

Sie erreichten die Stelle, wo am nackten Felsen kein Gras mehr Halt fand, von dort ging es relativ sanft nach unten, hier hatte der Felsen eine Reihe natürlicher Stufen gebildet. Als Kind hatte sie an dieser Stelle Möweneier gesammelt, damals, als man so etwas noch tat, das Dotter dick und blutrot in der Pfanne, ein vertrauter, vergnüglicher Ausflug. Es war nicht schwer, auf allen vieren runterzukraxeln. Das Meeresrauschen war immer lauter geworden, und nun stieg ihr auch der salzige Fäulnisgeruch vom Seetang in die Nase. Sie kraxelte weiter, eine Hand nach der anderen, über die Nasen und kleinen Ausbuchtungen, immer weiter hinab, das Keuchen des Mannes dicht hinter ihr, das Rauschen vor ihr, immer lauter.

Da.

Da war die große Felsplatte, direkt unter ihr, vom Meer umschwappt. Das Ende ihrer Kletterpartie. Sie hielt den Atem an und sprang das letzte Stück in die Tiefe, den Blick bereits suchend aufs Wasser gerichtet, bevor sie noch gelandet war. Der Mann kam unsanft neben ihr auf, beide suchten mit Blicken die Gegend ab. Sie schwiegen. Hier, im Schatten des überhängenden Felsplateaus, wirkte die See schwarz, und nichts unterbrach ihre Oberfläche, kein Boot, kein kleines Gesicht.

»O Gott, Grace!«, sagte Evan neben ihr. »Was soll ich tun? Was soll ich nur tun?«

32

An der Haltung ihrer Schultern erkannte Evan, dass Grace die Hoffnung aufgegeben hatte. Auf dem Weg zurück verknotete ihm Sorge den Magen, das Gefühl war fast unerträglich, doch die Anstrengung, ihr auf dem ausgesetzten Pfad zu folgen, verschaffte ihm auf unerklärliche Weise etwas Erleichterung, also kletterte er weiter.

»Wo ist der nächste Meeresarm?«, fragte er leise, als sie oben ankamen. Grace schlüpfte wieder in ihren grässlichen Mantel, wischte das Gras von ihrem Hut, bevor sie ihn wieder aufsetzte, zog das Band unters Kinn und blickte schweigend aufs Wasser.

»Wir müssen weitersuchen, Grace. Wir können nicht einfach aufgeben.«

»Er hätte da unten sein müssen. Ich war so sicher.«

»Vielleicht ist er doch noch weitergetrieben. Hast du selbst gesagt. Wir müssen nachschauen.«

Sie sah ihn achselzuckend an, doch in ihrem Blick lag nur Traurigkeit. Evan quatschte einfach weiter, um seine Panik in Schach zu halten. »Womöglich haben sie ihn schon gefunden, kann doch sein. Der Helikopter? Das Rettungsschiff?«

Er hörte das Klatschen des Schiffes, es war nicht weit, auch der Helikopter wummerte in der Nähe. Sein Junge war immer noch da draußen auf dem Meer, allein und verängstigt. Er konnte noch nicht aufgeben.

»Er ist noch nicht tot. Das würde ich spüren«, sagte er. »Bitte, Grace. Hilf mir. Hilf mir suchen.«

Sie schnalzte nach dem Hund und setzte sich ohne ein Wort in Bewegung. Evan warf einen raschen Blick aufs Handy, bevor er ihr folgte, weg vom Dorf mit seinen kleinen Häusern, auf zum nächsten Meeresarm. Keine Anrufe. Keine Nachrichten. Lorna war ahnungslos. Noch.

Dort, im Regen auf der schmalen Landspitze, wurde ihm so schwindelig, dass er kurz den Drang verspürte, über die Kante zu treten und sich in die Tiefe zu stürzen. Das wäre vermutlich leichter für alle. Besser. Wenn sie Luca beim nächsten Versuch nicht fänden, würde er Grace heimschicken und alleine weitersuchen, weiter und weiter und nie mehr zurückkehren. Dieser Gedanke spendete ihm etwas Trost. Er lief schneller, um sie einzuholen.

»Rennt er oft weg, dein Junge?«, fragte Grace, ohne sich umzudrehen. Offenbar hatte sie ihn kommen hören.

»Normalerweise nicht. Er bleibt lieber da und streitet sich.« Grace schnaubte, dann liefen sie eine Weile schweigend weiter, aber ihre Frage hatte Unbehagen ausgelöst, also fügte er hinzu: »Es liegt an seiner Taubheit. Die frustriert ihn. Manchmal ist er bockig.«

»Du musst dich nicht rechtfertigen. Es geht mich nichts an.«

Mit gesenktem Kopf lief er weiter, den Blick auf ihre starken Beine gerichtet, ihre soliden Stiefel. Er dachte an Lucas blasses, stummes Gesicht, seine Miene, wenn er versuchte, sich nützlich zu fühlen in seinem Alltag, in dem jede Entscheidung für ihn getroffen wurde. Ein aufgeweckter Junge wie er, Tag und Nacht an der Kandare gehalten.

»Seine Mum lässt ihm keine Luft zum Atmen«, sagte er laut, und als die Worte heraus waren, stellte er fest, dass sie zutrafen. »Sie sitzt auf ihm drauf wie eine Glucke. Hört nicht auf mich, wenn ich ihr sage, dass der Junge mehr Freiheit braucht. Er ist taub, sag ich, nicht geistig behindert, aber sie ignoriert mich einfach.« Er hielt inne. »Ich glaube, es gefällt ihr sogar.«

»Münchhausen-Stellvertretersyndrom.«

»Was?«

»Schaus nach. Hier.«

Grace war so abrupt stehen geblieben, dass er fast in sie hineingelaufen wäre. An dieser Stelle war der Weg noch erodierter als zuvor. Da war nur ein steiler Abgrund, es war nicht zu erkennen, wie man da hinunterkommen sollte.

»Wir müssen nicht runter, nur ein bisschen näher an die Kante ran, damit wir erkennen können, ob was reingespült wurde«, sagte Grace, als sie seine Miene sah. »Ein kleines Stück weiter gibt es eine Route nach unten, die können wir nehmen, wenn es nötig sein sollte.«

Luca könnte dort sein, weit unten in der Tiefe, in dem schaukelnden kleinen Boot auf sie warten. Eine mächtige Welle der Hoffnung und Furcht überlief ihn wie ein eiskalter Windhauch.

Ohne Zögern trat er näher an den Abgrund und lehnte sich vor.

Grace packte ihn an der Schulter. »Warte! Siehst du nicht, wie bröckelig es hier ist, du verdammter Idiot? Wir müssen da rüber und noch ein Stück weiter. Herrje, komm schon.«

Der Hund, der vorausgelaufen war, bellte scharf, trottete gefährlich nah an der Felskante entlang, den Blick nach unten gerichtet. Grace rief ihn nicht zurück, sondern blieb stehen, beobachtete ihn und lauschte. Evan hielt den Atem an und folgte ihrem Beispiel.

Ja. Ein schwaches Geräusch stieg von ganz tief unten zu ihnen herauf. Ein rhythmisches Trommeln im Takt der Wellen. Irgendwas wurde mit dem Seegang an die Felsen gedotzt. Das wars! Es war das Boot! Was sonst sollte dieses Geräusch verursachen? Evan stieg die Hitze ins Gesicht, plötzlich durchfuhr ihn ein Feuereifer.

»Schnell! Zeig mir den Abstieg!«, rief er heiser.

Grace hatte bereits den Hut abgeworfen, ließ sich ins Gras fallen und schob sich über die steile Kante, wo ein zerrupfter Busch aus der glatten Fläche spross. Daran klammerte sie sich fest, hangelte sich drumherum und verschwand aus seinem Sichtfeld. Rasch krauchte er hinter ihr her. Sie gelangten an einen großen schwarzen Brocken, der wie eine Bühne aus der Felswand ragte. Evan richtete sich hastig auf, es störte ihn nicht, dass Grace ihn am Ellbogen festhielt, denn seine ganze Konzentration galt dem Rand des Brockens und dem, was darunterliegen mochte.

Gemeinsam tasteten sie sich vor, der Abstieg wurde zunehmend exponiert, doch schließlich hatten sie einen freien Blick nach unten. Zuerst sah er nur Dunkelheit, Wasser und Steilküste, beides schwarz, keine Seevögel unterbrachen die glatte Fläche. Doch dann entdeckte er eine weiße Mulde. Das Innere eines kleinen Boots leuchtete aus einem Winkel des Meeresarms zu ihm empor, mit jeder hereinschwappenden Welle schaukelte es ein wenig auf und ab, doch es hing dort fest. Sein Herz machte einen Sprung. Erst da verstand er, was er sah. Es war leer. Da saß kein Junge im Boot. Kein Luca. Er war nicht hier.

Das Boot war leer.

Die Felswand war vollkommen glatt. Es gab keine Möglichkeit, hochzuklettern, dem Wasser zu entkommen. Hier oben war er nicht.

Evan verrenkte sich den Hals, um zu erkennen, wo das Meer hereinströmte, doch auch dort war niemand.

Sie hatten ihn nicht gefunden.

Er war verloren, es war noch schlimmer als zuvor.

Luca. Armer Luca. Es tut mir so leid, dachte Evan.

Wieder legte sich das Entsetzen wie eine Decke auf seinen Kopf, ihm wurde schwindelig. Er trat vor, um stabiler zu stehen, doch da war nur die Leere am Abgrund, und er geriet ins Stolpern.

»Kommt gar nicht infrage!«

Ein Arm umschlag seinen Bauch und zog ihn so abrupt zurück, dass er rücklings ins weiche, nasse Gras fiel, weg vom Abgrund, vom Wasser, von der Finsternis. Da lag er auf dem Rücken, und die Verzweiflung bahnte sich ihren Weg. Wie leer doch alles war, wie es schmerzte, wie kalt es war, hier am Boden. Als das Rauschen in seinen Ohren abschwoll und sich nicht mehr alles drehte, schlug er die Augen auf, und da stand Grace und sah zu ihm herab. Ihre Augen leuchteten.

»Aller guten Dinge sind drei«, sagte sie. Aber gut war hier gar nichts.

Weder forderte sie ihn auf, endlich aufzustehen, noch reichte sie ihm die Hand. Es schien, als wäre die Luft raus, jetzt, da alles verloren war, und er so hundemüde. Als sie sich mit einem Seufzer neben ihn setzte, stieg ihr vertrauter Geruch auf und hüllte ihn ein. Eine Mischung aus Backduft, Stroh und Waschmittel, dachte er saumselig. Das sanfte Rauschen des Meeres wirkte beruhigend, und für einen Moment war sein Kopf leer und träge. Er wäre glatt eingeschlafen, wenn ihm nicht auf einmal so kalt geworden wäre, so eisig, dass sich sein Körper vor lauter Zittern anspannte und nicht mehr losließ. Neben ihm fummelte Grace herum, dann piepsten die Wähltasten ihres Handys. Komisch, dachte er, irgendwie konnte er sich Grace überhaupt nicht mit einem Handy vorstellen.

Er hörte nur halb zu, als sie mit diesem lieben Mädchen Abbie sprach, ihr erzählte, was sie gefunden hatten und wo, und sie anwies, die Küstenwache zu informieren, damit sie das Rettungsschiff von der Seeseite herschickten, falls der Junge es doch irgendwie geschafft haben sollte, trotz der Strömung an Land zu schwimmen. Falls er affengleich aus dem Wasser direkt an der Felswand hochgeklettert wäre und nun klatschnass und frierend irgendwo festgeklammert auf seine Rettung wartete. Nachdem sie das Gespräch beendete hatte, saß sie noch eine Weile still neben ihm.

»Du glaubst nicht, dass er da unten ist, stimmts?«, fragte Evan.

»Nein.« Mehr sagte sie nicht, aber das genügte.

»Er tut immer genau das Gegenteil von dem, was man ihm sagt«, erklärte Evan, und wieder stieg diese Wut in ihm auf, die nur sein Sohn in ihm auslösen konnte, allein durch ein ausdrucksloses Gesicht oder einen aufsässigen Blick. »Er ist so verdammt schlau.«

Grace schnaubte erneut. »Diesen kleinen Trip hier würde ich nicht gerade als schlau bezeichnen. Du etwa?«

Jetzt war es an Evan, schweigend dazusitzen. Es gab ohnehin nichts zu sagen. Er ließ seine Gedanken treiben, weg von diesem entsetzlichen Ort, irgendwo anders hin. Nach einer Weile ließ das Zittern nach, er war bis auf die Knochen durchgefroren, und es schien ihm, als würde er nie wieder aufstehen.

Doch irgendwann packte Grace ihn am Arm. »Auf gehts, hoch mit dir!« Beim Versuch, sich aufzurichten, sackten ihm die Beine weg. Grace zog und zerrte, er drückte sich hoch, schwächlich wie ein Baby, aber irgendwann stand er. Ihm war schwindelig. »Da lang!« Sie zeigte auf die Felswand hinter sich, die sie gerade hinuntergeschliddert waren. Da dämmerte es ihm. Luca war nicht hier, war nirgendwo, wie es aussah, und es war Zeit zu gehen.

Er krallte sich an Gras und Busch fest, um sich hochzuziehen, sie war hinter ihm, so dicht, dass er mit dem Bein gegen ihre Schulter treten würde, wenn er sich nicht konzentrierte, also riss er sich zusammen und kletterte. Oben wartete er, bis sie ihren Hut wieder auf dem Kopf hatte. Unten tuckerte das Rettungsschiff vorbei, an der Reling eine Reihe orangefarbener Helme, alle landeinwärts gerichtet, der Helikopter rumorte ohrenbetäubend über ihnen. Er sollte sich an den Rand stellen und nach einer hellen Rettungsweste Ausschau halten oder einem kleinen Gesicht, doch er war nicht sicher, ob er vom Abgrund zurückkehren würde, wenn er da unten nichts fände.

»Kannst du laufen?«, fragte Grace.

Klar konnte er. Evan sah sie verwirrt an und nickte.

»Dann los ... Hund!«, rief sie, bevor sie sich gemächlich auf den Rückweg machte. Aus unerfindlichen Gründen bestand keine Eile mehr. Evan zögerte, ließ den Blick in die entgegengesetzte Richtung wandern, weg vom Lärm, den Suchtrupps, dem Dorf mit den vielen Menschen. Der Küstenpfad schien bis in die Unendlichkeit weiterzugehen. Er war völlig durchnässt, sein Pullover klebte ihm an der Haut und rieb ihm bei jedem Schritt unter den Achseln, der Regen rann ihm übers Gesicht.

Er wollte nicht zurück.

Grace war stehen geblieben. Sie wartete auf ihn, und er fand, da im Regen sah sie wunderschön aus, groß und weise und gütig. Ihr Haar quoll unter dem Hut hervor, nass, aber immer noch fluffig, ihr Mantel blähte sich in der Brise. Ihre langen Beine waren fest auf dem Boden verankert, als wäre sie dort verwurzelt, und sie schaute ihn mit ihren strahlenden Augen an.

Kurz bevor er sie erreicht hatte, verfing er sich in einer Wurzel, stolperte heftig und fiel ihr förmlich in die Arme. Sie fing ihn auf, warm und weich war sie, es schien ihm, als würde Kraft aus ihren Armen strömen, und zu seiner Überraschung zog sie ihn fester an sich heran, umschlang ihn, drückte sein nasses Gesicht an ihre Schulter und hielt ihn aufrecht, während ihre Wärme in seinen Körper strömte. Ihr alter Mantel war weich wie Kaninchenleder, ihr Duft war intensiv, vertraut, das Pochen ihres Herzschlags langsam, regelmäßig und beruhigend, und als er die Umarmung erwiderte, sie einatmete und sich an ihr festklammerte, spürte er alles mit voller Intensität – und ließ es los.

Lange standen sie so da, mit allen Sinnen, bis Grace' Herzklopfen leiser wurde, wie der Helikopter in der Ferne. Als sie sich von ihm lösen wollte, hob er den Kopf, sah sie an. Sie waren beide gleich groß. Grace sagte nichts. Aus der Nähe sah er die dunklen Einsprengsel in ihren Augen, dunkelblau im Grau der Iris. Die Falten um Mund und Augen waren heller als ihr Teint, und ihr Körper fühlte sich fest, kräftig und warm an. Er ließ sie nicht los. Ihre Miene war ausdruckslos, als sie seinen Blick erwiderte, so nah, dass er sie küssen könnte, wenn er wollte. Ihr Atem war warm und roch nach Keksen.

»Grace«, sagte er leise. »Der Name passt zu dir.«

Sie betrachtete ihn, der Hund jaulte zu ihren Füßen, er hatte genug vom Regen. Dann küsste sie ihn, sanft auf die Stirn, wie man ein Kind küssen würde, und hielt sein Gesicht einen Augenblick lang umschlossen.

»Es ist nie so schlimm, wie man denkt«, sagte sie. »Nie, und ich kenne mich da aus. Jetzt komm schon.«

Sie ließ ihn los, und es war okay. Er hatte wieder Kraft gesammelt, er konnte ihr folgen. Dort, auf der Stirn, wo ihre Lippen ihn berührt hatten, blieb es noch kurz warm, doch dann wusch der Regen alles weg. Sie wandte sich ab, schnalzte nach dem Hund und ging los, er folgte, genau wie zuvor.

Den Blick zu Boden gerichtet, trabte er hinter ihr her, bemüht, sich ganz und gar auf das Gras zu konzentrieren, um nicht nachdenken zu müssen. Braun und gelb und grün war es, mit gelben Blumen gesprenkelt, die Mitte von runden Blütenblättern umrankt, des Sommers pralle Kraft, selbst hier im Regen. Er bewegte die Beine, Schritt, zwei, drei, vier, zurück zum Haus, zu den vielen herzlichen Menschen, der Hast und Hektik, der Tragödie um ein verlorenes Kind, Eifer und Einsatz und, vermutlich, Lorna.

Er würde ohne Luca zurückkehren. Wir haben ihn nicht gefunden, tut uns leid.

Unerträglich, die Vorstellung, dass sein zorniger kleiner Junge in der hereinbrechenden Dunkelheit auf ihn wartete, frierend und zitternd im riesigen Meer, alleingelassen, weil sie ihn nicht finden konnten. Er verdrängte den Gedanken, konzentrierte sich wieder aufs Gras, mit aller Macht, da unten neben seinen Füßen, er spürte die Regentropfen seinen Rücken hinabrinnen, auf der Haut, auf dem Nasenrücken, und dachte an Grace, ihre eigene traurige Geschichte, an ihren hässlichen Hund und ihre wunderbare Nichte und hielt sich fern vom Schatten, wo Luca war, blass und zornig in der Dunkelheit, stumm und aufgewühlt und verirrt, weil seine Mum ihn abholen und sein Dad ihn einfach gehen lassen wollte, wieder mal.

33

Auf dem Fußweg vom Dorf herrschte Gedrängel, ja, regelrecht Partystimmung. Grace' Arbeitstisch stand wieder vor dem Haus, diesmal überladen mit Tellern und Kästen und Tassen und Thermoskannen. Menschen liefen mit Sandwichplatten durch die Menge, Keksdosen, Kuchen. Da erst bemerkte Grace, dass sie Hunger hatte. Die hier versammelten Leute kannte sie nicht. Bei ihrem Anblick stießen sie einander in die Rippen. Sie musste Evan ins Haus bringen, bevor man ihn erkannte. Wenn diese Leute versuchen würden, sich um ihn zu scharen, würde er davonpreschen wie ein schreckhafter Gaul. Sie würden auf ihn einreden, ihn bemitleiden und betatschen, um zu spüren, wie es sich anfühlte. Grace wünschte, sie hätte ihren Hut abgesetzt. Damit stach sie nämlich aus der Menge wie ein bunter Hund, sofort als die Irre zu erkennen, und alle Gaffer verdrehen sich die Hälse nach ihr.

»Habt ihr alle vergessen, dass wir Abstand halten müssen?«, fragte sie laut.

Diejenigen, die direkt neben ihr standen, sahen aus, als hätte man sie voll ertappt. Ein paar fummelten sich die Masken aufs Gesicht, und alle traten ein wenig zurück. Sandwiches wurden wieder abgedeckt, Keksdosendeckel diskret geschlossen. Grace funkelte noch mal böse in die Runde, bevor sie Evan am Arm packte. Er leistete keinen Widerstand. Offenbar war er immer noch weggetreten.

»Schnell«, zischte sie, »rein ins Haus.«

Sie drängelten sich durch die raunende Menge bis zur offenen Haustür vor. Drinnen herrschte Stille. Abbie saß breitbeinig am Esstisch, die Flipflops nach Osten und Westen gestreckt, zwirbelte sie an einem Geschirrhandtuch herum, den starren Blick zu Boden gerichtet. Der gesamte Tisch war mit Karten und Tabellen und Notizen bedeckt. Der Mann von der Küstenwache hatte sich darüber gebeugt und zeichnete eine Route mit dem Finger nach. Als sie hereintraten, blickte er auf. Über der Maske legten sich seine Augenwinkel in Falten, er erkannte sie.

»Was zum Teufel machen die ganzen Leute hier, Abbie?«, fragte Grace, ohne den Mann weiter zu beachten.

Abbie rieb sich die Nase. »Facebook«, schniefte sie. »Kein Glück? O Gott, ich kanns nicht glauben.« Erst da entdeckte sie Evan im Schatten. Sie sprang auf. »Oh, armer Evan!«, rief sie. »Du bist ja klatschnass. Du armer Kerl, armer, armer Kerl. Komm rein, rein mit dir ins Warme.«

Ihre Augen füllten sich erneut mit Tränen, ihr rotwangiges, glänzendes Gesicht war vom Weinen schon ganz verschwollen. Die Tränen waren ihr sicher auch heruntergelaufen, als sie die hungrige Horde da draußen mit Tee abgefüllt hatte. Hygienisch war das nicht gerade. Grace schnalzte missbilligend. War schon immer zu weich gewesen, die Kleine.

»Er braucht eine Decke und was zum Essen, nicht noch mehr Wasser, Herrgott noch mal«, sagte Grace laut, während sie ihren Mantel aufhängte. Der Hund hatte sich rargemacht, der würde zurückkehren, wenn ihm der Sinn danach stand. Als Grace sich umwandte, hatte Abbie den armen Evan bereits in den Sessel neben dem Küchenofen verfrachtet und hüllte ihn in die bunt gemusterte Sofadecke. Er war mucksmäuschenstill.

Grace lehnte mit dem Hintern am Küchentresen, trank

schluckweise Kaffee, biss zwischendurch immer wieder in ihr Sandwich und dachte beim Kauen nach.

Der Junge hätte in der ersten kleinen Bucht gestrandet sein müssen. Durch seine Last wäre das Boot plus Ladung in Duckers Hole herumgerissen und ans Ufer geschwemmt worden. Oder war sie jetzt blöd? Hatte die Hoffnung ihr die Augen vor der Realität verschlossen und sie dem Irrglauben verfallen lassen, dass hier etwas nicht stimmte? Sie war völlig verunsichert. Die große braune Standuhr tickte im stillen Zimmer. Abbie wischte unnötigerweise herum, ein Auge auf den Mann im Sessel gerichtet. Draußen kläffte der Hund, ihm gingen die Menschen auf die Nerven und ihr ganzes Getue ebenso.

Dann war da auf einmal eine Frau, sie schloss die Haustür hinter sich, blieb aber auf der Schwelle zur Küche stehen. Wie ein Vogel, hübsch und aufgelöst in hellblauer Jeans und engem T-Shirt, eleganten Sandalen, die Autoschlüssel an einem Finger. Sie sah sich kurz schweigend um, dann trat sie ein, das Haar glatt und glänzend, mit Regentropfen glitzernd. Sie ging direkt auf den Sessel zu und kniete sich vor Evan hin.

»Ist das wahr, Evan? Mairead hat mich angerufen. Stimmt das? Ist es wahr? Wo ist er?«

Evan verkroch sich noch tiefer in den Sessel und hätte fast seinen Kaffeebecher fallen lassen, wenn Abbie nicht überraschend flink eingegriffen hätte. Er sagte kein Wort. Die Frau packte ihn an den Schultern und schüttelte ihn sanft.

»Evan! Ist Luca irgendwo da draußen?«, rief sie. »Um Himmels willen, sprich mit mir!« Sie sah sich Hilfe suchend zu Abbie um. »Was ist los mit ihm? Warum antwortet er nicht?«

»Schock«, sagte Grace von der anderen Seite des Zimmers und knallte ihre Tasse ungeduldig auf den Küchentresen. Dann griff sie sich ein paar Sandwiches und umwickelte sie mit einem Geschirrtuch.

»Ich habe gehört«, sagte die Frau mit schriller Stimme, Evan immer noch an den Schultern gepackt, den Blick aber auf Grace gerichtet, »dass mein Sohn verschwunden ist. Mit einem Boot. Stimmt das?«

Grace nickte. Sie sollte hinzufügen, dass sie alles taten, ihn zu finden. Dass auf dem Meer treibende Schiffbrüchige normalerweise innerhalb von ein paar Stunden geborgen wurden. Dass die Küstenwache und die Seenotrettung und das halbe Land da draußen nach ihm suchten und ihn sicher bald finden würden, nur eine Frage der Zeit, aber die Frau war ihr zutiefst unsympathisch, und alles, was Grace in diesem Moment vor Augen hatte, waren ihr geliebtes kleines Boot, leer und am falschen Ort am felsenglatten Ufer, weit vom Dorf entfernt, und der blasse Junge, der mit weit aufgerissenen Augen zusah, wie ein winziger Krebs über seine Hand krabbelte, gleichermaßen verängstigt und entzückt. Sie musterte die adrette Frau mit den perfekten Zähnen, den elegant geschwungenen Brauen, denselben schokoladenbraunen Augen, die auch der Junge hatte.

»O Gott!«, sagte die Frau jetzt und blinzelte langsam die Tränen weg. Sie warf einen Blick zurück zur geschlossenen Haustür, vor der sich fremde Menschen drängten und die ersten Kameras aufgebaut wurden, in Erwartung eines Dramas. »O Gott.«

Sie schlug sich die Hand vor den Mund, als müsste sie ihre Verzweiflung verbergen. Grace beobachtete sie, wie sie in die Hocke ging, voller Fragen, aber unfähig, sie zu stellen, und da mochte sie sie gleich ein wenig mehr.

Abbie hielt ihr ein Taschentuch hin. »Hier«, sagte sie, die Frau bedankte sich mit einem zittrigen Lächeln und tupfte sich damit das Gesicht ab. Abbie ging neben ihr in die Knie und sah sie voll aufrichtiger Sorge und Mitgefühl an. Grace wusste, ihre Nichte würde sich schon kümmern. Sie würde die Frau auf den neusten Stand bringen.

Daher verzog sie sich leise an die Hintertür, nahm den noch nassen Mantel vom Haken und schlich in den Garten. Den Stapel Sandwiches schob sie tief in ihre Manteltasche, dann schlüpfte sie in die kalten Ärmel. Die Wolkendecke war aufgerissen, jetzt schien warm und gelb die Sonne, ein letztes Aufleuchten, bevor sie hinter den fernen Hügeln versinken würde. Der langersehnte Regen hatte alles blank poliert, es glänzte und glitzerte. Vor der hohen Mauer hob und senkte sich das sonore Gebrabbel der Leute. Jemand lachte. Ein anderer begrüßte einen Neuankömmling. Einige zogen zur Suche los, andere kehrten zurück, wollten wissen, wo der Kaffee stand, klapperten und klirrten herum.

Wieder bellte der Hund, irgendwo im Getümmel, er suchte sie offenbar. Grace straffte den Rücken und ging über den kleinen Gartenweg ums Haus.

Vor der Veranda flatterte die grellgelbe, grüne, rosafarbene Menschenschar, ein Baum voller Papageien, doch niemand schien einer sinnvollen Tätigkeit nachzugehen, alle standen rum und tratschten und aßen. Als Grace den Kopf zur Gartentür herausstreckte, begegnete man ihr mit neugierigen Blicken, die sie einfach ignorierte. »Hund!«, rief sie knapp.

Da kam er auch schon angewetzt, die Zähne gefletscht, die Zunge aus dem Maul, weg von der Haustür, wo er gerade noch herumgekratzt hatte. Bei seinem Anblick wich die Gruppe rasch zur Seite. Er scharwenzelte in den Garten, beschlabberte alles mit seiner feuchten Schnauze und sprang mit seinen Stummelbeinen an ihr hoch. Kaum war er durch die Tür, knallte Grace sie den Neugierigen vor der Nase zu und schob laut den Riegel vor. Als der Hund winselte, kniete sie sich direkt vor ihm auf den nassen Boden und schloss ihn in die Arme.

»O Hund«, sagte sie leise, strich ihm über den rauen Rücken und atmete den Gestank des nassen Tiers ein, das sich offenbar in irgendetwas gewälzt hatte. »O Hund! O Hund!«

Hund stöhnte zufrieden, schließlich kraulte sie gerade seine Lieblingsstelle, und er hechelte versöhnt, als sie sich schließlich wieder aufrichtete. Die Fremden hatten sich gleich wieder ihrer Tratscherei und ihrem Gelächter zugewandt. Eine Frau mit affektiertem Akzent erklärte: »Och, ja, und der arme Kerl, der ist auch ein bisschen beschränkt, wissen Sie. Hat sich wahrscheinlich verlaufen und findet nicht wieder heim, der kleine Dummkopf. Die werden den nie finden, keine Chance.«

Nachdem die Oberhenne gesprochen hatte, antwortete der Hühnerhaufen mit zustimmendem Gackern. Grace bückte sich rasch, dann warf sie eine Ladung Kies über die Mauer. Ein kollektives »Huch!« ertönte, gefolgt von hektischem Rascheln.

»Er ist nicht beschränkt, verdammt! Er ist taub!«, keifte Grace. »Das ist ein himmelweiter Unterschied, ihr Idioten! Jetzt sucht nach ihm oder verpisst euch nach Hause!«

Zuerst herrschte pikiertes Schweigen, dann setzte sich der Haufen in Bewegung, bis ihre Schritte verhallt waren. Doch Grace ging es danach auch nicht besser.

»Beschissene, nutzlose Gaffer!«

Wieder bückte sie sich, diesmal um das Vorhängeschloss aus dem Gras zu zupfen und es wieder am Riegel zu befestigen. Wie erwartet war es sehr rostig. Es wollte nicht einrasten.

»Öl«, sagte sie zum aufmerksamen Hund. »Wollen ja nicht, dass diese Hornochsen hier hinten rumschnüffeln.« Er folgte ihr munter über den Rasen zum Schuppen. Über das Gemurmel der Menge hinweg hörte Grace das Funkgerät des Mannes von der Küstenwache knistern, dazwischen immer wieder die Aufforderung: »Bitte Abstand halten!«, und: »Gehen Sie bitte heim!«, doch das Geplauder ließ nicht nach, mittlerweile hatten die Fernsehleute die Szene mit grellblauen Strahlern ausgeleuchtet.

»Mistkerle!«, murmelte sie. »Gelangweilt und neugierig sind die so nützlich wie Zitzen an einem Eber.«

Als ihre Stiefel auf dem nassen Gras quietschten, kam der griesgrämige alte Ziegenbock über die Weide auf sie zugetrottet, Butterblumenhalme hingen ihm seitlich aus dem Maul. Er war garantiert auf Leckerli aus. Grace betrachtete das Tier mit dem zerrupften Fell und seinem verwachsenen Horn, das sie jetzt vom Gatter aus mit schiefen Augen erwartungsvoll ansah.

Da ließ sie den Schuppen links liegen und ging direkt zum Stall. Der obere Flügel war fest verriegelt, aber der untere offenbar nicht, denn er ließ sich kinderleicht aufschieben. Der Esel kam gleich herbei und verrenkte sich neugierig den kurzen Hals, um die Nüstern nach draußen zu strecken, mal nachzuschauen, ob es noch regnete. Indessen stimmte der Ziegenbock beim Anblick des Eselsmauls ein Meckerkonzert an und rammte das Weidegatter, das laut ratterte. Da erkannte Grace, dass das Gatter ebenfalls nicht verriegelt war und der Ziegenbock nur zu dumm, seine Chance zu nutzen.

Rasch sah sie sich um, doch der Garten war leer.

Im Cottage brannten Lichter, goldgelb in der Dämmerung, und in ihrer Küche bewegten sich Menschen, nur als Farben und Formen zu erkennen, Abbie, ein leuchtend rot-weißer Schemen, der hin und her huschte, hin und her. Grace biss sich auf die Lippe und duckte sich unter der Türhälfte hindurch in den Stall, wobei sie den Hund sanft mit dem Stiefel zurückdrängte, was bei ihm allerdings gar nicht gut ankam.

Beleidigt hockte er sich ins Gras und winselte vor sich hin. Drinnen schob sie den unteren Flügel wieder zu und hielt ihn kurz fest, um sicherzustellen, dass er nicht wieder aufschwingen würde.

Sie atmete in die Dunkelheit und lauschte.

Alles war ruhig. Der Esel nestelte ihr mit den Lippen im Haar herum, als hätte sie Heu auf dem Kopf. Ungeduldig schob sie seinen Kopf beiseite.

Sie wartete kurz, bis sich ihre Augen an die Dunkelheit gewöhnt hatten. Dolly seufzte leise, entzückt über die unerwartete Gesellschaft, Grace tastete sich zu ihrem Maul vor, der zotteligen Mähne, dem knubbeligen Rücken, den rundlichen Flanken und von dort weiter bis zur Rückwand des Stalls, wo eine dicke Strohschicht dem Tier als Schlafstätte diente. Wieder seufzte Dolly und verzog sich auf einmal nervös in eine Ecke, bis Grace schließlich allein in der Dunkelheit stand.

Sie tastete nach ihrem Handy, schaltete es ein und hielt sich das helle Display vors Gesicht. In ihrer Kontaktliste gab es nur zwei Namen. Sie wählte einen aus und tippte:

Alle suchn dich.

Sie wartete. Das Display wurde dunkel.

Im Stroh raschelte es. Dann herrschte wieder Stille. Es half nichts. Sie musste warten. Doch dann war da vor ihr auf einmal ein schwaches Aufleuchten, im Stroh vor der Rückwand. War das ein Handy?

Ein intensives Glücksgefühl durchfuhr sie. Sie grinste breit in die Dunkelheit.

Und tippte eine weitere Nachricht.

Dad mcht sich XXL sorgn.

Warten.

Ein schwaches Ping, dann:

Na und?

Sie tippte:

Kann ich sitzen?

Nichts. Dann:

Dein stall

Grace schlüpfte geräuschvoll aus den nassen Stiefeln, zog die Socken aus und stopfte sie hinein. Barfuß stand sie da, den Blick auf das Versteck des Jungen gerichtet, der da geborgen und sicher, gesund und munter im Stroh kauerte. Was für ein Moment! Der Stallboden war weich und warm und verströmte ihren absoluten Lieblingsduft: schläfriges Tier. Übertrieben umständlich ließ sie sich an der anderen Wand zum Sitzen hinabgleiten, den Strohhaufen und das schwache Handyleuchten fest im Blick. Dann tippte sie:

Dachte du wärst der Bock

Aus dem Stroh kam ein gedämpftes Kichern, dann ein Niesen, und schließlich lugte Luca aus seinem Versteck hervor, ein bisschen trotzig, sein Haar voller Stroh, seine Haut grün im Licht seines Handys. Grace konnte sich ein Lächeln nicht verkneifen.

Sry, musste ihn rslassen, hat mich gestoßen

Grace nickte.

Zickig, haha

Hab ihn mit futter rausgelockt

Schlau, Bock 💗 Leckerli

😉

Das mit dem Boot? Auch schlau

Sie tauschten verschwörerische Blicke.

Bin versteckerkönig

👍

Jetzt, nach dem langen, emotionsgeladenen Tag, spürte Grace auf einmal ihre tiefe Erschöpfung. Sie lehnte den Kopf gegen die Wand, schaute nach oben in die Dunkelheit und genoss diesen herrlichen Moment der Erleichterung, ihr kostbares Geheimnis, das sie lüften würde, wenn es ihr richtig erschien.

Ihr Handy leuchtete auf.

Will nich weg

Grace bemühte sich, den Jungen ruhig und unbeeindruckt anzusehen.

Will hierbleibn

Sie tippte:

Glaube, Mum ist nur zu Besuch, dann zuckte sie die Achseln.

Seine Daumen huschten über die Tastatur.

Du weißt nix, sie lässt mich nich bleibn, lässt mich nix machn

Schweigen. Der Junge zupfte sich das Stroh aus den Haaren und ließ es Halm für Halm auf den Haufen in seinem Schoß fallen.

Warum willst du nich heim?

Er senkte den Kopf.

Alles 💩

Sie lachte.

Is 💩, was ich glaube?

Er nickte grinsend.

Warum 💩?

Lucas Gesicht wurde ernst, als er tippte:

Kann nich tun ws ich will. Dad traurig. Mum traurig.

Alle immer traurig

Grace nickte.

Das Stroh raschelte lauter, und im trüben grünlichen Licht sah sie den Jungen näher kommen. Er setzte sich neben sie, wunderbar warm, als wäre er gerade aufgewacht, ganz entspannt und locker. Grace kam der Gedanke, dass sie gern einen Sohn gehabt hätte. Sie lehnte sich ein wenig bei ihm an. Ja, wirklich gern.

Kannst du schweign

Es dauerte etwas, bis Grace das passende Emoji gefunden hatte.

🤐

Luca nickte gründlich.

Mne schwester is tot

Grace nickte.

Luca kratzte an seinem verschorften Knie herum, das er sich vor ein paar Tagen an einer Entenmuschel verletzt hatte, als er einer Möwe nachgeklettert war, dann kuschelte er sich wieder an sie.

Ich hab sie umgebracht meine schwester

Okay, dachte Grace. Es entstand eine lange Pause.

Luca rutschte ein bisschen vor, um ihr ins Gesicht zu schauen. Seine Stirn war gerunzelt.

Ich hab jessie getötet ich war das

Ok

Wie ok

Er sah sie erwartungsvoll an. Es schmerzte Grace, wie viel Sorge und Furcht in dem jungen Gesicht war, wie viel Schmerz.

Erzähls mir.

Immer noch starrte er sie an, erst nach einer Weile senkte er den Kopf und tippte.

Hat immer geheult. Ich war egal. Da hab ich sie umgebracht

Ok

Das entlockte ihm ein Knurren, er riss die Augen auf, aber Grace zuckte nur die Achseln.

Wie?

Es dauerte eine Weile. Er biss sich auf die Lippe, dann schickte er die Nachricht los und schaukelte vor und zurück, bis sie bei ihr eintraf. Während sie las, ließ er sie keine Sekunde aus den Augen.

Dad hat im Sessel gschlafn. Sie auch. Bei ihm. Hab ihr nase + mund zugehaltn. Das tötet sie. Weiß ich aus filmen

OK.

Da hat sie mich angesehn

Er schob mit der Schuhspitze das Stroh herum. Während Grace wartete, stellte sie sich Evan vor, im Tiefschlaf im Sessel, erschöpft vom Geschrei des Neugeborenen, nicht ahnend, wie vernachlässigt sich sein Sohn fühlte, die blöde Brille schief auf der Nase, den breiten Mund entspannt, vielleicht schnarchend.

Und?

Da wollt ich sie nicht mehr tötn. hab die Hand weg. War ganz nass. Sie hat gelacht + aus ihrem mund snd blasen gekomn

Und dann?

Bin ins bett

Er schob die Schuhspitze vor und zurück.

Ok, tippte sie.

Ja aber

Er sah sie hilflos an.

Sie nickte und tippte:

💩

Ja 💩

Eine Weile saßen sie einfach da. Irgendwann spürte Grace Lucas Hand. Vogelzart und warm. Sanft umschloss sie seine Finger, wie einen gebrochenen Flügel. Das erschwerte das

Tippen, aber sie schob die Zunge zwischen die Zähne und schrieb:

HAst du Dad erzlt?

Die Hand wurde abrupt weggezogen. Luca rutschte zur Seite und starrte sie an, Furcht im Gesicht.

Nein! Du auch nicht. Geheim!

Klar 😬

Ok

Ok 🙁 💩

Er war ein Häufchen Elend, seine ungeheure, traurige Einsamkeit ließ ihn viel älter wirken. Grace konnte das nicht einfach so stehen lassen.

Darf ich was dzu sagn?

Sie wartete, während er an seinem Handy rumfummelte. Schließlich nickte er, sah sie aber nicht an.

sie ist nich wg dir gestorbn

?

Dad denkt, er hat sie umbracht.

Luca schüttelte zwar den Kopf, doch es war klar, dass er scharf nachdachte. Er war ein kluger Junge.

Grace seufzte.

💩 passiert + niemand hat schuld

Luca schüttelte den Kopf.

Sie tippte weiter.

Doch. Mml sterben Babys einfach. Echt. Schau im Internet. Heißt SIDS

Er sah ihr in die Augen, als könnte er dort erkennen, ob sie die Wahrheit sagte oder ihn einfach trösten wollte. Sie blinzelte nicht, trotz des Staubs. Es war wichtig, dass er ihr jetzt glaubte. Nach einer ganzen Weile senkte Luca den Blick. Sie rutschte herum, als ihr ein vertrauter Geruch in die Nase stieg. Sie tippte:

Magst du Eier mit Kresse?

Ws is kresse

Grünzeug

Eier ja, grün weiß nicht

Sie kramte in ihrer Tasche nach dem Päckchen. Es war ziemlich zerdrückt, doch nach ihrer Rechnung war er bereits seit sechs Stunden hier, und Jungen hatten ständig Hunger.

Der Esel schnaubte interessiert, als sie die Sandwiches auspackte. Sie präsentierte sie dem Jungen auf dem feuchten Geschirrtuch, doch der griff sich gleich alle. Grinsend biss er hinein und mampfte hungrig. Bei diesem Anblick war Grace klar, warum Mütter ihre Kinder mit so viel Eifer fütterten. Die wahre Wonne.

Ich sag besser Bescheid, schrieb sie ihm. Sein Handy auf dem Boden leuchtete auf. Als er die Nachricht gelesen hatte, hörte er abrupt auf zu kauen.

Du bleibst hier, ok?

Nervöses Nicken.

Grace lächelte und tätschelte ihm das strohbedeckte Knie. Dann schlüpfte sie aus ihrem Mantel und legte ihm das Ding um die Schultern. Er kuschelte sich wohlig hinein.

Nicht mehr versteckn, ok?

Er nickte erneut, und sie glaubte ihm.

»Alles klar. Beweg deinen dicken Hintern, Dolly, ich will aufstehen«, sagte sie und zog sich am Eselsbein hoch. Dolly schnaubte entrüstet und trat missmutig zur Seite, während Grace sich den Staub von der Hose klopfte. An der Boxentür sah sie sich vorsichtig um. Es dämmerte, die Nacht hing wie ein dunkler Nebel im Garten, zeichnete sich gegen die Flutlichter ab, die über dem Dach des Cottages erstrahlten, wo die Suche weiterging, die Rettungsaktion für ein Kind, das auf See verschollen und vermutlich ertrunken war.

Neben der Tür wartete der Hund geduldig im Zwielicht und hechelte ihr ein Lächeln zu. Sie warf einen letzten Blick zurück auf den mit Stroh bedeckten Jungen, der zum Gruß sein Sandwich hob. Mit den Strohhalmen im Haar sah er fast aus wie ein Häuptling. Sie lächelte und hob mahnend den Finger – rühr dich nicht vom Fleck! –, trat ins Freie und schloss sachte die Tür. Mittlerweile war ihr in ihrem dünnen Pullover etwas kalt geworden. Der Ziegenbock meckerte und kratzte mit dem schiefen Horn am Weidegatter. Aus einem Impuls heraus hob sie den Eimerdeckel und griff sich eine Handvoll Leckerlis.

»Hast du dir verdient, alter Griesgram«, sagte sie sanft, als sie die Pellets übers Gatter warf. Der Bock machte sich sofort darüber her. Auf der anderen Seite der Mauer herrschte mittlerweile Ruhe, offenbar war den Schaulustigen kalt und langweilig geworden. Es musste schon fast Mitternacht sein.

Da öffnete sich auf einmal die Hintertür, ein gelber Lichtkegel fiel aus der Küche in den Garten. Der Hund schnaubte, als Evan hinaustrat, sich die Decke enger um die Schultern zog und die Tür leise hinter sich zuzog, genau wie Grace es zuvor getan hatte. Dass sie im Schatten stand, sah er nicht, doch der Hund, der sofort auf ihn zuflitzte, um ihn zu beschnüffeln, versetzte ihm einen gehörigen Schrecken.

»Grundgütiger!«, rief er und spähte in die Dunkelheit. »Grace? Bist du da?«

Langsam trat sie vor. Evan lächelte schwach und beugte sich nach vorne, um den Hund zu liebkosen, als wäre er süß. Sie sagte kein Wort, als er auf Socken auf sie zukam, die Decke schief und im aufkommenden Wind flatternd.

»O Grace!«, flüsterte er. »Grace.«

»Ich will dir was zeigen«, sagte sie ernst und ergriff seine Hand, als wäre er ein kleiner Junge.

34

Es war spät, aber Evan konnte nicht einschlafen, dabei hatte er schon wer weiß wie oft auf dem wackeligen alten Sofa übernachtet.

Klar, die irren Ereignisse vom Donnerstag spielten sicher eine Rolle und mussten erst mal verarbeitet werden, doch im Moment brachte ihn etwas anderes um den Schlaf, eine knisternde Spannung, die sich einfach nicht beruhigen wollte. Grace würde wahrscheinlich dem Vollmond die Schuld geben.

Beim Gedanken an Grace war auch die letzte Hoffnung auf Schlaf dahin. Seufzend tastete er den Boden nach seiner Brille ab und schob sie sich auf die Nase. Die Hängematte hing still und prall in den Schatten, der Junge sicher darin eingemummelt, Lorna lag im Schlafzimmer und würde am Morgen wieder nach Hause fahren, allein.

Er löste sich aus dem Decken- und Lakengewirr und trat ans Fenster. Weiß leuchteten die Vorhänge im Mondlicht, er zog sie leise beiseite und betrachtete das Meer, still und schwarz, von einem silbrigen Streifen Mondlicht geteilt, doch seine Gedanken waren woanders. Ihm stieg die Hitze ins Gesicht, als er sich daran erinnerte, wie Grace ihn an der Hand vom Cottage weggezogen hatte, weg von der fast eingestellten Suche, durch den dunklen Garten zum Stall.

Er hatte ihre starke Hand fest umklammert und war ihr gefolgt, doch als sie die Boxentür geöffnet hatte, war er unsicher geworden, hatte einen Blick zurück zum Cottage geworfen, wo die zweite Schicht der Küstenwache die nächste Phase der Suche nach Luca plante und seine Frau, stumm, verbittert, händeringend und seinen Blick meidend, auf und ab lief.

»Grace ...«, flüsterte er heiser. »Was ...?«

Das Licht vom Haus beleuchtete ihr Gesicht, sie lächelte breit wie ein Kind, und plötzlich konnte er sich vorstellen, wie sie als junges Mädchen ausgesehen haben mochte, voller Tatendrang und ohne Rücksicht auf Grenzen und Regeln, auf dem Weg nach London, raus aus der miefigen Enge des Landlebens.

Sie drückte ihm die Hand.

»Vertrau mir. Hast du nicht langsam mal kapiert, dass du mir vertrauen kannst? So oft, wie ich dir schon den Arsch gerettet habe?«

Weil er sie nicht beleidigen wollte, duckte er sich hinter ihr umständlich durch die Stalltür, wo es stank und der breite, warme Esel fast den gesamten Raum beanspruchte, und fragte sich, was um Himmels willen sie ihm hier zeigen wollte, in diesem dunklen Loch. Völlig ahnungslos.

Da leuchtete etwas in ihren Fingern auf, ihr Handy, und sie deutete auf das an der Rückwand für das Tier aufgehäufte Stroh. Sie ließ seine Hand los, und da dämmerte es ihm, sein Herz begann zu rasen, angestrengt spähte er in die Dunkelheit. Er stellte keine Fragen, aus Angst vor der Antwort, sondern wartete mit angehaltenem Atem auf das, was kommen mochte. Wenn er eines gelernt hatte, dann geduldiges Warten.

Eine gefühlte Ewigkeit geschah gar nichts. Irgendwann musste Evan dann doch mal zwischenatmen. Grace hatte etwas in ihr Handy getippt, und sie standen kurz im Licht des Displays, bis es verlosch und alles wieder dunkel wurde. Seine

Haut kribbelte vor Hoffnung, doch er bewegte keinen Muskel, wagte nicht mal zu blinzeln, konzentrierte sich nur darauf, ihr voll und ganz zu vertrauen.

Da leuchtete plötzlich etwas im Stroh, und Grace' Handy piepste leise. Sie zeigte ihm das Display:

Ok 🙄

»Seine Majestät hat einer Audienz zugestimmt«, sagte sie grinsend. »Ich lass euch mal allein.« Doch Evan, erleichtert und überrascht, ergriff ihren Arm.

»Bleib bitte hier!«

Grace sah ihn verwundert an, blieb aber stehen.

Er lachte nervös, während sich unter lautem Rascheln das Stroh lichtete.

»Hast du etwa Angst vor deinem eigenen Sohn, du Weichei?«

»Nein, nein. Aber ...«

Ihr Gesicht war so nah gewesen in diesem engen Stall, er erinnerte sich an ihren Duft, das warme Gefühl, als sie mit ihm sprach.

»Hör zu. Er ist weggelaufen, weil ihr beide nicht miteinander redet. Es ist Zeit für eine Unterhaltung unter vier ... Händen. Jetzt oder nie. Reinen Tisch machen. Und danach muss der junge Mann hier die Suppe auslöffeln, die er sich eingebrockt hat.«

Ihr Blick ging zum Cottage.

»Okay, aber bleib hier, Grace«, flehte Evan. »Nur ein bisschen. Du musst uns mit dem Handy Licht spenden, damit wir uns verständigen können, und wenn du dabei bist, benimmt er sich wenigstens. Ich will nicht, dass er wieder abhaut.«

Ein dunkler Schopf spitzte aus dem Stroh hervor, Halme standen nach allen Seiten ab, es sah aus wie der Kopf eines Paradiesvogels. Luca sah seinen Vater missmutig an. Evan war außer sich vor Freude und Erleichterung und brachte kein Wort heraus.

Beim Anblick des strohgespickten Jungen musste Grace kichern, sie warf sich die Mähne über die Schultern und tat so, als würde sie sich wie eine Mutterglucke auf den Jungen setzen, der quietschte und sie sanft in den Arm knuffte.

Evan stand ungelenk daneben. Da war es wieder, dieses Gefühl, keine Verbindung zu seinem eigenen Sohn zu finden, der ihn nicht mal ansehen konnte.

»Ich weiß nicht, was ich sagen soll.«

»Wie wärs mit einer Umarmung?«, schlug Grace vor.

»Wir haben es nicht so mit Körperkontakt«, sagte er und verspürte auf einmal einen starken Drang, das Weite zu suchen.

»Kein Problem, ich auch nicht. Dann hock dich wenigstens hier zu uns, statt da rumzustehen und von oben herab mit uns zu reden wie der Herr Graf höchstpersönlich.«

Umständlich manövrierte Evan sich neben den Jungen und verschränkte die langen Beine zum Schneidersitz, damit der Esel ihm mit seinen Hufen nicht zu nahe kam. Der Junge hatte sich indessen wieder dem Handy zugewandt und ignorierte seinen Vater komplett. Erst als Grace ihm auf die Schulter tippte, blickte er auf.

Wir dachten, du wärst im Boot, gebärdete Evan.

Der Junge reagierte nicht sofort, sondern schaute wieder aufs Handy. Evan hatte sich geschworen, nie wieder die Geduld zu verlieren, wenn er seinen Sohn nur gesund wiederfände, doch kaum hatte er ein paar Minuten mit ihm verbracht, musste er sich schon wieder zusammenreißen, ihn nicht zu packen und durchzuschütteln. Kräftig.

Lucas Handy leuchtete hell, er hatte die Taschenlampenfunktion aktiviert. Sein Gesicht sah müde aus.

Es ist schon sehr spät, gebärdete Evan.

Tut mir leid, Dad.

Zum ersten Mal sah Luca seinen Vater an, und endlich konnte Evan seiner Erleichterung und Liebe freien Lauf lassen, dem Glück darüber, das kleines Gesicht seines Sohnes wiederzusehen, seine dunklen Augen, die flinken Finger.

Ich hatte solche Angst, gebärdete er. Ich dachte, du wärst im Boot und wir würden dich nie wiederfinden.

Luca runzelte die Stirn. Ich bin doch nicht blöd! Hast du ernsthaft gedacht, dass ich so einen Mist machen würde?

Evan hatte gelacht, und die Erinnerung an diesen kleinen Moment wärmte ihm jetzt das Herz.

Luca, müssen wir uns immer streiten?

Der Junge senkte den Kopf, und Grace tätschelte ihm das Knie. Tut mir leid, Dad.

Evan beugte sich vor und umfasste für einen Augenblick das Gesicht seines Sohnes mit beiden Händen, sprach dann laut aus, was er gleichzeitig gebärdete: »Ich weiß nicht, ob dir das klar ist, aber ich habe dich lieb, Luca! Immer. Versprochen. Es tut mir leid, ich weiß einfach nicht, wie ich dir ein guter Vater sein kann, aber ich werde mir mehr Mühe geben, Ehrenwort.«

»Vorsicht, versprich ihm nicht zu viel«, bemerkte Grace trocken, aber Evan ignorierte sie und hielt Lucas Blick, bis der den Kopf senkte und wieder an seiner verschorften Kniewunde pulte.

Lange herrschte Schweigen, Luca biss sich auf die Lippe, Evan rutschte herum, versuchte, auf dem staubigen Stallboden bequemer zu sitzen.

»Pass auf den Fladen neben dir auf«, warnte Grace leise, und da sah er, dass er fast in einen Eselshaufen gefasst hätte.

Luca musste lachen.

Willst du rauskommen?, fragte Evan hoffnungsvoll.

Die Miene des Jungen verfinsterte sich wieder. Weiß Mum Bescheid? Ist sie hier?

Evan nickte. Willst du mir erzählen, warum du weggelaufen bist? Bevor wir rausgehen? Sie ist im Haus. In Grace' Haus, und sie macht sich große Sorgen.

Ich habe Grace das schon erklärt.

Aber ich will es von dir wissen.

Der Junge zog ein Gesicht, offenbar dachte er nach.

Ich will nicht wieder nach Hause, Dad.

Evan nickte. Er verstand ihn total. Und es erfüllte ihn mit Freude zu wissen, dass er mit seinem Wunsch nicht allein war.

Warum nicht?

Evan wartete.

Es gefällt mir hier. Mit dir und Grace und Abbie und dem Esel und den Krebsen und dem Strand.

Luca blies sich die Stirnfransen aus dem Gesicht. Evan genoss diesen kleinen Moment wie ein Geschenk. Luca gefiel es hier, *mit ihm*. Er war der erste Punkt auf seiner Liste gewesen.

Du weißt, dass wir in einer Ausnahmesituation sind. Wegen dem Virus. Niemand von uns kann für immer hierbleiben.

Grace schon.

Klar, Grace schon. Ich meinte dich und mich und Mum.

Luca schob frustriert die Beine von sich. Warum ist Mum hergekommen und hat alles versaut? Warum darf sie alles bestimmen?

Sie hat doch gar nichts bestimmt. Du bist weggelaufen, bevor sie überhaupt gekommen ist.

Als Luca lachte, fühlte es sich an, als hätte sich etwas gelöst. Evan drückte Luca den Fuß.

Jedenfalls bestimmt sie nicht immer alles. Wir sind doch ein Team, wir drei.

Luca schüttelte den Kopf. Das sagst du immer, aber trotzdem bestimmt sie alles. Wie bei der Operation.

?

Es sind meine Ohren. Wenn ich sie operieren lassen will, warum kann sie Nein sagen? Warum verbietest du's ihr nicht? Ich hasse diese blöden Ohren.

Er zog daran, als wollte er sie abreißen, so fest, dass Evan seine Hände festhielt.

Woher weißt du das überhaupt, Luca? Ich wusste nicht, dass du das mitgekriegt hast.

Dr. Campbell gebärdet, wenn er mit Mum redet, damit ich auch alles verstehe. Er hält mich für klug genug, das zu entscheiden, er würde einer Operation zustimmen.

Evan zuckte hilflos die Schultern. Ich auch.

Lucas Gebärden waren zackig, wutentbrannt. Aber das sagst du ihr nicht! Sie meint Nein, und das wars dann. Jetzt hänge ich an dieser bescheuerten Schule fest und muss noch ewig den bescheuerten Gebärdenunterricht mitmachen. Warum sagst du ihr nicht, dass wir ein Team sind? Dass es manchmal auch »Ja« heißen muss? Wenn es Jessie wäre, hättest du garantiert Ja gesagt.

Evan war sprachlos.

Jessies Name fiel wie ein Felsbrocken auf ihre Unterhaltung.

Glaubst du das wirklich?

Egal. Sie war ja perfekt, nicht kaputt wie ich. Jedenfalls ist sie jetzt tot, und ich bin froh, da hast du's.

Luca brach in Tränen aus, laute, heftige Schluchzer. Rasch rückte Evan zu ihm rüber, zog ihn auf seinen Schoß und schloss ihn fest in die Arme. Das ging so schnell, dass er keine Zeit hatte zu überlegen, ob er das Richtige tat oder Luca ihn wegstoßen würde. Zu seinem Erstaunen ließ der Junge es geschehen, kuschelte sich sogar an ihn, da war kein Kampf, kein Widerstand. Evan drückte Lucas heißen Kopf fest an seine Brust und ließ ihn weinen, den hilflosen Blick auf Grace gerichtet, die taktvoll das Handy gesenkt hatte, damit die beiden nicht mehr im Rampenlicht saßen. Als sie nur stumm lächelte, strich Evan seinem Sohn übers Haar, als wäre er wieder ein kleines Kind und sie beide noch die besten Freunde.

Es war ein wunderbarer Moment gewesen, dort im warmen, dunklen Stall, wie ein Neuanfang. Aus all dem Alten, Schmerzhaften etwas Neues schaffen, das war die beste Form von Alchemie.

Er zuckte zusammen, als die Schlafzimmertür klickte und Lorna mit ängstlicher Miene herauskam.

»Da ist ein Klopfen«, sagte sie.

»Was? Ein Klopfen?«

»Ja, am Fenster.«

»Am Fenster?«

»Könntest du aufhören, den Papageien zu spielen?«, zischte sie. »Ja, am Fenster. Jemand klopft ans Fenster.«

Er kicherte. »Ich glaube nicht. Das wird ein Zweig sein oder so was.«

Sie hatte sich schon wieder abgewandt. Seit ihrer Ankunft hatte sie ihn nicht richtig angesehen. Jetzt blieb sie im Türrahmen stehen und wartete, die Ärmel des über das Nachthemd gezogenen großen Pullovers hingen ihr über die Hände. Stumm wies sie aufs kleine Fenster an der rückwärtigen Wand.

In diesem Moment sah sie aus wie ein kleines Mädchen, einen nackten Fuß auf den anderen gestützt, weil der Boden eiskalt war. Lächelnd zerrte Evan die störrischen Vorhänge beiseite und blickte hinaus auf die mondbeschienene Landschaft. Muss schon wieder Mitternacht sein, dachte er.

Geisterstunde.

Insgeheim war er erleichtert, dass da draußen niemand zu sehen war.

»Da ist keiner«, sagte er, ohne sich umzudrehen. Dann fiel ihm doch etwas ins Auge. Draußen auf dem Fensterbrett lag eine Flasche.

»Moment mal!«

Schnell hatte er es aufgeschoben und sich vorsichtig die Flasche geangelt. Am Hals war ein Zettel befestigt.

Er grinste Lorna an.

»Lecker! *Irish Mist!* Schau mal.«

Lorna runzelte die Stirn.

»Wer zum Teufel stellt dir denn bitte mitten in der Nacht Whiskeyflaschen vors Fenster? Wie sind die Leute denn hier drauf?«

Evan zog kopfschüttelnd den Zettel vom Flaschenhals.

Schön, dass der Kleine wohlbehalten zurück ist!
Gönn dir einen guten Schluck, wir stoßen mit dir an!

Er hielt ihr den Zettel hin und lachte.

»Ist von den Jungs aus dem Pub«, erklärte er. »Paddy hat wohl gerade zugesperrt.«

»Wieso kennst du diese Männer? Was ist hier los?«, fragte sie mit schriller Stimme. Die Nachricht interessierte sie nicht. »Sind die Pubs hier nicht alle geschlossen? Warum stellen sie dir Flaschen vors Fenster? Wieso nicht vor die Tür wie normale Menschen?«

Evan grinste. »Die Jungs sind so ungefähr das Gegenteil

von normal. Aber sie haben am Donnerstag die ganze Nacht mitgesucht. Das sind gute Leute, Lorna.« Beglückt las er die Nachricht erneut.

»Hast du wieder mit dem Trinken angefangen, Evan?«, fragte sie verletzt.

»Ja, das habe ich tatsächlich, aber diesmal richtig.« Er war immer noch amüsiert. »Komm schon, wir können ihre kleine Aufmerksamkeit nicht ablehnen, das wäre unhöflich.«

Er hatte den Deckel schon aufgeschraubt und war auf dem Weg zur Tür, als er merkte, dass sie ihm nicht folgte. Er wandte sich um und sah sie an, ihre stille Schönheit, das Gesicht, das er so oft geküsst hatte. »Ach komm, Lorrie«, bettelte er. »Lass uns wenigstens miteinander reden. Das ist das Mindeste, nach allem, was passiert ist.«

Als sie ihren Kosenamen hörte, lächelte sie traurig.

»Erinnerst du dich an die Felswand in Chamonix?«, fragte er leise. »Als du keinen Halt gefunden hast und müde geworden bist? Oder sollen wir besser sagen, ›als du die Panik gekriegt hast‹?«

Sie schüttelte den Kopf und lachte. »Um Himmels willen, halt bloß den Mund!« Ihre Wangen hatten sich sichtlich gerötet.

»Damals kanntest du noch nicht mal meinen Namen, wir hatten nur zufällig im Bus nebeneinandergesessen. Weißt du noch, ich hab die Hand ausgestreckt und dir gesagt, du sollst dich an mir festhalten?«

»Jaja, ich weiß es noch. Ich solle dir nur dieses eine Mal vertrauen, hast du gemeint, danach müsste ich nie wieder ein Wort mit dir reden. Und ich habe dir vertraut. Okay, ja, du hast mich da runtergeholt. Na und?«

Sein Lächeln war verschwunden. »Tja. Trink einen Schluck mit mir, dieses eine Mal, einfach so.«

»Am Ende hab ich dich doch wohl geheiratet, du Scherzkeks!«, rief sie amüsiert.

»Genau«, sagte er, ergriff ihre Hand und führte sie durchs kleine Wohnzimmer, wo ihr Sohn von der Decke baumelte und das weiße Mondlicht alles taghell erleuchtete.

35

»Ich lass das Licht ausgeschaltet, okay? Der Mond ist hell genug.«

Lorna zuckte die Achseln, warf sich das glatte dunkle Haar über die Schulter. Evan setzte sich vor sie hin, sie lächelten einander zu.

Sie hatte das Glas mit den zarten, schlanken Fingern umschlossen, trank aber nicht.

»Es war schön, dich hierzuhaben«, sagte er.

»Es war schön, eine kleine Auszeit zu haben«, sagte sie.

»Den halben Herzinfarkt am Donnerstag hättest du dir aber gut sparen können.«

Beide lachten leise und schauten sofort zur Hängematte.

»Kleiner Teufel«, sagte Evan sanft.

Nachdem er einen Schluck getrunken hatte, sah er sie über den Rand seines Glases hinweg an. Blass war sie, besonders im Mondlicht. Offenbar hatte sie auch nicht schlafen können.

»Hast du's schwer gehabt die letzten Wochen?«, fragte er.

Sie nickte und hob endlich ihr Glas an die Lippen.

»Du hast ja keine Ahnung, so meilenweit entfernt von allem. Ich glaube, das Schrägste ist hier an dir vorübergegangen.«

»Na, ich weiß nicht«, sagte er, und beim Gedanken an Frank, Becky und Mickey Flanders musste er lachen. »Hier gibts auch genug Schräges, kannst du mir glauben.«

Er ergriff ihre Hand. »Es klingt, als würdest du was Wichtiges bewirken. Und vielleicht bist du glücklicher? Wirkt auf jeden Fall so.«

Sie sah ihn traurig an. »Man denkt, man kommt nie drüber weg. Und das stimmt auch. Ich weiß, dass ich nie drüber wegkomme, über meine Jessie, und das will ich auch gar nicht.« Sie entzog ihm sanft die Hand. »Aber es ist eine weitere Last, die man mit sich rumschleppt. Die Schuldgefühle. Dieses Waswäre-Wenn. Hätte ich dich doch nur geweckt, statt mich wegen ein paar Stunden Extraschlaf ins Bett zu schleichen.«

Er ließ sie reden. Es war das erste Mal.

»Ich werde das nie vergessen.« Ihr schauderte. »Diese entsetzliche Stille, obwohl mir die Brüste von der eingeschossenen Milch schon so wehtaten, dass ich davon aufgewacht bin. Sie hat nicht geschrien, und da im Dunkeln, als ich sie hochgehoben habe, war ihr Gesichtchen leer, nichts mehr da, sie war einfach tot.« Sie holte zittrig Atem. »Nein. Da kommt man nicht drüber weg. Man macht einfach weiter, stimmts?«

Evan nickte.

»Aber wir haben verschiedene Wege eingeschlagen, Evan.«

Er lauschte ihr stumm.

»Es hat dich glücklicher gemacht, hier zu sein, deinen Job hinzuschmeißen, Luca bei dir zu haben, stimmts? Ich sehe euch das doch an. Ihr beide seht gut aus, gesund.«

Evan lachte trocken. »Na, am Anfang hab ich das ganz anders erlebt, hab ernsthaft gedacht, dass ich in diesem grässlichen Kaff draufgehe, Lorna, oder das Luca mich den letzten Nerv kosten wird. Aber es ist besser geworden. Es ist schön, ihn hierzuhaben, Lorrie. Und mir eine Freude, endlich wieder eine Verbindung zu ihm zu finden.«

Es erfüllte ihn mit einem Glücksgefühl zu sehen, wie Luca ihm von seinen Tümpeln aus zuwinkte, flink die Felsen hochkletterte, ihn mit den Händen fuchtelnd antrieb, wenn er ihm etwas zeigen wollte, beeil dich, komm schon, und am Ende des Tages mit einem Bärenhunger übers Essen herfiel, von der Sonne geküsst, froh.

»Es ist schon lange her«, sagte Lorna ernst.

»Ich weiß, ja.« Er wich ihrem Blick nicht aus. »Irgendwo auf dem Weg haben wir einander verloren. Es ...« Fast hätte er es gesagt. *Es tut mir leid.*

Doch er biss die Zähne zusammen, um die Worte nicht entkommen zu lassen. Er hatte nicht an allem Schuld, es war nicht nur sein Versagen gewesen.

»Er hat mich jedenfalls auf Trab gehalten. Luca hat echt Forschergeist. Liest die anspruchsvollsten Bücher. Und viel geschlafen habe ich auch.« Er quasselte jetzt einfach. »Hatte eine Menge nachzuholen, hab jede Gelegenheit genutzt.«

»Schlaf nachgeholt? Wie schön für dich. Davon gabs ja nicht viel, als Jessie noch bei uns war.«

»Nein«, sagte Evan. Ihre Blicke trafen sich.

Eine Weile lauschten sie der Stille, dem Wellenrauschen, dem gelegentlichen Knirschen der Hängematte.

»Du hast recht«, sagte er schließlich. »Dieser Ort war gut für mich.«

Er rutschte ein wenig auf dem harten Stuhl herum und schenkte sich langsam nach, bevor er ihr die Flasche hinhielt, doch sie lehnte ab, also stellte er sie hin und malte einen Ring auf den Tisch, wartete, was als Nächstes geschehen würde. In der Stille erinnerte er sich an die Verzweiflung, die sie bei ihm ausgelöst hatte, den Selbsthass, die Abscheu.

»Luca will sich operieren lassen«, sagte er schließlich.

Lorna zögerte kurz, bevor sie antwortete. »Ja. Das hat er mir schon gesagt.«

»Und ich will es auch.«

Er wartete mit angehaltenem Atem, doch sie blieb stumm, fast schon distanziert.

Irgendwann nickte sie, zupfte an einem Splitter auf dem alten Tisch herum und machte ihn damit nur noch länger. »Na gut.«

»Dann hast du auch ein bisschen Ruhe, für eine Weile«, sagte er vorsichtig.

Plötzlich sah sie ihn scharf an. Mit diesem Blick hatte sie damals die Diskussion beendet, hatte ihn kühl und emotionslos ausgegrenzt. »Alles klar. Ich gebe Dr. Campbell Bescheid, sobald ich zurückkehre. Es wird wohl etwas dauern, wegen dieser ...« Sie machte eine umfassende Handbewegung.

»Ich glaube, allein die Tatsache, dass wir es endlich in Gang setzen, wird schon viel bewirken«, sagte Evan sanft.

»Was ist hier mit dir geschehen?«, fragte Lorna fast traurig. »Du hast dich verändert.«

Er ließ die Stille wirken, versuchte nicht, sie zu füllen.

Nach einer ganzen Weile gähnte sie theatralisch. »Nun, Mister Mysterious, das war ein gutes Gespräch. Ehrlich. Jetzt gehe ich wieder ins Bett.« Sie erhob sich und trat an seine Seite des Tisches, lächelte und drückte ihm einen Kuss aufs Haar. Sie ließ es zu, dass er die Arme um ihre schmale Hüfte schlang und sie eine Weile festhielt. Ihr Geruch war überall, und er drückte das Gesicht an ihre wunderbaren festen Brüste, seine Lieblingsstelle. Er seufzte leise und kuschelte sich enger an sie, wie ein Kind, ganz fest, erwartete aber jeden Moment, dass sie ihn wegschieben würde, wie sie es immer tat.

Zu seiner Überraschung entspannte sie sich und ließ es geschehen, und da wusste er, dass er sich nur auf eine bestimmte Art bewegen musste, sich erheben und die Arme hinter sie schieben, sich zu ihr vorbeugen, dann würden sich ihre Lippen öffnen, sie würden sich küssen, sie würden sich gehen lassen, sich hier in diesem düsteren Zimmer lieben, obwohl ihr Sohn nur ein paar Meter entfernt schlief, es würde wunderbar sein, dieses letzte Mal, und so viel mehr bedeuteten als Kapitulation.

Doch er erinnerte sich auch an den Geruch seiner toten Tochter, als er in jener Nacht schlaftrunken erwacht war, und wusste noch genau, wie Lorna ihm Jessie von der Brust gerissen und sie so geschüttelt hatte, dass er Angst bekommen hatte beim Anblick ihres schlaffen Köpfchens und aufgesprungen war, um ihr das Baby wegzunehmen. Dieser entsetzliche kurze Kampf, Lornas Fingernägel tief in seiner Haut, sie hatte etwas geschrien, aber das Rauschen in seinen Ohren war so laut gewesen, und dann hatte er endlich verstanden und sie so abrupt losgelassen, dass sie rückwärts auf den harten Parkettboden gestürzt war, das Baby noch an der Brust, wo sie es schreiend gewiegt hatte, vor und zurück, vor und zurück.

Er löste sich aus der Umarmung, sie schob sich lasziv die Haarsträhne aus dem Gesicht, doch ihre Miene hatte sich wieder verhärtet.

»Na dann. Gute Nacht«, sagte sie.

»Nacht.« Er presste die Beine fest zusammen, bis sie ins kleine Schlafzimmer verschwunden war und die Tür hinter sich geschlossen hatte. Kurze Zeit später hörte er die alten Sprungfedern knirschen. Der Whiskey wärmte ihm den Bauch, als er dem stillen Mond zusah, wie er übers Dach kletterte und schließlich aus dem Fensterrahmen verschwand.

36

Irgendetwas rief ihn ans Fenster.

Es war weit nach Mitternacht, Strand und Wasser lagen im Mondschein. Draußen herrschte komplette Windstille. Wie ein Bergsee ruhte das Meer, schwarz und verzaubert. Weit hinten am Horizont piksten winzige Lichter ins Schwarz, Fischerboote und Frachtschiffe auf der Reise hinaus in die weite Welt, doch hier in der Bucht war alles ruhig.

Evan nahm sich Glas und Whiskeyflasche und schlich nach draußen. Auf der Türschwelle blieb er stehen, barfuß, seine Haut kribbelte, und streckte die Nase in die Luft. Spätsommerliche Strauchveronika und Geißblatt verströmten ihren süßlich-betörenden Duft, der sich mit dem Salzgeruch des Meeres mischte. Der Himmel wirkte im Mondlicht blaugrau und silbern, die Landschaft zeichnete sich tiefschwarz davor ab. Gebannt von diesem Anblick, angelockt von der warmen Nachtluft auf seinem Gesicht, folgte Evan seinem Instinkt ins unwirkliche Leuchten.

Er spürte die spitzen Kiesel auf dem Weg zum Strand unter den Fußsohlen, doch es tat nicht weh, und schon bald hatte er den trockenen, pudrigen Sand erreicht und schlenderte langsam auf den niedrigen Felsen am Rand der Bucht zu, seinen Lieblingsplatz, wo er sich einen kleinen Schluck Whiskey einschenkte und die Flasche in den Sand zu seinen Füßen steckte. Seine Gegenwart hatte einige Kleintiere aufgescheucht, die jetzt über die Felsen wimmelten und huschten, doch Evan beachtete sie nicht weiter. Irgendwo kiekste ein Nachtvogel. Er trank und saß und schaute und spürte alles viel intensiver, als wäre seine Haut im Mondlicht besonders dünn.

Ein leises Rascheln erregte seine Aufmerksamkeit.

Nur eine Veränderung in der Atmosphäre verriet ihm, dass sich in der Nähe etwas bewegte. Vom angespannten Lauschen rauschten ihm die Ohren. Er bekam eine Gänsehaut. Vorsichtig stellte er das Whiskeyglas in den Sand.

Nichts rührte sich.

Er entspannte sich wieder.

Dann sah er es: Von der anderen Seite der Bucht her huschte ein Schatten über den kleinen Strand, doch so angestrengt er auch spähte, er konnte nicht genau ausmachen, um wen oder was es sich handelte. Zu schwerfällig für einen Fuchs oder Dachs. Irgendetwas Größeres kam auf ihn zu.

Dann löste sich eine Gestalt von den Felsen, der nächtliche Gast bewegte sich aufs Wasser zu. Kopf und Schultern zeichneten sich als schwarze Silhouette gegen das Meer ab, dann Arme und Beine, der Oberkörper, in einen weiteren Umhang gehüllt, der bei jeder Bewegung sanft flatterte. Nichts Geisterhaftes, natürlich nicht. Es war ein Mensch, und bei dieser Erkenntnis durchlief ihn nicht nur Erleichterung, sondern freudige Erregung. Jetzt wusste er, wer da auf ihn zukam.

Fast hätte er gerufen, doch er besann sich gerade noch, wollte sie nicht erschrecken. Dann war es ohnehin zu spät dafür, denn Grace hatte sich bereits die Schuhe abgestreift und die Arme wie zuvor aus dem Umhang befreit. Voller Scham wurde ihm klar, dass sie auch diesmal vorhatte, nackt schwimmen zu gehen, aber er saß in nächster Nähe, war mit ihr zusammen am Strand.

Ach, du liebe Zeit!, dachte er, rührte sich aber nicht vom Fleck.

Sie öffnete etwas, vorn und im Nacken, ihre Ellbogen stachen hervor, während sie blind herumfummelte. Er sollte jetzt wirklich abhauen. Vor lauter Hektik stieß er mit dem Fuß gegen die Whiskeyflasche. Ein leises Klirren ertönte, und er erstarrte, doch Grace schien nichts gehört zu haben, denn sie reagierte gar nicht.

Also blieb er sitzen, wartete wie gebannt und zutiefst verlegen darauf, dass sie im Wasser verschwunden wäre, außer Hörweite, wenn er sich davonschleichen würde, zurück aufs altersschwache Sofa, wo er schon längst hätte schlafen sollen. Mit angehaltenem Atem sah er zu, wie sie den Umhang mit einer eleganten Bewegung in den Sand fallen ließ.

Sie hatte eine kräftige Statur. Breite Schultern, stabiler Oberkörper, breite Hüften, muskulöse Beine. Als sie die Arme hob, um ihr dickes Haar im Nacken zusammenzufassen, hoben sich ihre kleinen Brüste.

Sie trat an den glitzernden Flutsaum und watete ins Wasser, es sah aus, als tauchten ihre Füße und Beine in Quecksilber. Ein Schaudern durchfuhr ihn, bei ihrem Anblick kribbelte ihm die Haut. Der Mond tauchte ihre Blässe in gleißendes Licht, sie war eine Nixe, eine Seejungfrau. Ihr langer, wirrer Zopf fiel ihr wie ein Schatten über den Rücken fast bis zum rundlichen Hintern, der schon halb im Wasser verschwunden war.

Da wandte sie sich um, grazil, und sah ihn unverhohlen an. »Wolltest du da die ganze Nacht rumsitzen, oder kommst du rein?«, fragte sie. »Das Wasser ist herrlich.«

»Mist!«, murmelte er. »Nein, schon gut, danke. Geh du nur. Viel Spaß!«

Wie peinlich, aber die Worte waren gesagt, er konnte sie nicht wieder zurücknehmen.

Er hatte den Eindruck, dass sie lächelte. Sie zögerte nicht lange, watete ein Stück weiter rein, breitete die Arme aus und hechtete in die Wellen, sodass sich ihr Hinterteil direkt vor ihm aus dem Wasser erhob, und mit einem leisen Atemholen schwamm sie los, weit, weiter von ihm weg, glitt schlank und kühl durchs Mitternachtsmeer.

»Mist! Scheiße!«, sagte er jetzt laut.

Er sollte gehen. Wirklich jetzt. Verdammt noch mal. Aber er blieb sitzen, sah ihren Kopf sanft auf und ab wippen, bis er schließlich abtauchte, ihre Füße noch ein letztes Mal hochploppten und sie schließlich ganz verschwunden war.

Jetzt, da das Meer leer war, betrachtete er das Glas in seiner Hand.

Er wollte keinen Whiskey mehr.

Er wollte Tageslicht und Becky und ihre festen Überzeugungen und eine Tasse von ihrem Grastee.

Er wollte eine Mauer in der Sonne und Luca neben sich, mit den Beinen baumeln, mit den Fingern plaudern.

Er wollte mehr, als er hatte, und das würde er nicht erreichen, wenn er hier wie ein trauriger Spanner im Dunkeln herumsaß.

Ehe er sich versah, war er aufgestanden, lief aufs Wasser zu.

Da ertönte ein lautes Platschen, und er blickte auf.

»Evan!« Sie war wieder aufgetaucht, nur ein glänzender Kopf, und sie lachte.

Schon war er am Wasser, hatte T-Shirt und Schlafanzughose abgestreift und die Brille achtlos obendrauf geworfen, stand splitterfasernackt vor ihr. Sie wartete, jetzt nicht mehr ganz so deutlich zu erkennen, aber ihm zugewandt. Er breitete die Arme aus, als wollte er sagen: *Hier bin ich. Mit Haut und Haaren*, und ihr sanftes Lachen klang gütig. Evan straffte die Schultern, spürte die Luft auf seiner nackten Haut, ein ungewohntes Kitzeln, und fühlte sich besser. Der Whiskey prickelte ihm angenehm unter der Haut, die Sommerbrise streichelte darüber.

Da musste er lachen. Er war verrückt, aber es war okay.

Sie lachte auch, das wusste er, aber auch das war okay.

In seiner Brust war ein Pochen, dann brach sich etwas Bahn. Er war am Leben! Er war wieder wach, endlich! Er würde reingehen, verdammt, er würde da jetzt reingehen.

Bevor sein Hirn hinterherkommen konnte, war er bereits in die Fluten gewatet, den Blick unverwandt auf Grace gerichtet. Noch blieb der Kälteschock aus, er watete weiter hinein, überrascht über das beschwerliche Vorankommen und die vielen kleinen Wimmelwesen, die unter Wasser vor seinen Füßen flohen. Er dachte an nichts, erwartete nichts, tauchte einfach hinein wie sie, wie er es schon zuvor getan hatte, kein Problem, doch dann spürte er den eisigen Klammergriff an seiner Brust, den frostigen Atem in seinem Nacken.

Sie applaudierte ihm stumm, während er japste und paddelte, bis sein Körper sich an die Temperatur gewöhnt hatte und sein Atem zurückgekehrt war. Dann schwamm er drauflos, ein breites Lächeln auf den Lippen.

In der Dunkelheit fühlte sich das Wasser anders an, fand er. Es war dichter, hatte mehr Substanz. Es belebte ihn, und während er allein vor sich hin schwamm, genoss er es, den auf einmal so starken Widerstand des Meeres unter seinen Händen zu spüren. Es war eine mondgleißende Platte, die er mit jedem Heben und Senken zertrümmerte, doch die von ihm gerissene Wunde, das wusste er, würde gleich hinter ihm wieder verheilen. Jetzt spürte er keine Kälte mehr, sein Körper pochte und brannte, tat, was er tun musste, passte sich ohne sein Zutun an die neue Umgebung an. Da waren nur die Bläschen seiner Bewegung und sein leises Keuchen, und als er innehielt, waren da nur die Bläschen ihrer Bewegung und ihr leises Keuchen, irgendwo neben ihm.

Auf dem Hügel sah er die Straßenlaternen des Dorfs leuchten, wie an einer kitschigen Perlenkette waren sie über der Landzunge aufgereiht. Ein einziges Flugzeug glitt über sie hinweg, ein seltener Anblick in diesen Zeiten, und als die roten und grünen Lichter zwischen den weißen Sternen flackerten, flammte da etwas auf in Evans Brust, an der Stelle, die so lange leer und hohl gewesen war, ein tiefes Glücksgefühl.

»Wir müssen verrückt sein«, murmelte er.

Grace nickte, sie trat neben ihm Wasser, das Haar nass und dunkel wie Seetang auf ihrem Rücken. »Ja, ich ganz sicher. Wie's bei dir ist, weiß ich noch nicht.«

Sie schwammen dicht nebeneinanderher, stumm, ohne einander zu berühren, sich aber der Nähe des anderen gewiss. Ohne sich vorher zu verständigen, drehten sie plötzlich um und traten die Rückkehr an, schwammen gemeinsam Richtung Ufer. Ihre Züge waren kräftiger, und als er zurückfiel, sah sie sich nicht nach ihm um.

Vielleicht wollte sie mit einem Vorsprung an den Strand zurückkehren und sich schnell davonmachen, das nächtliche Abenteuer beenden, aus die Maus. Womöglich hatte sie vor, einfach in die Dunkelheit zu verschwinden, aus der sie gekommen war, und er müsste den Heimweg allein antreten, allein auf dem Sofa schaudern, bis ihm wieder warm wäre. Darauf hatte er überhaupt keine Lust.

Sie war ihm jetzt schon weit voraus, ihre Schultern ragten bereits aus dem Wasser, dann watete sie an Land.

»Warte!«, rief er mit hoher, unvertrauter Stimme.

Sie wandte sich um.

Stand da und musterte ihn eine Weile, warf sich eine lange, nasse Strähne über die Schulter, als wäre sie noch jung, sich ihrer Nacktheit so unbewusst wie ein Kind.

Er konnte es nicht fassen, als sie wieder ins Wasser tauchte und auf ihn zuschwamm. Er trat Wasser, wartete, bis sie bei ihm war, im Tiefen, sein Gesicht umschloss und ihn auf die Lippen küsste, warm und kalt zugleich und salzig. Er umfasste ihren Körper, spürte die Weichheit, prall und sinnlich, wo Lorna nur Rippen und Muskeln war. Großzügig, kalt und prachtvoll. Er umfasste sie enger und küsste sie leidenschaftlich zurück. Ihre Beine verschränkten sich, doch als sie Salzwasser schluckten, lösten sie sich leise lachend voneinander, als wäre die Nacht heilig und verlangte, dass sie ihre Stimmen dämpften.

»Komm schon«, sagte sie und sah ihn herausfordernd an. »Es wird kalt.«

37

Grace marschierte über den Strand, ohne einen Blick zurückzuwerfen. Irgendwann wurde sie langsamer, band ihre Mähne zu einem wirren Knoten zusammen. Hinter sich hörte sie Evan durch den Sand stolpern, doch wenig später hatte er sie eingeholt, ging endlich neben ihr, die hastig übergestreiften Klamotten schlabbrig am Körper, grinste sie an und hielt ihr vor Kälte zitternd eine dunkle Flasche hin.

»Was ist das?«

»*Irish Mist.* Stand vorhin plötzlich auf meiner Fensterbank.«

Sie lächelte. »Ah, die magische Flasche. Nett von dir, Paddy!«

Zwischen Strand und Pfad hatten sich die Winterfluten ins Land gefressen und eine scharfe Abbruchkante gebildet. Als sie für den großen Schritt ihren Poncho zusammenraffte, hielt Evan sie am Ellbogen fest, und diesmal ließ sie ihn gewähren, freute sich sogar über die höfliche Geste, seine liebevolle Aufmerksamkeit.

Alles war ein Tanz, dachte sie, und dieser Teil ebenso wichtig wie der Rest. Sie wartete auf ihn, und gemeinsam schlenderten sie über den Weg, das Gefühl seiner Hand noch warm auf ihrer kühlen Haut. Da sie mittlerweile beide zitterten, beschleunigten sie ihre Schritte, um möglichst rasch ins Warme zu kommen.

Vor dem Cottage streifte sie so nachlässig die Sandalen ab, dass sie geräuschvoll gegen die Wand klatschten. Als sie ins Haus trat, hob der Hund in seinem Korb nur kurz den Kopf und zuckte mit dem Stummel, blieb aber liegen, selbst als ihr ein Mann folgte. Seine Zunge hing ihm aus dem Maul, und es sah aus, als würde er grinsen. Es duftete nach Brot und Gebäck, der alte Ofen sorgte für kuschelige Wärme.

Als Grace ihn hinter sich spürte, sehr nah, aber ohne sie zu berühren, nickte sie zum Sofa mit der großen bunten Decke, die mit ihren sonnengelben Flecken gemütliche Geborgenheit versprach. Zitternd rieb sie sich die Arme und biss die Zähne zusammen, um das Nachbeben unter Kontrolle zu bringen, dieses wilde Zucken, das den Körper nach der Eiseskälte des Meeres überlief, bis das Blut wieder alle Glieder durchströmte und ihn wärmte.

»Wickle dich darin ein, damit dir warm wird, dann schalte den Wasserkocher an«, sagte sie auf dem Weg zum Schlafzimmer, wo ihr kuscheliger Kaftan und die Haarbürste warteten. Ohne einen Blick in den Spiegel zu werfen, trat sie an die Kommode, drückte sich etwas von dem Zeug, das Abbie ihr gekauft hatte – Anti-Frizz oder so – in die Finger und rieb es sich ins Haar, bevor sie ins Wohnzimmer zurückkehrte.

»Keine warme Dusche?«, fragte er.

Die bunte Decke hing ihm von den Schultern, er rührte in zwei Teebechern und lächelte sie an. Auf einmal war er ihr fremd, und es dauerte etwas, bis sie ihn wieder in Einklang gebracht hatte mit ihrem Heim, ihrer Umgebung. Er wirkte entspannt, freundlich, zufrieden, zugewandt, als hätte er das, was ihn so lange gequält hatte, im Meer zurückgelassen.

»Später. Meerwasser ist gut für die Haut.«

Er brachte die Becher ans Sofa und wartete, dass sie sich für einen Sitzplatz entschied, also wählte sie das bereits durchgesessene, abgescheuerte Ende, das genau ihre Körperform hatte, zog die Füße unter ihren Kaftan, legte die Haarbürste auf den Boden und streckte die Hände nach dem Becher aus. Die Art, wie er sich zu ihr vorbeugte, verriet ihr, dass er sie geküsst hätte, wenn er nichts in den Händen gehalten hätte, und dieses Wissen wärmte sie, noch bevor sie den ersten Schluck getrunken hatte.

Evan setzte sich ans andere Ende, zog sich mit der freien Hand vorsichtig die Decke von den Schultern und drapierte sie sich mit einem lauten Seufzer über Beine und Füße, bevor er Grace über den Rand seines dampfenden Bechers hinweg betrachtete.

Sie trank einen Schluck. »Interessanter Geruch«, sagte sie.

»Ein kleiner Schuss wärmt das Herz, wie man so schön sagt«, erklärte er.

»Lecker. Mehr als ein Schuss, würde ich sagen.«

»Eine medizinische Dosis.«

»Dann sind wir aber ganz schön krank.«

Sie lächelte, genoss den heißen, süßen Tee und das Brennen des Alkohols in Mund und Schlund. Es dauerte eine Weile, bis sie sich in seiner Gesellschaft entspannt und die Dinge sich gefügt hatten.

Eine Zeitlang saßen sie schweigend da. Als die Wärme des Ofens allmählich durch ihren dünnen Kaftan drang, streckte sie die Beine aus und stellte die Füße auf den Läufer mit den sanften Wirbeln, den sie einst gestrickt hatte, als sie noch jünger gewesen war, einsamer. Die Farben waren ihr eigentlich zu blass, aber der Teppich erinnerte sie an bestimmte Dinge, deshalb behielt sie ihn. Sie streckte die Zehen, genoss das Gefühl der knubbeligen Wolle unter ihren nackten Füßen.

Er folgte ihrem Beispiel. Nach einer Weile begann er, ihr mit dem Fuß die Zehen zu streicheln, sanft, entspannt, rhythmisch, ohne sie anzusehen. Hin und wieder trank er einen Schluck Tee. Es überraschte sie, dass er sich so weit aus der Deckung gewagt hatte und mit so großer Lässigkeit. Noch überraschter war sie von ihrer Reaktion. Dass so eine einfache Berührung so prickelnd sein, die Nerven ihrer Füße dermaßen zum Klingen bringen konnte.

Sie schloss die Augen. Ihr Schweigen hing schwer wie ein Wassertropfen auf einer Blattspitze, bis die Spannung nicht mehr zu ertragen war. »Das ist so herrlich«, sagte sie endlich.

»Du hast schöne Füße.«

»Hab ich von meiner Mutter. Das einzig Schöne an ihr.«

Er lachte leise. »Sie war eine bemerkenswerte Frau, wie ich höre.«

Sie sah ihn an, den Becher im Schoß, mit den Händen umschlungen, die Augen halb geschlossen. »Ich gehe davon aus, dass du Geschichten über mich gehört hast. London.«

Er nickte, trank einen Schluck und zog den Fuß zurück. »Ich rede nicht darüber.«

»Ich habe dich auch nicht darum gebeten. Nur deine Mutter erwähnt. Wir alle haben Dinge, über die wir nicht reden. Kein Problem.«

Sie lachte. »Du bist anders heute Abend.«

Er sagte nichts, stellte den leeren Becher auf den Boden, ergriff ihren gebräunten Arm und drehte ihn um, sodass die blasse Unterseite zu sehen war, wo sich die Adern an ihrem Handgelenk leicht unter der Haut abzeichneten. Bei seiner Berührung bekam sie Gänsehaut.

»Ich glaube«, sagte er, ohne sie anzusehen, »dass jeder Mensch eine öffentliche Seite hat, die er herzeigt und die von der Sonne gebräunt wird, und eine Unterseite, die im Verborgenen bleibt, so wie die hier.« Er fuhr mit dem Finger über ihren Arm, von der Beuge bis zum Handgelenk, fest genug, damit es nicht kitzelte, aber sanft genug, dass sie es genießen konnte. »Nur wenn man beides im Gleichgewicht hält, kann man glücklich sein.«

Sie hielt still, erfreute sich an seiner Zärtlichkeit.

»Vor meiner Zeit hier habe ich nur meine öffentliche Seite ausgelebt. Alles Show, sehen und gesehen werden. Der Job, das Haus, die Sachen, die wir unternommen haben, die Reisen.«

Die Frau, dachte Grace, sagte aber nichts.

Sein Daumen kreiste weiterhin sanft über ihren Arm, aber jetzt redete er sehr leise, fast mit sich selbst.

»Und es hat nicht funktioniert. Als Luca gekommen ist, hat er nicht reingepasst ins Bild, ins Image, zur Show vom perfekten Leben. Er gehört zu meiner verborgenen Seite.« Ihre Blicke begegneten sich, das Haar fiel ihm über die Brille und überschattete seine Augen. »Und du auch.«

Jetzt sollte sie die Reißleine ziehen, dachte sie, doch sie wusste auch, dass sie nichts dergleichen tun würde. Stattdessen ließ sie es zu, dass er sich zu ihr vorbeugte, spürte seinen warmen Atem auf ihrer Haut, schaute ihm in die sanften, achtsamen, eifrigen Augen, die auf ihre Erlaubnis harrten. Fragend, falls sich etwas geändert hatte seit ihrer nächtlichen Zusammenkunft im Meer, doch das hatte es nicht. Schon vor langer Zeit hatte Grace eine Entscheidung getroffen, damals, als er wegen eines Vogels auf See sein Leben riskiert hatte, war sie sich darüber klar geworden, dass sie diese Möglichkeit zulassen würde. Sie schloss langsam die Augen, um ihn nicht zu verscheuchen, dann spürte sie seine Lippen auf ihren, voll und bestimmt, und sie erwiderte seinen Kuss.

38

Die Sonne weckte ihn, aber nicht nur die. Da war auch so ein Gefühl gewesen, dass etwas fehlte, und als Evan sich hemmungslos im großen, weichen Bett herumwälzte, stellte er fest, dass er tatsächlich allein war, die Sonne blitzte zwischen dem Spalt in den Vorhängen hindurch und warf helle Streifen auf die bunte Decke. Er schob sich auf einen Ellbogen und blinzelte, doch Grace war nicht da, das Zimmer war still und leer, also ließ er sich zurückfallen und zog sich die duftende Decke über den Kopf, enttäuscht, dass sie schon wieder gegangen war, ihre Seite des Bettes ausgekühlt. Wie gern hätte er die Dinge der vergangenen Nacht wiederholt, diese Gefühle erneut gefühlt, mit ihr im Halbdunkel des hereinbrechenden Morgens über ihre seltsame neue Intimität gesprochen.

Er dachte daran, wie sie sich angefühlt hatte, in der Dunkelheit, voll und üppig und weich und klug, wie es gewesen war, und dann schlug er zum zweiten Mal die Augen auf, schob sich die Decke aus dem Gesicht und sah sich um.

Ein einfaches Zimmer, an einer Wand stand ein Regal, mit Büchern vollgestopft, wie das gesamte Haus, die anderen Wände waren sanft weiß getüncht und kahl, der Putz rau und alt, die Struktur uneben, ein Spiel von Schatten und Licht. Der Quilt, auf dem seine Hand ruhte, war auch ohne Brille als eindrucksvolles Kunstwerk zu erkennen, wirbelnde Farben und

Muster und Strukturen, warm mit gelben Einsprengseln. Er betastete ihn ehrfürchtig, spürte die Erhebungen und feinen Nähte und gab sich der Ruhe dieses Ortes hin. Nein, er wollte noch nicht aufstehen, wollte hier liegen bleiben und den Morgen auf sich wirken lassen, bis die dichte Geborgenheit der Nacht verflogen war.

Genüsslich streckte er sich. In der Küche werkelte jemand herum. Schranktüren wurden geöffnet und wieder geschlossen, eine schwere Pfanne hervorgezogen und auf den Herd gestellt. Jemand summte vor sich hin. Es war Abbie. Plötzlich war es ihm peinlich, hier nackt und allein herumzuliegen, während im Nebenzimmer ein junges Mädchen Frühstück zubereitete.

Er tastete nach seiner Brille, setzte sie auf und schwang die Beine auf den Holzboden. Dort lag auch seine Schlafanzughose, völlig verdreht. Als er sie überstreifte, schauderte ihm, denn sie war noch feucht und sandig. Dasselbe galt für sein T-Shirt, es roch nach Meer, nach ihrem Abenteuer. Wieder mal müsste er barfuß heimlaufen, wie ein rebellischer Teenager. Ein Blick auf die Uhr verriet ihm, dass es erst Viertel vor sieben war. Wenigstens würde er niemandem begegnen.

Als er die Tür aufschob, schlug ihm Backduft entgegen, Abbie schaute von der Pfanne auf und grinste ihn an. Sie trug einen weißen Bademantel, der ihr locker um die Hüften fiel. Die Morgensonne erleuchtete ihre üppige Mähne, als sie ihn amüsiert musterte. Seine Anwesenheit schien sie nicht im Geringsten zu überraschen.

»Morgen, Schlafmütze!«, sagte sie. »Pfannkuchen gefällig?«

»Ähm, nein danke, Abbie. Ist noch ein bisschen früh für mich. Ich sollte mich auf den Heimweg machen. Die haben keine Ahnung, wo ich bin.«

Sie lachte. »Davon gehe ich mal aus.«

Hitze schoss ihm in die Wangen, als er zur Tür ging, doch Abbie bedachte ihn nur mit einem flüchtigen Lächeln, bevor sie sich wieder den Pfannkuchen widmete.

Auf dem Absatz fragte er betont lässig: »Ist Grace in der Nähe?«

Abbie hatte die Zunge zwischen den Lippen, als sie den Schöpflöffel in den cremigen Teig tauchte und die Ladung langsam in die brutzelnde Pfanne laufen ließ. Erst als sie zufrieden war, antwortete sie. »Sie ist angeln, glaube ich. Kommt wahrscheinlich erst wieder, wenn Ebbe ist.«

»Ach, okay. Verstehe. Na dann, man sieht sich.«

Abbie wendete den goldgelben Pfannkuchen, bevor sie ihn über die Schulter hinweg ansah.

»Keine Sorge«, sagte sie, den Kopf wie ihre Tante leicht geneigt. »Sie kommt schon zurück. Irgendwann.«

Er schluffte verlegen den Fuß über den Boden. »Okay, danke. Bis dann.«

»Bye, bye, Loverboy!«, rief sie ihm hinterher.

Er lachte kopfschüttelnd, als er aus der Küchentür trat und den leeren Korb entdeckte, wo die Nacht zuvor der hässliche Hund gelegen hatte. Die Sonne hatte schon Kraft, strahlte durchs Fenster und brachte die kirschroten Geranien davor zum Leuchten. So grell, dass er blinzeln musste.

Der Weg war taufeucht unter seinen nackten Füßen, und als er kurz stehen blieb, um sich zu sammeln, stieg ihm der buttrige Duft der Pfannkuchen noch einmal in die Nase. Alles lag still an diesem dampfigen Sommermorgen, über ihm kreisten ein paar Möwen, ein reiner Vergnügungsflug. Hinter der hohen Mauer gackerten und meckerten ein paar Hennen, die Sonne schien ihm warm ins Gesicht, und plötzlich erkannte er, dass alles war, wie es sein sollte, und es war perfekt. Da musste er lächeln. Becky, dachte er. Er sollte ihr unbedingt danken.

Er dehnte sich ein wenig, dann machte er sich auf den Weg zurück zum Haus, wo seine Frau schlief.

Die steinige Böschung am Wegesrand gab immer wieder Blicke auf das weite blaue Meer frei, wo ein kleines Boot trieb, nicht so weit draußen, eine einzelne Figur reglos am Bug. Er blieb stehen und betrachtete sie eine Weile, erkannte den breitkrempigen Hut, der Kopf und Schultern vor der Sonne schützte, die aufrechte Haltung der geduldig wartenden Frau. Der Hund schlief garantiert zu ihren Füßen, denn wo sie war, war auch er.

Das Boot trieb mit der Strömung, immer weiter hinaus, die Angelschnur glitt mit, die glitzernden Köder lockten die Fische. Bald war sie nur noch ein dunkler Fleck auf dem hellen Wasser, und seine feuchten, kalten Füße gemahnten ihn zum Weitergehen, um die üppig grüne Felsnase herum zu seiner eigenen Bucht, wo sein Haus solide neben dem Weg stand, fast einladend.

»Gaaah!«

Luca, in Unterhose und T-Shirt neben seinem Lieblingstümpel, winkte ihn zu sich. Er hatte seit mittlerweile fünf Tagen denselben Krebs in seiner Obhut, den er bei jeder Flut vorsichtig in einen anderen Tümpel umquartierte und erbarmungslos mit vom Tisch erbettelten Schinkenstückchen und Fischstäbchenkrümeln triezte. Evan gesellte sich rasch zu ihm, beglückt, dass er ihn gerufen hatte, dass sein spilleriger Sohn von der Sonne braun gebrannt war und dass er breit grinste, während er sich wieder mit Feuereifer seinem Haustier widmete, dass er so entspannt und zufrieden war.

Wie gehts Karl dem Krebs?, fragte er, nachdem er sich auf einen runden Stein neben seinen Sohn gesetzt hatte.

Er hat keinen Namen. Grace hat gesagt, man gibt wilden Tieren keine Namen, weil sie einem nicht gehören.

Evan lachte, aber Luca sah ihn gar nicht an, so beschäftigt war er damit, mit dem Stock unter dem rotbraunen Seetang rumzustochern, um Evan zu zeigen, was sich darunter verbarg.

Schau! Das hier habe ich am Strand gefunden.

Evan entdeckte die Überreste eines weißen Schalentiers, ein kleiner toter Krebs, der von Lucas großem grünen Haustier in Windeseile in seine Kauwerkzeuge gezogen wurde. Der Junge ließ den Stock fallen und gebärdete: Er will ihn fressen! Er will tatsächlich einen anderen Krebs fressen!

Auf dem Gesicht des Jungen mischte sich Aufregung mit Abscheu, doch er zog an Evans Ellbogen, um sicherzugehen, dass sein Vater verstanden hatte.

Cool, gebärdete Evan, und Luca grinste.

Sie sahen zu, wie der größere Krebs seiner toten Beute ein kleines Beinchen ausriss und es sich mithilfe seiner haarigen Kauwerkzeuge einverleibte. Evans Magen rumpelte unbehaglich, und er spürte, dass sich auch Luca neben ihm versteifte. Als der Krebs schließlich die Geduld verlor und sich einfach auf das tote Tier setzte, das völlig unter ihm verschwand, wandte Luca sich mit angewiderter Miene ab.

Weißt du, ich kann mir das, glaube ich, doch nicht ansehen.

Ja, ziemlich abscheulich, stimmte Evan zu. Komm, wir setzen uns oben auf die Felsen und schauen zu, wie das Wasser abläuft.

Luca nickte, sprang auf und kletterte wie ein Äffchen auf die Felsenreihe, die über dem Strand aufragte, wo er mit geübter Leichtigkeit sofort einen guten Aussichtspunkt fand. Evan folgte ihm langsamer und schaute immer wieder hinaus zu dem winzigen Punkt draußen in der Bucht.

Hast du noch einen Seehund gesehen?

Luca schüttelte den Kopf. Nicht seit letzter Woche. Aber Grace hat gemeint, manchmal kommen Delfine in die Bucht. Er seufzte laut. Das würde ich gern sehen.

Na, ein paar Wochen hast du ja noch Zeit. Vielleicht hast du Glück.

Bleibst du hier, Dad? Wenn der Lockdown vorbei ist? Wenn ich wieder heimmuss?

Evan nickte.

Bleibst du für immer hier? Lucas Gesicht war voller Hoffnung. Weil, dann könnte ich dich in den Ferien immer besuchen. Meinen Krebs im Aquarium halten oder so, bis ich wiederkomme. Du könntest ihn für mich füttern, ja? Er mag Schinken, aber kein Brot.

Evan schüttelte den Kopf. Ich weiß es nicht, Luca. Wohl eher nicht. Ich habe keine Pläne gemacht. Evan lächelte dem sichtlich enttäuschten Luca aufmunternd zu. Schauen wir einfach, wie's läuft, okay? Mal sehen, was passiert.

Luca zuckte die Achseln und blickte hinaus aufs Wasser.

Ist Mum schon auf?

Luca nickte.

Als ich aufgestanden bin, hat sie gepackt. Hat mich gezwungen zu frühstücken.

Er zog eine Grimasse.

Nach einer Weile fügte er hinzu: Sie hat vor sich hin gesummt. Hab ich gespürt, durch die Tischplatte.

Dann ist sie wohl froh. Das ist doch gut.

Ja.

Was ist mit dir, Luca? Bist du jetzt fröhlicher?

Der Junge gebärdete mit Nachdruck, offenbar hatte er schon über die Frage nachgedacht.

Ja. Mir gefällt es hier. Ich mag es, bei dir zu sein, wo ich nicht den ganzen Tag sitzen und lernen muss und überall hingefahren und von Ärzten begrapscht werde und so. Aber.

Er blinzelte zu seinem Vater empor, von der Morgensonne geblendet.

Ich will nicht, dass alles wieder so wird wie vorher. Mir gefällt es, wenn du und Mum andere Meinungen habt und ihr nicht versucht, euch immer einig zu sein.

Er legte seinem Vater kurz die Hand auf den Arm, sie war warm, dann schaute er ihm direkt ins Gesicht. Seine Augen waren so wunderbar tiefbraun wie die seiner Mutter, mit Lichtflecken in der Iris.

Ich weiß, ich kann nicht hierbleiben, wenn ich Mum sehen und mich operieren lassen will und alles, wenn ich zur Schule gehen will. Ich weiß, ich muss irgendwann wieder zurück. Aber.

Evan nickte. Okay, gebärdete er. Wir wissen es jetzt. Deine Mum weiß es auch. Er konzentrierte sich, um nichts Falsches von sich zu geben, um die Dinge richtig zu erklären. Es ist so. Als Jessie gestorben ist, war alles ein bisschen durcheinander.

Beim Namen seiner toten Schwester nickte Luca ernst, den aufmerksamen Blick ganz auf die Hände seines Vaters gerichtet.

Eigentlich war alles schon vorher durcheinander, bevor sie auf die Welt gekommen ist, aber nach ihrem Tod war es wie bei dem Krebs im Tümpel – es war so schlimm, keiner von uns wollte so genau hinschauen. Es war mir unerträglich dabei zuzuschauen, wie deine Mutter Jessie jeden Tag vermisst hat, und sie fand es sicher genauso schwierig, mit anzusehen, wie ich mich für alles schuldig gefühlt habe, das hat uns traurig und wütend gemacht, und darüber haben wir dich vergessen.

Der Junge rutschte herum, aber sein Blick war immer noch auf die Hände seines Vaters gerichtet. Mum hat mich doch die ganze Zeit nicht aus den Augen gelassen, gebärdete er, seine Miene düster.

Ich weiß, mein Sohn. Das war ihre Art, mit der Situation klarzukommen. Sie hat versucht, ihre Gefühle für Jessie und ihren Tod unter Kontrolle zu bekommen, indem sie sich besonders intensiv um dich gekümmert hat.

Luca nickte langsam, wirkte aber nicht überzeugt.

Allein durch deine Anwesenheit hast du ihr enorm geholfen. Wenn ich jetzt drüber nachdenke – genau, du hast ihre Bemutterung klaglos ertragen.

Evan hielt kurz inne.

Ja, Luca. Du warst ein echter Held, dass du deiner Mum so geholfen hast. Ich weiß nicht, wie sie ohne dich klargekommen wäre.

Der Junge zupfte an einer gelben Flechte herum, die zwischen den Steinen hervorblitzte. Seine Wangen waren leicht gerötet.

»Evan!«, rief jemand. Es war Lorna. Sie stand vor der Haustür, die Tasche vor sich, ein Lächeln auf den Lippen. »Ich muss los. Schickst du ihn her, damit ich mich verabschieden kann?«

Luca hatte bereits gemerkt, wem Evan seine Aufmerksamkeit schenkte, und seine Mutter vor dem Haus stehen sehen. Er sprang auf, ließ sich die Felsen hinabgleiten und rannte über den Sand auf sie zu, um sie zu umarmen und fest an sich zu drücken.

Evan ließ sich Zeit, während die beiden eifrig miteinander gebärdeten. Lorna ermahnte ihn, er solle sich gut benehmen, worauf Luca antwortete, er benehme sich immer gut. Er solle anständig essen, worauf er meinte, das täte er auch immer, außerdem würde Becky ihm nur freitags als Lohn Schokolade geben. Als Lorna ihn bat, er möge sich für sie um seinen Vater kümmern, wandten sich beide zu Evan um und lächelten ihm zu. In diesem Moment wirkten Luca und Lorna wie eine verschworene kleine Gemeinschaft, und Evan dachte, dass Lorna nie schöner ausgesehen hatte.

»Also«, sagte sie. »Melde dich.«

Von Luca verlangte sie, dass er sich mindestens einmal pro Woche über FaceTime zu melden hatte, was er mit einem ungeduldigen Nicken quittierte.

»Pass auf dich auf, in der großen bösen Stadt«, sagte Evan, hielt aber Distanz.

Sie lachte. »Und du solltest dich mal anziehen! Habt ihr den ganzen Morgen in Unterhose auf den Felsen gehockt, oder was? Ihr müsst ja in aller Herrgottsfrühe aufgestanden sein.«

Evan lächelte und schwieg. Luca nahm ihre Tasche, prahlte mit seinen Muskeln und bot ihr an, das Gepäck für sie hoch zum Auto zu tragen, bevor er geschäftig ihre Hand ergriff. Sie ging ein paar Schritte mit, dann sah sie sich noch einmal zu ihrem Mann um, der barfuß auf dem Kiesstrand stand.

Evan zuckte die Achseln. Es war alles gesagt. Lorna hatte Tränen in den Augen, aber sie lächelte.

»Ich lasse ihn nicht ganz mit hochkommen, in seiner Unterhose«, sagte sie. »Schicke ihn gleich zurück.«

»Okay.«

»Und du meldest dich wegen der Schule und allem, ja?«

Dann wandte sie sich wieder Luca zu. Komm schon, mein Starker, trag deiner Mutter die Tasche bis zur Ecke. Und als er knurrte wie ein Tier und an ihr herumzerrte, brach sie in Gelächter aus.

Evan sah ihnen nach, Lorna, elegant, zielstrebig, marschierte sicheren Schritts über den Kiesstrand, im Kopf schon woanders, Luca, mit der schweren Tasche an der Hand, trottete etwas unsicherer hinter ihr her.

Plötzlich war Evan allein. In der Stille fiel ihm sofort dieses Geräusch auf. Kurz, klar und hell, kein Klirren, aber auch keine Stimme. Doch so plötzlich es ertönt war, so schnell war es auch wieder verklungen. Er lauschte. Eine leichte Brise zauste ihm durchs Haar. Sosehr er sich auch anstrengte, jetzt hörte er nur noch das Rauschen des Meeres. In seiner Brust loderte etwas auf, wie in jener Nacht, als Jessie dort geschlafen hatte, und seine Hand legte sich instinktiv an die Stelle, er hielt den Atem an, und seine Augen füllten sich mit Tränen. Der Augenblick barg eine Leichtigkeit, das Gefühl war intensiv, er suchte nach einem Namen, als er seine Familie den Hügel hinaufgehen sah. Als wäre etwas von ihm abgefallen und hätte unter der Wunde die frische rosige Haut entblößt.

Hinter ihm kreischte eine Möwe und riss ihn aus den Gedanken, er atmete tief durch, und dann war Lorna weg, und Luca kam zurückgerannt, schnell, schneller, den Hügel hinab, sein Haar zottelig und viel zu lang, braun gebrannt, und die Freude strahlte ihm aus dem sommersprossigen Gesicht.